U1074595

监察机关101个职务犯罪

图解版

立案标准与法律适用

《最新执法办案实务丛书》编写组 / 编

JIANCHA JIGUAN 101GE ZHIWU FANZUI LI'AN BIAOZHUN YU FALü SHIYONG

中国法制出版社
CHINA LEGAL PUBLISHING HOUSE

图书在版编目（CIP）数据

监察机关101个职务犯罪立案标准与法律适用：图解版/《最新执法办案实务丛书》编写组编．—北京：中国法制出版社，2022.8（2024.3重印）

ISBN 978-7-5216-2803-6

Ⅰ．①监…　Ⅱ．①最…　Ⅲ．①职务犯罪—立案—标准—中国②职务犯罪—法律适用—中国　Ⅳ．①D924.3

中国版本图书馆CIP数据核字（2022）第136463号

责任编辑：黄丹丹　　封面设计：李　宁

监察机关101个职务犯罪立案标准与法律适用：图解版

JIANCHA JIGUAN 101 GE ZHIWU FANZUI LI'AN BIAOZHUN YU FALÜ SHIYONG: TUJIEBAN

编者/《最新执法办案实务丛书》编写组

经销/新华书店

印刷/北京虎彩文化传播有限公司

开本/880毫米×1230毫米　32开　　印张/11.5　字数/276千

版次/2022年8月第1版　　2024年3月第2次印刷

中国法制出版社出版

书号 ISBN 978-7-5216-2803-6　　定价：45.00元

北京市西城区西便门西里甲16号西便门办公区

邮政编码：100053　　传真：010-63141600

网址：http://www.zgfzs.com　　编辑部电话：010-63141812

市场营销部电话：010-63141612　　印务部电话：010-63141606

（如有印装质量问题，请与本社印务部联系。）

出版说明

2018年3月20日，中华人民共和国主席令第3号公布了《中华人民共和国监察法》。2021年9月20日，中华人民共和国国家监察委员会公告第1号公布了《中华人民共和国监察法实施条例》，《中华人民共和国监察法实施条例》对监察机关管辖的职务犯罪范围作出了明确规定。根据《中华人民共和国监察法实施条例》的规定，监察机关管辖的职务犯罪罪名既包括其单独管辖的罪名，又包括其与检察机关、公安机关共同管辖的罪名，共计101个。这101个职务犯罪罪名既是监察机关调查职务犯罪的责任清单，也是对公职人员尤其是领导干部履行职责的底线要求和负面清单。

为了更加深入地学习和理解监察机关有权管辖的101个职务犯罪，我们根据《中华人民共和国刑法》《中华人民共和国监察法》《中华人民共和国监察法实施条例》等以及《最高人民检察院、公安部关于公安机关管辖的刑事案件立案追诉标准的规定（二）》《最高人民法院、最高人民检察院关于办理危害食品安全刑事案件适用法律若干问题的解释》《最高人民法院、最高人民检察院关于办理贪污贿赂刑事案件适用法律若干问题的解释》等司法文件编写了《监察机关101个职务犯罪立案标准与法律适用·图解版》。本书将101个职务犯罪分成贪污贿赂犯罪（共19个罪名）、滥用职权犯罪（共21个罪名）、玩忽职守犯罪（共13个罪名）、徇私舞弊犯罪（共19个罪名）、重大责任事故犯罪（共12个罪名）、公职人员其他犯罪（共17个罪名）六类。对于每一个罪名，通过图表的形式列明刑法规定、立案标准、重点解读、法律适用，具有一定的指导性和针对性，可以为监察机关履职提供参考。其中，重点解读主要源自全国人民代表大会常务委员会法制工作委员会的权威解读。同时，本书书眉部分标注了具体的刑法条文和罪名，并在附录部分列明汇总101个职务犯罪涉及的主要司法解释等文件，方便检索和使用。

由于时间和水平有限，书中难免有不足之处，敬请广大读者批评指正。

《最新执法办案实务丛书》编写组

2022年8月

目　录

CONTENTS

贪污贿赂犯罪

---

① 本书中若无特别说明，第几条均指《中华人民共和国刑法》条文。

滥用职权犯罪

玩忽职守犯罪

徇私舞弊犯罪

重大责任事故犯罪

公职人员其他犯罪

附 录

贪污贿赂犯罪

1 贪污罪
2 挪用公款罪
3 受贿罪
4 单位受贿罪
5 利用影响力受贿罪
6 行贿罪
7 对有影响力的人行贿罪
8 对单位行贿罪
9 介绍贿赂罪
10 单位行贿罪
11 巨额财产来源不明罪
12 隐瞒境外存款罪
13 私分国有资产罪
14 私分罚没财物罪
15 非国家工作人员受贿罪
16 对非国家工作人员行贿罪
17 对外国公职人员、国际公共组织官员行贿罪
18 职务侵占罪
19 挪用资金罪

1 贪污罪

刑法规定①	第 382 条 ❶ 国家工作人员利用职务上的便利，侵吞、窃取、骗取或者以其他手段非法占有公共财物的，是贪污罪。 ❷ 受国家机关、国有公司、企业、事业单位、人民团体委托管理、经营国有财产的人员，利用职务上的便利，侵吞、窃取、骗取或者以其他手段非法占有国有财物的，以贪污论。 ❸ 与前两款所列人员勾结，伙同贪污的，以共犯论处。
立案标准	贪污数额较大或者有其他较重情节的，应予立案。 （1）数额较大是指贪污数额在 3 万元以上不满 20 万元。 （2）贪污数额在 1 万元以上不满 3 万元，具有下列情形之一的，应当认定为“其他较重情节”： ①贪污救灾、抢险、防汛、优抚、扶贫、移民、救济、防疫、社会捐助等特定款物的； ②曾因贪污、受贿、挪用公款受过党纪、行政处分的； ③曾因故意犯罪受过刑事追究的； ④赃款赃物用于非法活动的； ⑤拒不交待赃款赃物去向或者拒不配合追缴工作，致使无法追缴的； ⑥造成恶劣影响或者其他严重后果的。

① 此处的刑法是指《中华人民共和国刑法》，下同。

重点解读

（1）本罪主体为国家工作人员。根据《中华人民共和国刑法》第93条的规定，国家工作人员是指国家机关中从事公务的人员，国有公司、企业、事业单位、人民团体中从事公务的人员和国家机关、国有公司、企业、事业单位委派到非国有公司、企业、事业单位、社会团体从事公务的人员以及其他依照法律从事公务的人员。根据《全国人民代表大会常务委员会关于〈中华人民共和国刑法〉第九十三条第二款的解释》的规定，村民委员会等村基层组织人员协助人民政府从事下列行政管理工作时，属于前述的“其他依照法律从事公务的人员”：①救灾、抢险、防汛、优抚、扶贫、移民、救济款物的管理；②社会捐助公益事业款物的管理；③国有土地的经营和管理；④土地征收、征用补偿费用的管理；⑤代征、代缴税款；⑥有关计划生育、户籍、征兵工作；⑦协助人民政府从事的其他行政管理工作。

（2）利用职务上的便利。利用职务上的便利，是指利用职务上主管、管理、经手公共财物的权力和有利条件。其中，“主管”，是指负责调拨、使用、处置等支配公共财物的职务活动；“管理”，是指监督、保管等使公共财物不被流失的职务活动；“经手”，是指领取、支出等经办公共财物的职务活动。如果行为人利用的不是职务上的便利，而是利用对工作环境的熟悉等便利条件，窃取其他人主管的财物的，不构成贪污罪，而构成其他犯罪，如盗窃罪。

（3）行为方式是侵吞、窃取、骗取或者其他手段。侵吞，是指行为人将由自己因职务关系而合法持有的公共财物，非法据为己有或转归第三人所有；窃取，是指行为人采取秘密窃取的手段，将自己保管的公共财物非法据为己有，即所谓的“监

重点解读	守自盗”；“骗取”，是指行为人采取虚构事实或者隐瞒真相的方法，使具有处分权的受骗人发生认识错误，进而取得公共财物；“其他手段”，是指采用侵吞、窃取、骗取以外的其他手段非法占有公共财物的方法。
法律适用	《最高人民法院、最高人民检察院关于办理贪污贿赂刑事案件适用法律若干问题的解释》第 1~4 条

2 挪用公款罪

刑法规定	**第 384 条** ❶ 国家工作人员利用职务上的便利，挪用公款归个人使用，进行非法活动的，或者挪用公款数额较大、进行营利活动的，或者挪用公款数额较大、超过三个月未还的，是挪用公款罪，处五年以下有期徒刑或者拘役；情节严重的，处五年以上有期徒刑。挪用公款数额巨大不退还的，处十年以上有期徒刑或者无期徒刑。 ❷ 挪用用于救灾、抢险、防汛、优抚、扶贫、移民、救济款物归个人使用的，从重处罚。
立案标准	挪用公款归个人使用，进行非法活动，数额在 3 万元以上的；挪用公款归个人使用，进行营利活动或者超过 3 个月未还，数额在 5 万元以上的，应予以立案。
重点解读	（1）挪用公款归个人使用。根据《全国人民代表大会常务委员会关于〈中华人民共和国刑法〉第三百八十四条第一款的解释》的规定，有下列情形之一的，属于挪用公款“归个人使用”：①将公款供本人、亲友或者其他自然人使用的；②以个人名义将公款供其他单位使用的；③个人决定以单位名义将公款供其他单位使用，谋取个人利益的。 （2）本罪在客观方面表现为利用职务上的便利，实施下列三种行为：

重点解读

①挪用公款归个人使用，进行非法活动的。“进行非法活动”，是指进行违法犯罪活动，如赌博、走私。

②挪用公款归个人使用数额较大，进行营利活动的。这里所说的“进行营利活动”，是指进行经商办企业、投资股市、放贷等经营性活动。

③挪用公款数额较大，归个人使用，超过 3 个月未还的。这种挪用主要是指用于个人生活，如挪用公款买房、买车或者进行挥霍。“未还”是指案发前（被司法机关、主管部门或者有关单位发现前）未还，如果挪用公款数额较大，超过 3 个月后在案发前已全部归还本息的，不作为犯罪处理。

（3）在实践中，具有以下情形之一的，可以认定行为人具有非法占有公款的目的，应以贪污罪定罪处罚：①行为人携带挪用的公款潜逃的，对其携带挪用的公款部分，以贪污罪定罪处罚；②行为人挪用公款后采取虚假发票平账、销毁有关账目等手段，使所挪用的公款已难以在单位财务账目上反映出来且没有归还行为的，应当以贪污罪定罪处罚；③行为人截取单位收入不入账，非法占有，使所占有的公款难以在单位财务账目上反映出来且没有归还行为的，应当以贪污罪定罪处罚；④有证据证明行为人有能力归还所挪用的公款而拒不归还，并隐瞒挪用的公款去向的，应当以贪污罪定罪处罚。

法律适用

（1）《最高人民法院、最高人民检察院关于办理贪污贿赂刑事案件适用法律若干问题的解释》第 5 条、第 6 条

（2）《最高人民法院关于审理挪用公款案件具体应用法律若干问题的解释》

3 受贿罪

刑法规定	第385条 ❶ 国家工作人员利用职务上的便利，索取他人财物的，或者非法收受他人财物，为他人谋取利益的，是受贿罪。 ❷ 国家工作人员在经济往来中，违反国家规定，收受各种名义的回扣、手续费，归个人所有的，以受贿论处。
立案标准	受贿数额较大或者有其他较重情节的，应当予以立案。 （1）数额较大是指受贿3万元以上不满20万元。 （2）受贿数额在1万元以上不满3万元，具有下列情形之一的，应当认定为“其他较重情节”：①曾因贪污、受贿、挪用公款受过党纪、行政处分的；②曾因故意犯罪受过刑事追究的；③赃款赃物用于非法活动的；④拒不交待赃款赃物去向或者拒不配合追缴工作，致使无法追缴的；⑤造成恶劣影响或者其他严重后果的；⑥多次索贿的；⑦为他人谋取不正当利益，致使公共财产、国家和人民利益遭受损失的；⑧为他人谋取职务提拔、调整的。 （3）对多次受贿未经处理的，累计计算受贿数额，国家工作人员利用职务上的便利为请托人谋取利益前后多次收受请托人财物，受请托之前收受的财物数额在1万元以上的，应当一并计入受贿数额。

重点解读	受贿罪在客观方面表现为利用职务上的便利，索取他人财物，或者非法收受他人财物，为他人谋取利益的行为。 （1）“索取他人财物”，是指行为人在职务活动中主动向他人索要财物。索贿是严重的受贿行为，比一般受贿具有更大的主观恶性和社会危害性，因此对索取他人财物的，法律没有规定要以“为他人谋取利益”为条件。不论是否为他人谋取利益，均可构成受贿罪。 （2）“非法收受他人财物”，是指行贿人向受贿人主动给予财物时，受贿人非法收受他人财物的行为。 （3）“为他人谋取利益”，是指受贿人利用职权为行贿人办事，即进行“权钱交易”，至于为他人谋取的利益是否正当，为他人谋取的利益是否实现，不影响受贿罪的成立。为他人谋取利益包括承诺、实施和实现三个阶段，只要具有其中一个阶段的行为如国家工作人员收受他人财物时。根据他人提供的具体请托事项，承诺为他人谋取利益的，就具备了为他人谋取利益的要件；明知他人有具体请托事项而收受其财物的，视为承诺为他人谋取利益。 （4）“违反国家规定”，是指违反全国人大及其常委会制定的法律、国务院制定的行政法规和行政措施、发布的决定和命令。 （5）“手续费”，是指在经济活动中，除回扣以外，违反国家规定支付给对方的各种名义的钱或物，如佣金、信息费、顾问费、劳务费、辛苦费、好处费。
法律适用	（1）《最高人民法院、最高人民检察院关于办理贪污贿赂刑事案件适用法律若干问题的解释》第 1~4 条、第 13 条 （2）《最高人民法院、最高人民检察院关于办理受贿刑事案件适用法律若干问题的意见》

4 单位受贿罪

刑法规定	第387条 ❶ 国家机关、国有公司、企业、事业单位、人民团体，索取、非法收受他人财物，为他人谋取利益，情节严重的，对单位判处罚金，并对其直接负责的主管人员和其他直接责任人员，处五年以下有期徒刑或者拘役。 ❷ 前款所列单位，在经济往来中，在帐外暗中收受各种名义的回扣、手续费的，以受贿论，依照前款的规定处罚。
立案标准	国家机关、国有公司、企业、事业单位、人民团体涉嫌索取、非法收受他人财物，为他人谋取利益，或者在经济往来中，在账外暗中收受各种名义的回扣、手续费的行为，有下列情形之一的，应予立案： （1）单位受贿数额在10万元以上的。 （2）单位受贿数额不满10万元，但具有下列情形之一的： ①故意刁难、要挟有关单位、个人，造成恶劣影响的； ②强行索取财物的； ③致使国家或者社会利益遭受重大损失的。
重点解读	（1）本罪主体为国家机关、国有公司、企业、事业单位、人民团体。集体经济组织、外商投资企业和私营企业不能成为本罪的主体。

重点解读	（2）本罪在行为上主要表现为上述单位索取、非法收受他人财物，为他人谋取利益，情节严重的行为。如国有商业银行利用发放贷款的职务便利，向申请贷款的单位或个人索要好处费。这里所说的“为他人谋取利益”，既包括谋取非法利益，也包括正当利益。至于是否为他人谋取到利益，不影响本罪的成立。
法律适用	《最高人民检察院关于人民检察院直接受理立案侦查案件立案标准的规定（试行）》一、（四）

5 利用影响力受贿罪

刑法规定	第388条之一 ❶ 国家工作人员的近亲属或者其他与该国家工作人员关系密切的人，通过该国家工作人员职务上的行为，或者利用该国家工作人员职权或者地位形成的便利条件，通过其他国家工作人员职务上的行为，为请托人谋取不正当利益，索取请托人财物或者收受请托人财物，数额较大或者有其他较重情节的，处三年以下有期徒刑或者拘役，并处罚金；数额巨大或者有其他严重情节的，处三年以上七年以下有期徒刑，并处罚金；数额特别巨大或者有其他特别严重情节的，处七年以上有期徒刑，并处罚金或者没收财产。 ❷ 离职的国家工作人员或者其近亲属以及其他与其关系密切的人，利用该离职的国家工作人员原职权或者地位形成的便利条件实施前款行为的，依照前款的规定定罪处罚。
立案标准	（1）国家工作人员的近亲属或者其他与该国家工作人员关系密切的人，涉嫌通过该国家工作人员职务上的行为，或者利用该国家工作人员职权或者地位形成的便利条件，通过其他国家工作人员职务上的行为，为请托人谋取不正当利益，索取请托人财物或者收受请托人财物，数额较大或者有其他较重情节的，应当立案。

立案标准

（2）离职的国家工作人员或者其近亲属以及其他与其关系密切的人，涉嫌利用该离职的国家工作人员原职权或者地位形成的便利条件，通过其他国家工作人员职务上的行为，为请托人谋取不正当利益，索取请托人财物或者收受请托人财物，数额较大或者有其他较重情节的，应当立案。

（3）数额较大是指受贿 3 万元以上不满 20 万元。受贿数额在 1 万元以上不满 3 万元，具有下列情形之一的，应当认定为“其他较重情节”：①曾因故意犯罪受过刑事追究的；②赃款赃物用于非法活动的；③拒不交待赃款赃物去向或者拒不配合追缴工作，致使无法追缴的；④造成恶劣影响或者其他严重后果的；⑤多次索贿的；⑥为他人谋取不正当利益，致使公共财产、国家和人民利益遭受损失的；⑦为他人谋取职务提拔、调整的。

重点解读

（1）近亲属主要是指夫、妻、父、母、子、女、同胞兄弟姐妹、祖父母、外祖父母、孙子女、外孙子女。

（2）根据《最高人民法院、最高人民检察院关于办理行贿刑事案件具体应用法律若干问题的解释》的规定，行贿人谋取的利益违反法律、法规、规章、政策规定，或者要求国家工作人员违反法律、法规、规章、政策、行业规范的规定，为自己提供帮助或者方便条件，或者违背公平、公正原则在经济、组织人事管理等活动中，谋取竞争优势的，可以认定为“谋取不正当利益”。

（3）“离职”是指曾经是国家工作人员，但目前的状态是已离开了国家工作人员岗位，包括离休、退休、辞职、辞退等。

法律适用

《最高人民法院、最高人民检察院关于办理贪污贿赂刑事案件适用法律若干问题的解释》第 1~4 条、第 10 条

6 行贿罪

刑法规定	第389条 ❶ 为谋取不正当利益，给予国家工作人员以财物的，是行贿罪。 ❷ 在经济往来中，违反国家规定，给予国家工作人员以财物，数额较大的，或者违反国家规定，给予国家工作人员以各种名义的回扣、手续费的，以行贿论处。 ❸ 因被勒索给予国家工作人员以财物，没有获得不正当利益的，不是行贿。
立案标准	为谋取不正当利益，向国家工作人员行贿，数额在3万元以上的，应当以行贿罪追究刑事责任。 行贿数额在1万元以上不满3万元，具有下列情形之一的，应当以行贿罪追究刑事责任： （1）向3人以上行贿的； （2）将违法所得用于行贿的； （3）通过行贿谋取职务提拔、调整的； （4）向负有食品、药品、安全生产、环境保护等监督管理职责的国家工作人员行贿，实施非法活动的； （5）向司法工作人员行贿，影响司法公正的； （6）造成经济损失数额在50万元以上不满100万元的。

重点解读

本罪在客观方面表现为以下两种类型之一的行为：

（1）为谋取不正当利益，给予国家工作人员以财物的行为。这种类型的行贿罪也称为“一般行贿罪”。

给予国家工作人员以财物可以分为两种情况：一是主动给予国家工作人员以财物。二是因国家工作人员主动索要而被动给予。但因被勒索给予国家工作人员以财物，没有获得不正当利益的，不是行贿；如果已获得不正当利益的，以行贿罪追究刑事责任。

“财物”包括货币、物品和财产性利益。财产性利益包括可以折算为货币的物质利益如房屋装修、债务免除等以及需要支付货币的其他利益如会员服务、旅游等。后者的犯罪数额，以实际支付或者应当支付的数额计算。

（2）在经济往来中，违反国家规定，给予国家工作人员以财物，数额较大的，或者违反国家规定，给予国家工作人员以各种名义的回扣、手续费的行为。此种行贿形式也称为“经济行贿罪”，具体包括以下几个方面的要素：一是必须发生在经济来往中。经济往来中，是指经济合同的签订、履行，或者其他形式的经济活动中。经济活动包括生产、经营、销售等各种活动，既包括国内的经济活动，也包括各种对外经济活动。二是必须违反了国家规定。违反国家规定，是指违反全国人民代表大会及其常务委员会制定的法律和决定，国务院制定的行政法规、规定的行政措施、发布的决定和命令。三是给予国家工作人员以财物，或者给予国家工作人员以各种名义的回扣、手续费。“回扣”是指在交易过程中，卖方在收取的价款中拿出一部分回送给买方（或买方的代理人、经办人）的款项，实际上是卖方给买方的一种优惠。“手续费”一般是指因办理一定事务或者付出一定劳动而支出、收取的费用。经济往来中的手

重点解读	续费，名义很多，如“辛苦费”“介绍费”“活动费”等，它是指单位或个人为了联系业务、促进交易或者进行其他经济活动而给予对方单位或个人的作为酬劳的财物。
法律适用	（1）《最高人民法院、最高人民检察院关于办理贪污贿赂刑事案件适用法律若干问题的解释》第7~9条 （2）《最高人民法院、最高人民检察院关于办理行贿刑事案件具体应用法律若干问题的解释》

7 对有影响力的人行贿罪

刑法规定	第 390 条之一 ❶ 为谋取不正当利益，向国家工作人员的近亲属或者其他与该国家工作人员关系密切的人，或者向离职的国家工作人员或者其近亲属以及其他与其关系密切的人行贿的，处三年以下有期徒刑或者拘役，并处罚金；情节严重的，或者使国家利益遭受重大损失的，处三年以上七年以下有期徒刑，并处罚金；情节特别严重的，或者使国家利益遭受特别重大损失的，处七年以上十年以下有期徒刑，并处罚金。 ❷ 单位犯前款罪的，对单位判处罚金，并对其直接负责的主管人员和其他直接责任人员，处三年以下有期徒刑或者拘役，并处罚金。
立案标准	自然人对有影响力的人行贿数额在 3 万元以上的，应当以对有影响力的人行贿罪追究刑事责任。 行贿数额在 1 万元以上不满 3 万元，具有下列情形之一的，应当以对有影响力的人行贿罪追究刑事责任： （1）向 3 人以上行贿的； （2）将违法所得用于行贿的； （3）通过行贿谋取职务提拔、调整的； （4）向负有食品、药品、安全生产、环境保护等监督管理职责的国家工作人员行贿，实施非法活动的； （5）向司法工作人员行贿，影响司法公正的；

立案标准	（6）造成经济损失数额在50万元以上不满100万元的。 单位对有影响力的人行贿数额在20万元以上的，应当以对有影响力的人行贿罪追究刑事责任。
重点解读	（1）本罪行贿的对象有五类：一是国家工作人员的近亲属；二是其他与该国家工作人员关系密切的人；三是离职的国家工作人员；四是离职的国家工作人员的近亲属；五是其他与其关系密切的人。其中，“近亲属”主要是指夫、妻、父、母、子、女、同胞兄弟姐妹、祖父母、外祖父母、孙子女、外孙子女。“关系密切的人”是指除近亲属外与国家工作人员或者离职的国家工作人员有共同利益关系，能够影响国家工作人员行为、决定的人。其中的共同利益关系不仅包括物质利益，而且包括其他方面的利益，如情人关系、恋人关系、前妻前夫关系、密切的上下级关系（如国家工作人员的秘书、司机等）、密切的姻亲或者血缘关系等。 （2）本罪主体包括自然人和单位。
法律适用	（1）《最高人民法院、最高人民检察院关于办理贪污贿赂刑事案件适用法律若干问题的解释》第7~10条 （2）《最高人民法院、最高人民检察院关于办理行贿刑事案件具体应用法律若干问题的解释》第5~12条

8 对单位行贿罪

刑法规定	第 391 条 ❶ 为谋取不正当利益，给予国家机关、国有公司、企业、事业单位、人民团体以财物的，或者在经济往来中，违反国家规定，给予各种名义的回扣、手续费的，处三年以下有期徒刑或者拘役，并处罚金。 ❷ 单位犯前款罪的，对单位判处罚金，并对其直接负责的主管人员和其他直接责任人员，依照前款的规定处罚。
立案标准	行为人涉嫌对国家机关、国有公司、企业、事业单位、人民团体行贿，具有下列情形之一的，应予立案： （1）个人行贿数额在 10 万元以上、单位行贿数额在 20 万元以上的。 （2）个人行贿数额不满 10 万元、单位行贿数额在 10 万元以上不满 20 万元，但具有下列情形之一的： ①为谋取非法利益而行贿的； ②向 3 个以上单位行贿的； ③向党政机关、司法机关、行政执法机关行贿的； ④致使国家或者社会利益遭受重大损失的。

重点解读	（1）行贿的对象仅限于国家机关、国有公司、企业、事业单位、人民团体。 （2）本罪是行为犯，只要行为人实施了向单位行贿或给予回扣、手续费的行为，就构成本罪。
法律适用	（1）《最高人民检察院关于行贿罪立案标准的规定》二 （2）《最高人民法院、最高人民检察院关于办理行贿刑事案件具体应用法律若干问题的解释》第5~12条

9 介绍贿赂罪

刑法规定	第 392 条 ❶ 向国家工作人员介绍贿赂，情节严重的，处三年以下有期徒刑或者拘役，并处罚金。 ❷ 介绍贿赂人在被追诉前主动交待介绍贿赂行为的，可以减轻处罚或者免除处罚。
立案标准	行为人涉嫌向国家工作人员介绍贿赂，有下列情形之一的，应予立案： （1）介绍个人向国家工作人员行贿，数额在 2 万元以上的；介绍单位向国家工作人员行贿，数额在 20 万元以上的。 （2）介绍贿赂数额不满上述标准，但具有下列情形之一的： ①为使行贿人获取非法利益而介绍贿赂的； ② 3 次以上或者为 3 人以上介绍贿赂的； ③向党政领导、司法工作人员、行政执法人员介绍贿赂的； ④致使国家或者社会利益遭受重大损失的。
重点解读	介绍贿赂罪是指在行贿人和受贿人之间进行联系、沟通，促使贿赂得以实现的犯罪行为。首先，行为人主观上应当具有向国家工作人员介绍贿赂的故意。如果行为人主观上没有介绍贿赂的故意，即不知道请托人有给付国家工作人员财物的意图，而从中帮忙联系的，即使请托人事实上暗中给予了国家工

重点解读	作人员以财物，该介绍人也不构成介绍贿赂罪。其次，行为人在客观上具有介绍行贿人与受贿人沟通联系，促使行贿实现的行为。
法律适用	《最高人民检察院关于人民检察院直接受理立案侦查案件立案标准的规定（试行）》一、（七）

10 单位行贿罪

刑法规定

第 393 条

单位为谋取不正当利益而行贿，或者违反国家规定，给予国家工作人员以回扣、手续费，情节严重的，对单位判处罚金，并对其直接负责的主管人员和其他直接责任人员，处五年以下有期徒刑或者拘役，并处罚金。因行贿取得的违法所得归个人所有的，依照本法第三百八十九条、第三百九十条的规定定罪处罚。

立案标准

单位为谋取不正当利益而行贿，或者违反国家规定给予国家工作人员以回扣、手续费，涉嫌下列情形之一的，应予立案：

（1）单位行贿数额在 20 万元以上的。

（2）单位为谋取不正当利益而行贿数额在 10 万元以上不满 20 万元，但具有下列情形之一的：

①为谋取非法利益而行贿的；

②向 3 人以上行贿的；

③向党政领导、司法工作人员、行政执法人员行贿的；

④致使国家或者社会利益遭受重大损失的。

重点解读

本罪的主体是单位，具体包括公司、企业、事业单位、机关、团体。在行为上主要表现为单位为谋取不正当利益而行贿，或者违反国家规定，给予国家工作人员以回扣、手续费情节严重的行为。这里所说的“违反国家规定”给予回扣、手续费，

重点解读	是指故意违反国家有关主管机关的禁止性规定或规章制度在账外暗中给予回扣、手续费。“情节严重”主要是指行贿或者给予“回扣”“手续费”多次、多人或数额较大，或者给国家利益造成严重损失等。
法律适用	（1）《最高人民检察院关于行贿罪立案标准的规定》三 （2）《最高人民法院、最高人民检察院关于办理行贿刑事案件具体应用法律若干问题的解释》第12条

11 巨额财产来源不明罪

刑法规定	**第 395 条第 1 款** 国家工作人员的财产、支出明显超过合法收入，差额巨大的，可以责令该国家工作人员说明来源，不能说明来源的，差额部分以非法所得论，处五年以下有期徒刑或者拘役；差额特别巨大的，处五年以上十年以下有期徒刑。财产的差额部分予以追缴。
立案标准	国家工作人员涉嫌巨额财产来源不明数额在 30 万元以上的，应予立案。
重点解读	巨额财产来源不明罪，是指国家工作人员的财产、支出明显超过合法收入，差额巨大，本人不能说明其来源的行为。这里所说的“国家工作人员的财产”是指国家工作人员私人所有的房屋、车辆、存款、现金、股票、生活用品等；“支出”是指各种消费以及其他开支；“超过合法收入”是指国家工作人员的财产、支出数额，明显超过其工资、奖金、津贴以及其他依照国家规定取得的报酬的数额。“不能说明”是一种不作为，具体包括以下情况：（1）行为人拒不说明财产来源；（2）行为人无法说明财产的具体来源；（3）行为人所说的财产来源经查证并不属实；（4）行为人所说的财产来源因线索不具体等原因无法查实，但能排除存在来源合法的可能性和合理性。

重点解读	在实际执行中应当注意，在清查、核实行为人的财产来源时应当尽量查清其财产是通过何种非法方式取得的，如果能够查清其财产是以贪污、受贿或者其他犯罪方法取得的，应当按照贪污、受贿或者其他犯罪追究刑事责任。只有在确实无法查清其巨额财产非法来源，本人又不能说明的情况下，才应按巨额财产来源不明罪进行追究。集体私分国有资产必须达到数额较大，才能构成犯罪。
法律适用	《最高人民检察院关于人民检察院直接受理立案侦查案件立案标准的规定（试行）》一、（九）

12 隐瞒境外存款罪

刑法规定	第 395 条第 2 款 国家工作人员在境外的存款，应当依照国家规定申报。数额较大、隐瞒不报的，处二年以下有期徒刑或者拘役；情节较轻的，由其所在单位或者上级主管机关酌情给予行政处分。
立案标准	国家工作人员涉嫌违反国家规定，故意隐瞒不报在境外的存款，折合人民币数额在 30 万元以上的，应予立案。
重点解读	（1）行为人在境外有数额较大的存款。境外是指我国边境、国境以外的地区和国家，包括外国及我国台湾、香港和澳门。 （2）行为人有向国家申报的作为义务。本罪是纯正的不作为犯罪，构成本罪的前提是行为人有作为义务。根据《中华人民共和国刑法》第 395 条第 2 款的规定，国家工作人员在境外的存款，应当依照国家规定申报。此规定就赋予行为人有向国家申报境外存款的义务。 （3）行为人隐瞒不报。在行为人能够报告的情况下，不向有关机关申报其在境外的存款，构成本罪。在实践中，隐瞒不报主要有两种表现形式：一是对境外的存款的存在及具体数目完全不报告；二是虽然向有关机关作出申报，但是以多报少，隐瞒较大部分数额的存款。

重点解读	（4）情节严重。行为人的不申报行为如果“情节较轻”，则不构成犯罪，由其所在单位或者上级主管机关酌情给予行政处分。情节较轻包括两种情况：①隐瞒境外存款的数额没有达到“较大”的定罪标准；②隐瞒境外存款，虽然数额较大，但还存在一些足以认定为“情节较轻”的事实。如行为人不申报有一定的客观原因，而且经部门领导等教育后能主动真实地说明情况等。
法律适用	《最高人民检察院关于人民检察院直接受理立案侦查案件立案标准的规定（试行）》一、（十）

13 私分国有资产罪

刑法规定	第 396 条第 1 款 国家机关、国有公司、企业、事业单位、人民团体，违反国家规定，以单位名义将国有资产集体私分给个人，数额较大的，对其直接负责的主管人员和其他直接责任人员，处三年以下有期徒刑或者拘役，并处或者单处罚金；数额巨大的，处三年以上七年以下有期徒刑，并处罚金。
立案标准	国家机关、国有公司、企业、事业单位、人民团体涉嫌违反国家规定，以单位名义将国有资产集体私分给个人，累计数额在 10 万元以上的，应予立案。
重点解读	（1）本罪在客观方面表现为违反国家规定，以单位名义将国有资产集体私分给个人，数额较大的行为。“违反国家规定”，是指违反国家有关管理、使用、保护国有资产方面的法律、行政法规规定。“国有资产”，是指国家依法取得和认可的，或者国家以各种形式对企业的投资和投资收益、国家向行政事业单位拨款等形成的资产。“以单位名义将国有资产集体私分给个人”是指由单位负责人决定，或者单位决策机构集体讨论决定，将国有资产分给单位所有职工。如果不是分给所有职工，而是几个负责人暗中私分，则不应以私分国有资产罪定罪处罚，而应以贪污罪追究私分者的刑事责任。

重点解读	（2）根据《关于办理国家出资企业中职务犯罪案件具体应用法律若干问题的意见》的规定，国有公司、企业违反国家规定，在改制过程中隐匿公司、企业财产，转为职工集体持股的改制后公司、企业所有的，对其直接负责的主管人员和其他直接责任人员，以私分国有资产罪定罪处罚。
法律适用	《最高人民检察院关于人民检察院直接受理立案侦查案件立案标准的规定（试行）》一、（十一）

14 私分罚没财物罪

刑法规定	第 396 条第 2 款 司法机关、行政执法机关违反国家规定，将应当上缴国家的罚没财物，以单位名义集体私分给个人的，依照前款的规定处罚。
立案标准	司法机关、行政执法机关涉嫌违反国家规定，将应当上缴国家的罚没财物，以单位名义集体私分给个人，累计数额在 10 万元以上的，应予立案。
重点解读	“司法机关”是指人民法院、人民检察院、公安机关。“行政执法机关”主要是指依照行政处罚法的规定，对公民和单位有行政处罚权的政府机关，如市场监管、税务、海关、生态环境、交通运输等政府有关行政部门。“罚没财物”包括人民法院对犯罪分子判处的罚金、没收的财产，行政执法机关对违法行为给予的罚款，司法机关、行政执法机关没收的违法犯罪人用于违法犯罪行为的金钱、物品及各种违法所得。
法律适用	《最高人民检察院关于人民检察院直接受理立案侦查案件立案标准的规定（试行）》一、（十二）

15 非国家工作人员受贿罪

刑法规定	第163条 ❶公司、企业或者其他单位的工作人员，利用职务上的便利，索取他人财物或者非法收受他人财物，为他人谋取利益，数额较大的，处三年以下有期徒刑或者拘役，并处罚金；数额巨大或者有其他严重情节的，处三年以上十年以下有期徒刑，并处罚金；数额特别巨大或者有其他特别严重情节的，处十年以上有期徒刑或者无期徒刑，并处罚金。 ❷公司、企业或者其他单位的工作人员在经济往来中，利用职务上的便利，违反国家规定，收受各种名义的回扣、手续费，归个人所有的，依照前款的规定处罚。 ❸国有公司、企业或者其他国有单位中从事公务的人员和国有公司、企业或者其他国有单位委派到非国有公司、企业以及其他单位从事公务的人员有前两款行为的，依照本法第三百八十五条、第三百八十六条的规定定罪处罚。
立案标准	公司、企业或者其他单位的工作人员，利用职务上的便利，索取他人财物或者非法收受他人财物，为他人谋取利益，或者在经济往来中，利用职务上的便利，违反国家规定，收受各种名义的回扣、手续费，归个人所有，数额在3万元以上的，应予立案追诉。

重点解读

（1）利用职务上的便利，索取他人财物或者非法收受他人财物为他人谋取利益的行为。所谓“利用职务上的便利”是指公司、企业或者其他单位的工作人员利用自己职务上组织、领导、监管、主管、经管、负责某项工作的便利条件。“索取他人财物”主要是指公司、企业或者其他单位的工作人员以为他人谋取利益为条件，向他人索取财物。“非法收受他人财物”主要是指公司、企业或者其他单位的工作人员利用其职务上的便利或权力，接受他人主动送予的财物。“为他人谋取利益”，从谋取利益的性质上看，既包括他人应当得到的合法的、正当的利益，也包括他人不应当得到的非法的、不正当的利益；从利益的实现方面看，包括已为他人谋取的利益、意图谋取或者正在谋取，但尚未谋取到的利益。

（2）公司、企业或者其他单位的工作人员在经济往来中，利用职务上的便利，违反国家规定，收受各种名义的回扣、手续费，归个人所有的行为。这里所说的“回扣”是指在商品或者劳务活动中，由卖方从所收到的价款中，按照一定的比例扣出一部分返还给买方或者其经办人的款项。“手续费”是指在经济活动中，除回扣以外，其他违反国家规定支付给公司、企业或者其他单位的工作人员的各种名义的钱，如信息费、顾问费、劳务费、辛苦费、好处费等。违反国家规定，收取各种名义的回扣、手续费，是否归个人所有，是区分罪与非罪的主要界限。如果收取的回扣、手续费都上交给公司、企业或者本单位的，则不构成犯罪，只有将收取的回扣、手续费归个人所有的，才构成犯罪。

（3）国有公司、企业或者其他国有单位中从事公务的人员和国有公司、企业或者其他国有单位委派到非国有公司、企业以及其他单位从事公务的人员，利用职务上的便利，索取他人

重点解读	财物或者非法收受他人财物为他人谋取利益，数额较大的，或者在经济往来中，利用职务便利，违反国家规定收受各种名义的回扣、手续费，归个人所有的，依照《中华人民共和国刑法》第385条、第386条国家工作人员受贿罪的规定定罪处罚。
法律适用	《最高人民检察院、公安部关于公安机关管辖的刑事案件立案追诉标准的规定（二）》第10条

16 对非国家工作人员行贿罪

刑法规定	第 164 条第 1 款 为谋取不正当利益，给予公司、企业或者其他单位的工作人员以财物，数额较大的，处三年以下有期徒刑或者拘役，并处罚金；数额巨大的，处三年以上十年以下有期徒刑，并处罚金。
立案标准	为谋取不正当利益，给予公司、企业或者其他单位的工作人员以财物，个人行贿数额在 3 万元以上的，单位行贿数额在 20 万元以上的，应予立案追诉。
重点解读	本罪在客观上表现为为谋取不正当利益，给予公司、企业或其他单位的工作人员以财物，数额较大的行为。支付回扣、手续费是本罪客观方面的主要表现形式。回扣是商品买卖或劳务服务活动中，卖方从其卖得的价款中按比例或不按比例返还给买方的一部分款项，返还方式、比例由双方商定。回扣专指买方所得的由卖方返还的价款。手续费指佣金以及买卖双方当事人、居间人所得的佣金、报酬。这里的佣金专指买卖双方以外的第三人居间介绍买卖所得的，由买方或卖方单独给付或双方共同给付的款项。回扣、手续费在实践中名目繁多，花样翻新，是具有两面性的事物，既有加速商品流通、促进经济发展的一面，也有阻碍、破坏商品经济的一面。原则上，只要买卖双方和中间人本着诚信、公平交易的原则，在不违反国家政策、

重点解读	法律的情况下支付、收受，对经济发展是有利的，法律上也应予以承认和保护。但是某些情况下，回扣、手续费的支付与收受会危害市场经济公平竞争机制、破坏市场经济秩序，严重的则可能构成本罪。
法律适用	《最高人民检察院、公安部关于公安机关管辖的刑事案件立案追诉标准的规定（二）》第11条

17 对外国公职人员、国际公共组织官员行贿罪

<table>
<tr><td rowspan="2">刑法规定</td><td>第 164 条第 2 款</td></tr>
<tr><td>为谋取不正当商业利益，给予外国公职人员或者国际公共组织官员以财物的，依照前款的规定处罚。</td></tr>
<tr><td>立案标准</td><td>为谋取不正当商业利益，给予外国公职人员或者国际公共组织官员以财物，个人行贿数额在 3 万元以上的，单位行贿数额在 20 万元以上的，应予立案追诉。</td></tr>
<tr><td>重点解读</td><td>（1）“为谋取不正当商业利益”是指行为人谋取违反法律、法规、规章或者政策规定的利益，或者要求对方违反法律、法规等提供帮助或者各种便利条件，以获取私利的情况。
（2）“外国公职人员”是指外国经任命或选举担任立法、行政、行政管理或者司法职务的人员以及为外国国家及公共机构或者公营企业行使公共职能的人员；“国际公共组织官员”是指国际公务人员或者经国际组织授权代表该组织行事的人员。</td></tr>
<tr><td>法律适用</td><td>《最高人民检察院、公安部关于公安机关管辖的刑事案件立案追诉标准的规定（二）》第 12 条</td></tr>
</table>

18 职务侵占罪

刑法规定	第271条 ❶公司、企业或者其他单位的工作人员，利用职务上的便利，将本单位财物非法占为已有，数额较大的，处三年以下有期徒刑或者拘役，并处罚金；数额巨大的，处三年以上十年以下有期徒刑，并处罚金；数额特别巨大的，处十年以上有期徒刑或者无期徒刑，并处罚金。 ❷国有公司、企业或者其他国有单位中从事公务的人员和国有公司、企业或者其他国有单位委派到非国有公司、企业以及其他单位从事公务的人员有前款行为的，依照本法第三百八十二条、第三百八十三条的规定定罪处罚。
立案标准	公司、企业或者其他单位的工作人员，利用职务上的便利，将本单位财物非法占为已有，数额在3万元以上的，应予立案追诉。
重点解读	（1）行为人必须利用职务上的便利。“利用职务上的便利”主要是指利用自己在职务上所具有的主管、管理或者经手本单位财物的便利条件，如公司的经理在一定范围内调配、处置单位财产的权力，企业的会计有管理财务的职责，出纳有经手、管理钱财的职责等。但是，利用职务上的便利不是指利用与其职责无关，只因工作关系而熟悉作案环境、条件或者凭工作人员身份便于出入某单位，较易接近作案目标或者对象等便利条件。

重点解读

（2）必须有非法侵占的行为。一般是指采用侵吞、窃取、骗取等各种手段将本单位财物占为己有，既包括将合法已持有的单位财物视为己物而加以处分、使用、变持有为所有等行为，又包括不占有单位财物但利用职务之便骗取、窃取、侵吞、私分单位财物的行为。

（3）在国有资本控股、参股的股份有限公司中从事管理工作的人员，除受国家机关、国有公司、企业、事业单位委派从事公务的以外，不属于国家工作人员。对其利用职务上的便利，将本单位财物非法占为己有，数额较大的，以职务侵占罪定罪处罚。

（4）对村民小组组长利用职务上的便利，将村民小组集体财产非法占为己有，数额较大的行为，以职务侵占罪定罪处罚。

法律适用

《最高人民检察院、公安部关于公安机关管辖的刑事案件立案追诉标准的规定（二）》第 76 条

19 挪用资金罪

<table>
<tr><td rowspan="2">刑法规定</td><td>第 272 条</td></tr>
<tr><td>❶ 公司、企业或者其他单位的工作人员，利用职务上的便利，挪用本单位资金归个人使用或者借贷给他人，数额较大、超过三个月未还的，或者虽未超过三个月，但数额较大、进行营利活动的，或者进行非法活动的，处三年以下有期徒刑或者拘役；挪用本单位资金数额巨大的，处三年以上七年以下有期徒刑；数额特别巨大的，处七年以上有期徒刑。
❷ 国有公司、企业或者其他国有单位中从事公务的人员和国有公司、企业或者其他国有单位委派到非国有公司、企业以及其他单位从事公务的人员有前款行为的，依照本法第三百八十四条的规定定罪处罚。
❸ 有第一款行为，在提起公诉前将挪用的资金退还的，可以从轻或者减轻处罚。其中，犯罪较轻的，可以减轻或者免除处罚。</td></tr>
<tr><td>立案标准</td><td>公司、企业或者其他单位的工作人员，利用职务上的便利，挪用本单位资金归个人使用或者借贷给他人，涉嫌下列情形之一的，应予立案追诉：
（1）挪用本单位资金数额在 5 万元以上，超过 3 个月未还的；
（2）挪用本单位资金数额在 5 万元以上，进行营利活动的；</td></tr>
</table>

立案标准	（3）挪用本单位资金数额在 3 万元以上，进行非法活动的。 具有下列情形之一的，属于“归个人使用”： （1）将本单位资金供本人、亲友或者其他自然人使用的； （2）以个人名义将本单位资金供其他单位使用的； （3）个人决定以单位名义将本单位资金供其他单位使用，谋取个人利益的。
重点解读	（1）挪用本单位资金归个人使用或者借贷给他人，数额较大、超过 3 个月未还的。其构成特征是行为人利用职务上主管、经手本单位资金的便利条件而挪用本单位资金，其用途主要是归个人使用或者借贷给他人使用，但未用于从事不正当的经济活动，而且挪用数额较大，时间上超过 3 个月未还。挪用本单位资金数额在 5 万元以上的，为“数额较大”。 （2）挪用本单位资金归个人使用或者借贷给他人，虽未超过 3 个月，但数额较大，进行营利活动的。这种行为没有挪用时间是否超过 3 个月以及超过 3 个月是否退还的限制，只要数额较大，且进行营利活动就构成犯罪。此处的“数额较大”指数额在 5 万元以上。所谓“营利活动”，主要是指进行经商、投资、购买股票或债券等活动。 （3）挪用本单位资金数额在 3 万元以上进行非法活动。所谓“非法活动”，是指将挪用的资金进行走私、赌博等活动。
法律适用	《最高人民检察院、公安部关于公安机关管辖的刑事案件立案追诉标准的规定（二）》第 77 条

滥用职权犯罪

20 国有公司、企业、事业单位人员滥用职权罪

刑法规定	第 168 条 ❶ 国有公司、企业的工作人员，由于严重不负责任或者滥用职权，造成国有公司、企业破产或者严重损失，致使国家利益遭受重大损失的，处三年以下有期徒刑或者拘役；致使国家利益遭受特别重大损失的，处三年以上七年以下有期徒刑。 ❷ 国有事业单位的工作人员有前款行为，致使国家利益遭受重大损失的，依照前款的规定处罚。 ❸ 国有公司、企业、事业单位的工作人员，徇私舞弊，犯前两款罪的，依照第一款的规定从重处罚。
立案标准	国有公司、企业、事业单位的工作人员，滥用职权，致使国家利益遭受重大损失的，应予立案追诉。
重点解读	（1）本罪的主体为特殊主体，只有国有公司、企业、事业单位的工作人员才能构成本罪。 （2）“滥用职权”，通常表现为行为人超越职责权限或违反行使职权所应遵守的程序。“破产”是指国有公司、企业由于到期债务无法偿还而宣告倒闭。“严重损失”既包括直接经济损失，也包括间接的或者其他方面的损失，如企业的名声、品牌的信誉等；既包括给国有公司、企业造成亏损，也包括造成赢利减少，即虽然总体上经营没有出现亏损，但使本应获得的利润大量减少。

重点解读	（3）国有公司、企业、事业单位的工作人员，徇私舞弊，犯本罪的，从重处罚。徇私舞弊，是指行为人徇个人私情、私利的行为。由于这种行为是从个人利益出发，置国家利益于不顾，主观恶性较大，因此需要从重处罚。
法律适用	（1）《最高人民法院、最高人民检察院关于办理妨害预防、控制突发传染病疫情等灾害的刑事案件具体应用法律若干问题的解释》第4条 （2）《最高人民法院关于审理扰乱电信市场管理秩序案件具体应用法律若干问题的解释》第6条 （3）《最高人民法院、最高人民检察院关于办理国家出资企业中职务犯罪案件具体应用法律若干问题的意见》四

21 非法剥夺公民宗教信仰自由罪

刑法规定	第 251 条 国家机关工作人员非法剥夺公民的宗教信仰自由和侵犯少数民族风俗习惯，情节严重的，处二年以下有期徒刑或者拘役。
立案标准	根据《中华人民共和国刑法》第 251 条的规定，国家机关工作人员非法剥夺公民的宗教信仰自由，情节严重的，应予立案追诉。所谓情节严重，是指非法剥夺宗教信仰自由的手段恶劣，造成被害人精神失常或者自杀等严重后果的情况。
重点解读	本罪侵犯的客体是公民的宗教信仰自由权利。我国《宪法》规定，中华人民共和国公民有宗教信仰自由。任何国家机关、社会团体和个人不得强制公民信仰宗教或者不信仰宗教，不得歧视信仰宗教的公民和不信仰宗教的公民。“宗教信仰自由”包括信仰宗教的自由与不信仰宗教的自由，信仰这种宗教的自由和信仰那种宗教的自由，进行正当的宗教活动的自由等。 本罪客观方面表现为实施了非法剥夺公民的宗教信仰自由的行为。非法剥夺公民宗教信仰自由，是指违反法律规定，采用暴力、胁迫或其他强制方法，制止某人信仰宗教、加入宗教团体，或者强迫其放弃宗教、退出宗教团体，或者强制不信仰宗教的人信仰宗教，或者用上述方法破坏宗教活动等。

重点解读	需要指出的是，利用宗教信仰从事违法犯罪活动的行为，不属于宗教信仰自由的范围。在实际执行中，应当注意划清正常的宗教活动与利用宗教从事非法活动的界限。我国《宪法》第 36 条第 3 款、第 4 款规定，国家保护正常的宗教活动。任何人不得利用宗教进行破坏社会秩序、损害公民身体健康、妨碍国家教育制度的活动。宗教团体和宗教事务不受外国势力的支配。宗教信仰自由，必须在不违反国家的法律，不危害国家利益和各民族团结的前提下进行宗教信仰活动。
法律适用	（1）《中华人民共和国宪法》第 4 条、第 36 条 （2）《中华人民共和国国家安全法》第 27 条 （3）《中华人民共和国民族区域自治法》第 11 条

22 侵犯少数民族风俗习惯罪

刑法规定

第 251 条

国家机关工作人员非法剥夺公民的宗教信仰自由和侵犯少数民族风俗习惯，情节严重的，处二年以下有期徒刑或者拘役。

立案标准

根据《中华人民共和国刑法》第 251 条的规定，国家机关工作人员非法干涉、破坏少数民族风俗习惯，情节严重的，应予立案追诉。

本罪为情节犯，国家机关工作人员实施非法干涉、破坏少数民族风俗习惯的行为，必须达到“情节严重”的程度，才构成本罪，予以立案侦查。如引起民族冲突和民族纠纷的；引起械斗造成伤亡事故的；造成停工停产、游行示威和社会秩序混乱的；导致少数民族家庭破裂、离异的；产生恶劣的政治影响的；采用暴力手段侵犯少数民族风俗习惯的；多人共谋多次侵犯少数民族风俗习惯等。如果不具备“情节严重”的情形，则不以犯罪论处，不予立案。如过失侵犯少数民族风俗习惯的；因工作方法不当而侵犯少数民族风俗习惯的；一般的侵犯少数民族风俗习惯尚未造成严重后果等。

重点解读

本罪侵犯的客体是少数民族保持或者改革自己本民族风俗习惯的自由权利。我国是一个多民族的国家，各民族都有本民族的风俗习惯。少数民族在长期的历史发展中，在饮食、服饰、婚姻、丧葬、礼仪、禁忌等各方面形成了独特的风俗习惯。这

重点解读	些习俗也已成为民族文化的有机组成部分。我国《宪法》规定，各民族都有保持或者改革自己的风俗习惯的自由，破坏少数民族风俗习惯的行为，则侵犯了少数民族公民所享有的上述权利，伤害了少数民族的民族感情与民族自尊心，破坏了民族团结、民族平等的原则，理当予以禁止。 本罪客观方面表现为采取强制手段，破坏少数民族风俗习惯的行为。干涉、破坏的形式表现为使用暴力、胁迫、利用权势、运用行政措施等。从内容上看，主要表现为强迫少数民族公民改变自己的风俗习惯，干涉或破坏少数民族根据自己的风俗习惯所进行的正当行动。例如，禁止少数民族过自己的节日等。这里要注意三个方面的问题：第一，侵犯少数民族风俗习惯的客观行为必须具有强制性。如果以宣传教育的方法，促使少数民族自愿放弃、改革自己的落后风俗习惯，则不构成本罪。第二，侵犯少数民族风俗习惯的行为必须具有非法性，即对少数民族的风俗习惯的干涉是没有合法根据的。第三，所侵犯的必须是少数民族的风俗习惯即汉族以外的民族的风俗习惯；这种风俗习惯必须是在长期的生产、生活过程中形成的、具有群众基础的风俗习惯。因此，侵犯汉族风俗习惯的行为以及干涉少数民族的个别人并非基于风俗习惯所进行的活动，不构成本罪。
法律适用	（1）《中华人民共和国宪法》第3条 （2）《中华人民共和国民族区域自治法》第10条

23 报复陷害罪

刑法规定	第 254 条 国家机关工作人员滥用职权、假公济私，对控告人、申诉人、批评人、举报人实行报复陷害的，处二年以下有期徒刑或者拘役；情节严重的，处二年以上七年以下有期徒刑。
立案标准	国家机关工作人员涉嫌滥用职权、假公济私，对控告人、申诉人、批评人、举报人实行报复陷害，有下列情形之一的，应予立案： （1）报复陷害，情节严重，导致控告人、申诉人、批评人、举报人或者其近亲属自杀、自残造成重伤、死亡，或者精神失常的； （2）致使控告人、申诉人、批评人、举报人或者其近亲属的其他合法权利受到严重损害的； （3）其他报复陷害应予追究刑事责任的情形。
重点解读	“假公济私”是指国家机关工作人员以工作为名，为徇私情或者实现个人目的而利用职务上的便利。“报复陷害”，主要是指国家机关工作人员利用手中的权力，以种种借口进行政治上或者经济上的迫害，如降职、降级、调离岗位、经济处罚、开除公职、捏造事实诬陷他人经济、生活作风上有问题等。报复陷害的行为，必须采取滥用职权或者假公济私的方法，如果行为人进行报复陷害与滥用职权、假公济私没有联系，则不构成本罪。

重点解读	报复陷害的对象只能是控告人、申诉人、批评人和举报人。这里所规定的“控告人”，是指由于受到侵害而向司法机关或者其他机关、团体、单位告发他人违法犯罪或者违纪违章活动的人。“申诉人”，是指对司法机关已经发生法律效力的判决、裁定或者决定不服，对国家行政机关处罚的决定不服或者对其他纪律处分的决定不服而提出申诉意见的人。“批评人”，是指对他人包括国家机关的错误做法提出批评意见的人。“举报人”，是指向司法机关检举、揭发犯罪嫌疑人的犯罪事实或者犯罪嫌疑人线索的人。这里所说的“情节严重”，主要是指多次或者对多人进行报复陷害的，报复陷害手段恶劣的，报复陷害造成严重后果的。
法律适用	《最高人民检察院关于渎职侵权犯罪案件立案标准的规定》二、（六）

24　滥用管理公司、证券职权罪

刑法规定

第 403 条

❶ 国家有关主管部门的国家机关工作人员，徇私舞弊，滥用职权，对不符合法律规定条件的公司设立、登记申请或者股票、债券发行、上市申请，予以批准或者登记，致使公共财产、国家和人民利益遭受重大损失的，处五年以下有期徒刑或者拘役。

❷ 上级部门强令登记机关及其工作人员实施前款行为的，对其直接负责的主管人员，依照前款的规定处罚。

立案标准

市场监督管理、证券管理等国家有关主管部门的工作人员涉嫌徇私舞弊，滥用职权，对不符合法律规定条件的公司设立、登记申请或者股票、债券发行、上市申请予以批准或者登记，以及上级部门、当地政府涉嫌强令登记机关及其工作人员实施上述行为，有下列情形之一的，应予立案：

（1）造成直接经济损失 50 万元以上的；

（2）市场监督管理部门的工作人员对不符合法律规定条件的公司设立、登记申请，违法予以批准、登记，严重扰乱市场秩序的；

（3）金融证券管理机构的工作人员对不符合法律规定条件的股票、债券发行、上市申请，违法予以批准，严重损害公众利益，或者严重扰乱金融秩序的；

立案标准	（4）市场监督管理部门、金融证券管理机构的工作人员对不符合法律规定条件的公司设立、登记申请或者股票、债券发行、上市申请违法予以批准或者登记，致使犯罪行为得逞的； （5）上级部门、当地政府直接负责的主管人员强令登记机关及其工作人员，对不符合法律规定条件的公司设立、登记申请或者股票、债券发行、上市申请予以批准或者登记，致使公共财产、国家或者人民利益遭受重大损失的； （6）其他致使公共财产、国家和人民利益遭受重大损失的情形。
重点解读	（1）本罪的主体必须是国家有关主管部门的国家机关工作人员。这里规定的“国家有关主管部门”是指根据公司法、证券法和有关法规规定负责对公司设立、登记申请或者股票、债券发行、上市申请是否符合法律规定的条件予以审核、批准或者登记的国家机关，如负责公司设立登记工作的市场监督管理机关，负责证券发行注册的国务院证券监督管理机构等。 （2）第2款中规定的“上级部门”是广义的，既包括登记机关即市场监督管理机关、证券监督管理部门内部具有上下级领导关系的人员，也包括上级市场监督管理机关、证券监督管理部门中负有领导责任的人员；既包括上级部门的负责人，也包括在上级部门工作的具体工作人员。“强令”，是指行为人明知其命令违反法律，而强迫下级机关及其工作人员执行其命令的行为。
法律适用	《最高人民检察院关于渎职侵权犯罪案件立案标准的规定》一、（十三）

25 违法发放林木采伐许可证罪

刑法规定	第 407 条 林业主管部门的工作人员违反森林法的规定，超过批准的年采伐限额发放林木采伐许可证或者违反规定滥发林木采伐许可证，情节严重，致使森林遭受严重破坏的，处三年以下有期徒刑或者拘役。
立案标准	林业主管部门的工作人员涉嫌违反森林法的规定，超过批准的年采伐限额发放林木采伐许可证或者违反规定滥发林木采伐许可证，有下列情形之一的，应予立案： （1）发放林木采伐许可证允许采伐数量累计超过批准的年采伐限额，导致林木被超限额采伐 10 立方米以上的； （2）滥发林木采伐许可证，导致林木被滥伐 20 立方米以上，或者导致幼树被滥伐 1000 株以上的； （3）滥发林木采伐许可证，导致防护林、特种用途林被滥伐 5 立方米以上，或者幼树被滥伐 200 株以上的； （4）滥发林木采伐许可证，导致珍贵树木或者国家重点保护的其他树木被滥伐的； （5）滥发林木采伐许可证，导致国家禁止采伐的林木被采伐的； （6）其他情节严重，致使森林遭受严重破坏的情形。

重点解读	“林业主管部门”是指县级以上地方人民政府中主管本地区林业工作的机构以及国务院的林业主管部门。“超过批准的年采伐限额发放林木采伐许可证”，是指林业主管部门的工作人员利用职权，对符合采伐许可证发放条件的申请人，在年度木材生产计划之外，擅自发放给林木采伐申请人采伐许可证的行为。“违反规定滥发林木采伐许可证”，是指林业主管部门的工作人员违反森林法以及有关行政法规的规定，利用掌握发放林木采伐许可证的权力，超越自己的权限发放采伐许可证，或者对采伐许可证申请的内容不符合法律规定的要求的，仍然予以批准并发给采伐许可证的行为。
法律适用	《最高人民检察院关于渎职侵权犯罪案件立案标准的规定》一、（十八）

26 食品、药品监管渎职罪

刑法规定

第 408 条之一

❶ 负有食品药品安全监督管理职责的国家机关工作人员，滥用职权或者玩忽职守，有下列情形之一，造成严重后果或者有其他严重情节的，处五年以下有期徒刑或者拘役；造成特别严重后果或者有其他特别严重情节的，处五年以上十年以下有期徒刑：

（一）瞒报、谎报食品安全事故、药品安全事件的；

（二）对发现的严重食品药品安全违法行为未按规定查处的；

（三）在药品和特殊食品审批审评过程中，对不符合条件的申请准予许可的；

（四）依法应当移交司法机关追究刑事责任不移交的；

（五）有其他滥用职权或者玩忽职守行为的。

❷ 徇私舞弊犯前款罪的，从重处罚。

立案标准

根据《中华人民共和国刑法》第 408 条之一的规定，负有食品、药品安全监督管理职责的国家机关工作人员涉嫌滥用职权或者玩忽职守，有下列情形之一，造成严重后果或有其他严重情节的，应予立案：

（1）瞒报、谎报食品安全事故、药品安全事件的；

（2）对发现的严重食品药品安全违法行为未按规定查处的；

立案标准	（3）在药品和特殊食品审批审评过程中对不符合条件的申请准予许可的； （4）依法应当移交司法机关追究刑事责任不移交的； （5）有其他滥用职权或者玩忽职守行为的。
重点解读	“滥用职权”是指国家机关工作人员超越职权，违法决定、处理其无权决定、处理的事项，或者违反规定处理公务的行为。“玩忽职守”是指国家机关工作人员严重不负责任，不履行或者不认真履行其职责的行为。构成本罪，还必须因为滥用职权或者玩忽职守，造成严重后果或者有其他严重情节。“造成严重后果”包括导致发生重大食品安全事故、重大药品安全事件、疫苗安全事件等，以及其他严重后果；“有其他严重情节”是指虽未造成严重后果，但滥用职权、玩忽职守的情节严重，如滥用职权、玩忽职守的时间长、次数多、涉及面广、社会影响恶劣等。 “食品安全事故”：根据《食品安全法》第150条的规定，是指食源性疾病、食品污染等源于食品，对人体健康有危害或者可能有危害的事故。“药品安全事件”，是指在药品研发、生产、经营、使用中发生的，对人体健康造成或者可能造成危害的事件。 “严重食品药品安全违法行为”：是指严重违反食品安全法、药品管理法、疫苗管理法及其配套规定的行为。
法律适用	（1）《最高人民法院、最高人民检察院关于办理危害食品安全刑事案件适用法律若干问题的解释》第20条 （2）《最高人民法院、最高人民检察院关于办理危害药品安全刑事案件适用法律若干问题的解释》第14条

27 办理偷越国（边）境人员出入境证件罪

刑法规定	**第415条** 负责办理护照、签证以及其他出入境证件的国家机关工作人员，对明知是企图偷越国（边）境的人员，予以办理出入境证件的，或者边防、海关等国家机关工作人员，对明知是偷越国（边）境的人员，予以放行的，处三年以下有期徒刑或者拘役；情节严重的，处三年以上七年以下有期徒刑。
立案标准	负责办理护照、签证以及其他出入境证件的国家机关工作人员涉嫌在办理护照、签证以及其他出入境证件的过程中，对明知是企图偷越国（边）境的人员而予以办理出入境证件的，应予立案。
重点解读	“护照”，是指一国主管机关发给本国公民出国履行公务、旅行或者在外居留，用以证明其国籍和身份的证件，分为外交护照、公务护照和普通护照。“签证”，是指一国国内或驻国外主管机关在外国或本国公民所持的护照或其他旅行证件上签证、盖印，表示准其出入本国国境或者过境的手续。“其他出入境证件”，是指除护照、签证以外的其他用于出境、入境和过境的证件，包括边防证、海员证、过境证等。负责办理上述证件的国家机关工作人员，主要是指在外交部或者外交部委托的地方外事部门、中华人民共和国驻外使馆、领馆和外交部委托的其他驻外机构，公安部出入境管理机构或者公安部授权的地方公安机关中从事办理护照、签证以及其他出入境证件工作的人员。

重点解读	“偷越国（边）境”，是指非经有关主管机关批准，通过不正当手段出入或者穿越国（边）境的行为。“办理出入境证件”，是指有关主管机关依照出入境管理规定，经审查合格后，为申请出入境者提供可以放行的有效证件。 本罪主观上必须是故意，即明知是企图偷越国（边）境的人员而予以办理出入境证件。如果行为人实施上述行为不是出于故意，只是由于疏忽大意或其他非主观原因，则不能构成本罪。
法律适用	《最高人民检察院关于渎职侵权犯罪案件立案标准的规定》一、（二十九）

28 放行偷越国（边）境人员罪

刑法规定	第415条 负责办理护照、签证以及其他出入境证件的国家机关工作人员，对明知是企图偷越国（边）境的人员，予以办理出入境证件的，或者边防、海关等国家机关工作人员，对明知是偷越国（边）境的人员，予以放行的，处三年以下有期徒刑或者拘役；情节严重的，处三年以上七年以下有期徒刑。
立案标准	边防、海关等国家机关工作人员涉嫌在履行职务过程中，对明知是偷越国（边）境的人员而予以放行的，应予立案。
重点解读	（1）放行的对象必须是偷越国（边）境的人员（也就是偷渡人员），如果放行的对象不是偷渡人员，则不能构成本罪。 （2）行为人必须实施了非法放行偷越国（边）境人员的行为。其行为方式既可以是积极的作为，也可以是消极的不作为，如积极地将偷渡人员放进或放出国（边）境，对出入境人员不履行检查的职责等。实践中，一般有两种不同的“放行”方式：一种是负责验证等工作的边检人员，直接违反有关边防管理规定使原本不能合法出入境的偷渡人员出入境；另一种是具体负责验证等工作的边检人员的上级命令、指示具体负责验证工作的边检人员将原本不能合法出入境的偷渡人员放行出入境。

重点解读	（3）行为人要“利用职务便利”。虽然《中华人民共和国刑法》第415条并没有明确规定这一点，但本罪作为渎职罪的一种，自然是要求行为人利用了职务便利，否则不能构成渎职罪。 放行是行为人的一种职务行为，即行为人必须负有对出入境人员进行审查、验证并予以放行的权力，如果其职务并没有使其拥有实施放行偷越国（边）境人员的权力的，则不构成本罪。
法律适用	《最高人民检察院关于渎职侵权犯罪案件立案标准的规定》一、（三十）

29 阻碍解救被拐卖、绑架妇女、儿童罪

刑法规定

第 416 条第 2 款

负有解救职责的国家机关工作人员利用职务阻碍解救的，处二年以上七年以下有期徒刑；情节较轻的，处二年以下有期徒刑或者拘役。

立案标准

对被拐卖、绑架的妇女、儿童负有解救职责的公安、司法等国家机关工作人员，涉嫌利用职务阻碍解救被拐卖、绑架的妇女、儿童，有下列情形之一的，应予立案：

（1）利用职权，禁止、阻止或者妨碍有关部门、人员解救被拐卖、绑架的妇女、儿童的；

（2）利用职务上的便利，向拐卖、绑架者或者收买者通风报信妨碍解救工作正常进行的；

（3）其他利用职务阻碍解救被拐卖、绑架的妇女、儿童应予追究刑事责任的情形。

重点解读

“负有解救职责的国家机关工作人员”，是指各级政府中主管打击拐卖、绑架妇女、儿童及解救被拐卖、绑架的妇女、儿童的工作人员，公安机关工作人员以及其他负有会同公安机关解救被拐卖、绑架的妇女、儿童职责的工作人员。

“利用职务阻碍解救”，是指负有解救职责的国家机关工作人员，利用职务给解救工作设置障碍，或者利用自己的身份、权力，阻止和干扰解救工作的进行。这种行为严重地破坏了解

重点解读	救工作的正常进行，破坏了国家机关在人民群众心目中的形象，社会危害性较大。根据本款规定，具有“利用职务阻碍解救”行为的，无论是否造成严重后果，都构成犯罪，都要依法追究刑事责任。
法律适用	《最高人民检察院关于渎职侵权犯罪案件立案标准的规定》一、（三十二）

30 帮助犯罪分子逃避处罚罪

<table>
<tr><td rowspan="2">刑法规定</td><td>第 417 条</td></tr>
<tr><td>有查禁犯罪活动职责的国家机关工作人员，向犯罪分子通风报信、提供便利，帮助犯罪分子逃避处罚的，处三年以下有期徒刑或者拘役；情节严重的，处三年以上十年以下有期徒刑。</td></tr>
<tr><td>立案标准</td><td>有查禁犯罪活动职责的司法及公安、国家安全、海关、税务等国家机关工作人员，涉嫌向犯罪分子通风报信、提供便利帮助犯罪分子逃避处罚，有下列情形之一的，应予立案：
（1）向犯罪分子泄漏有关部门查禁犯罪活动的部署、人员、措施、时间、地点等情况的；
（2）向犯罪分子提供钱物、交通工具、通讯设备、隐藏处所等便利条件的；
（3）向犯罪分子泄漏案情的；
（4）帮助、示意犯罪分子隐匿、毁灭、伪造证据或者串供、翻供的；
（5）其他帮助犯罪分子逃避处罚应予追究刑事责任的情形。</td></tr>
</table>

重点解读

“有查禁犯罪活动职责的国家机关工作人员”，是指对犯罪活动负有查禁职责的国家机关工作人员，主要是指有查禁犯罪活动职责的公安机关、国家安全机关、检察机关、审判机关中的工作人员。海关、税务、市场监管、生态环境等行政执法机关的人员，因为其负责查禁的行政违法行为，情节严重的即可能构成犯罪，也可以成为本条规定的犯罪的主体。“通风报信”，是指向犯罪分子有意泄露或者直接告知犯罪分子有关部门查禁活动的部署、措施、时间、地点等情况的行为。“提供便利”，是指为犯罪分子提供隐藏处所、交通工具、通讯设备或其他便利条件，协助其逃避法律追究的行为。这里规定的通风报信、提供便利的行为是一种故意行为，即行为人在主观上必须具有使犯罪分子逃避处罚的目的，故意向犯罪分子通风报信、提供便利的，才能适用本条的规定。如果行为人是无意中泄露有关情况，或者是在不知情的情况下，为犯罪分子提供了便利，则不能适用本条的规定。

法律适用

《最高人民检察院关于渎职侵权犯罪案件立案标准的规定》一、（三十三）

31　打击报复会计、统计人员罪

刑法规定	第 255 条 公司、企业、事业单位、机关、团体的领导人，对依法履行职责、抵制违反会计法、统计法行为的会计、统计人员实行打击报复，情节恶劣的，处三年以下有期徒刑或者拘役。
立案标准	根据《中华人民共和国刑法》第 255 条的规定，公司、企业、事业单位、机关、团体的领导人，对依法履行职责、抵制违反会计法、统计法行为的会计、统计人员实行打击报复，情节恶劣的，应当立案。 本罪是情节犯，行为人实施的打击报复会计、统计人员的行为，必须具备“情节恶劣”的情形，才构成本罪，予以立案侦查。
重点解读	本罪的犯罪主体是特殊主体，即公司、企业、事业单位、机关、团体的领导人，上述人员以外的其他人对会计、统计人员实施报复行为的，不构成本罪，应按其报复的行为及后果等作其他处理。 本罪的犯罪对象是依法履行职责、抵制违反会计法、统计法行为的会计、统计人员。根据《中华人民共和国会计法》的有关规定，各单位根据会计业务的需要设置会计机构，或者在有关机构中设置会计人员并指定会计主管人员。会计机构、会计人员的主要职责是进行会计核算、会计监督等会计事务。这里所规定的“违反会计法”的行为，主要是指伪造、变造、隐

重点解读

匿、故意毁灭会计凭证、会计账簿、会计报表和其他会计资料的；利用虚假的会计凭证、会计账簿、会计报表和其他会计资料偷税或者损害国家利益、社会公众利益的；对不真实、不合法的原始凭证予以受理的；对违法的收支不提出书面意见或者不报告的等。根据《中华人民共和国统计法》的有关规定，各级人民政府设立独立的统计机构或者统计员；各级人民政府的各部门、企业、事业组织根据统计任务的需要设立统计机构或者在有关机构中设置统计人员，并指定统计负责人。统计的基本职责是对国民经济和社会发展情况进行统计调查、统计分析，提供统计资料和统计咨询意见，实行统计监督。这里所规定的“违反统计法行为”，主要是指虚报、瞒报统计资料；伪造、篡改统计资料；编造虚假数据；等等。

打击报复会计、统计人员，必须是“情节恶劣的”，才构成犯罪。这里所说的“情节恶劣”，主要是指多次或者对多人进行打击报复的；打击报复手段恶劣的；打击报复造成严重后果的；打击报复影响恶劣的；等等。对于打击报复会计、统计人员，尚不构成犯罪的，根据《会计法》第46条的规定，由其所在单位或者有关单位依法给予行政处分。对受打击报复的会计人员，应当恢复其名誉和原有职务、级别。《统计法》第37条规定，由任免机关或者监察机关依法给予处分，并由县级以上人民政府统计机构予以通报。

法律适用

（1）《中华人民共和国会计法》第46条

（2）《中华人民共和国统计法》第37条

32　挪用特定款物罪

第 273 条

刑法规定

挪用用于救灾、抢险、防汛、优抚、扶贫、移民、救济款物，情节严重，致使国家和人民群众利益遭受重大损害的，对直接责任人员，处三年以下有期徒刑或者拘役；情节特别严重的，处三年以上七年以下有期徒刑。

立案标准

挪用用于救灾、抢险、防汛、优抚、扶贫、移民、救济款物，情节严重，致使国家和人民群众利益遭受重大损害的，应予立案追诉。

重点解读

本罪侵犯的对象只能是国家用于救灾、抢险、防汛、优抚、扶贫、移民、救济的特定款物，既包括用于上述用途的由国家预算安排的民政事业费，又包括临时调拨的救灾、抢险、防汛等款物以及由国家募捐的救灾、救济款物。根据国家的有关规定，救灾款应重点用于灾情严重地区自力无法克服生活困难的灾民，不得平均分配和发放。抢险、防汛款用于购买抢险、防汛的物资、通讯器材、设备和其他有关开支。

优抚款主要用于烈属、军属、残废军人等的抚恤、生活补助，以及疗养、安置等。救济款主要用于农村中由集体供给、补助后生活仍有困难的五保户、贫困户的生活救济，城镇居民中无依无靠、无生活来源的孤、老、残、幼和无固定职业、无固定收入的贫困户的生活救济；无依无靠、无生活来源的散居

重点解读	归侨、外侨以及其他人员的生活困难救济等。为了救灾、抢险、防汛、优抚、扶贫、移民、救济等方面的需要，国家临时调拨、募捐或者用上述专款购置的食品、药品、器材设备以及其他物资也属于作为本罪对象的特定专用物资。特定款物不得挪作他用，也不得混用，挪用其他款物，即使是专用款物，如教育经费，也不能构成本罪。 挪用失业保险基金和下岗职工基本生活保障资金属于挪用救济款物。挪用失业保险基金和下岗职工基本生活保障资金，情节严重，致使国家和人民群众利益遭受重大损害的，对直接责任人员，以挪用特定款物罪追究刑事责任；国家工作人员利用职务上的便利，挪用失业保险基金和下岗职工基本生活保障资金归个人使用，构成犯罪的，以挪用公款罪追究刑事责任。
法律适用	《最高人民法院、最高人民检察院关于办理妨害预防、控制突发传染病疫情等灾害的刑事案件具体应用法律若干问题的解释》第14条

33　故意泄露国家秘密罪

刑法规定	第 398 条 ❶ 国家机关工作人员违反保守国家秘密法的规定，故意或者过失泄露国家秘密，情节严重的，处三年以下有期徒刑或者拘役；情节特别严重的，处三年以上七年以下有期徒刑。 ❷ 非国家机关工作人员犯前款罪的，依照前款的规定酌情处罚。
立案标准	国家机关工作人员或者非国家机关工作人员违反保守国家秘密法，故意使国家秘密被不应知悉者知悉，或者故意使国家秘密超出了限定的接触范围，有下列情形之一的，应予立案： （1）泄露绝密级国家秘密 1 项（件）以上的； （2）泄露机密级国家秘密 2 项（件）以上的； （3）泄露秘密级国家秘密 3 项（件）以上的； （4）向非境外机构、组织、人员泄露国家秘密，造成或者可能造成危害社会稳定、经济发展、国防安全或者其他严重危害后果的； （5）通过口头、书面或者网络等方式向公众散布、传播国家秘密的； （6）利用职权指使或者强迫他人违反国家保守秘密法的规定泄露国家秘密的； （7）以牟取私利为目的泄露国家秘密的； （8）其他情节严重的情形。

重点解读

本罪的行为对象是国家秘密。《保守国家秘密法》第2条将国家秘密概括为："国家秘密是关系国家安全和利益，依照法定程序确定，在一定时间内只限定一定范围的人员知悉的事项。"该法第9条明确把以下事项规定为国家秘密：（1）国家事务重大决策中的秘密事项；（2）国防建设和武装力量活动中的秘密事项；（3）外交和外事活动中的秘密事项以及对外承担保密义务的秘密事项；（4）国民经济和社会发展中的秘密事项；（5）科学技术中的秘密事项；（6）维护国家安全活动和追查刑事犯罪中的秘密事项；（7）经国家保密行政管理部门确定的其他秘密事项。政党的秘密事项中符合前述规定的，属于国家秘密。根据《保守国家秘密法》第10条的规定，国家秘密分为绝密、机密和秘密三个等级。绝密是国家的最高级机密，只允许极少数人员知悉；机密是仅次于绝密的国家重要信息，只允许特定的专门工作人员知悉；秘密是国家的不宜在社会上大范围传播而限于一定范围人员知悉的重要信息。应当指出，故意泄露国家秘密罪中的"国家秘密"既包括绝密、机密，又包括秘密，也就是说，"国家秘密"是对绝密、机密和秘密的总称。

法律适用

《最高人民检察院关于渎职侵权犯罪案件立案标准的规定》一、（三）

34 非法拘禁罪

刑法规定	第 238 条 ❶ 非法拘禁他人或者以其他方法非法剥夺他人人身自由的，处三年以下有期徒刑、拘役、管制或者剥夺政治权利。具有殴打、侮辱情节的，从重处罚。 ❷ 犯前款罪，致人重伤的，处三年以上十年以下有期徒刑；致人死亡的，处十年以上有期徒刑。使用暴力致人伤残、死亡的，依照本法第二百三十四条、第二百三十二条的规定定罪处罚。 ❸ 为索取债务非法扣押、拘禁他人的，依照前两款的规定处罚。 ❹ 国家机关工作人员利用职权犯前三款罪的，依照前三款的规定从重处罚。
立案标准	根据《中华人民共和国刑法》第 238 条的规定，非法拘禁他人或者以其他方法非法剥夺他人人身自由的，应当立案。本罪是行为犯，只要行为人实施了非法拘禁的行为，原则上就构成本罪，应当立案侦查。 国家机关工作人员利用职权非法拘禁，涉嫌下列情形之一的，应予立案： （1）非法剥夺他人人身自由 24 小时以上的； （2）非法剥夺他人人身自由，并使用械具或者捆绑等恶劣手段，或者实施殴打、侮辱、虐待行为的；

立案标准	（3）非法拘禁，造成被拘禁人轻伤、重伤、死亡的； （4）非法拘禁，情节严重，导致被拘禁人自杀、自残造成重伤、死亡，或者精神失常的； （5）非法拘禁3人次以上的； （6）司法工作人员对明知是没有违法犯罪事实的人而非法拘禁的； （7）其他非法拘禁应予追究刑事责任的情形。
重点解读	第1款：非法拘禁罪，是指以拘禁或者其他强制方法非法剥夺他人人身自由的行为。非法拘禁是一种持续行为，该行为在一定时间内处于继续状态，使他人在一定时间内失去身体自由。非法拘禁表现在两个方面：首先是实施了拘禁他人的行为，其次是这种拘禁行为是非法的。拘禁行为的方法多种多样，如捆绑、关押、扣留等，其实质就是强制剥夺他人的人身自由。“具有殴打、侮辱情节”是指在非法拘禁的过程中，对被害人实施了殴打、侮辱行为，如打骂、游街示众等。 第2款：“致人重伤”，是指在非法拘禁过程中，由于捆绑过紧、长期囚禁、进行虐待等致使被害人身体健康受到重大伤害的；被害人在被非法拘禁期间不堪忍受，自伤自残，身体健康受到重大伤害的。“致人死亡”，是指在非法拘禁过程中，由于捆绑过紧、用东西堵住嘴导致窒息等，致使被害人死亡的，以及被害人在被非法拘禁期间自杀身亡的。“使用暴力致人伤残、死亡”，是指在非法拘禁的同时，故意使用暴力损害被害人的身体健康或者杀害被害人致使被害人伤残、死亡的。这里的“暴力”是指超出非法拘禁目的的暴力，非法拘禁行为本身也可能存在附带的暴力行为，如第1款规定的殴打、侮辱等，但只有当使用非法拘禁目的以外的暴力致人伤残、死亡时，才能认定为故意伤害罪或者故意杀人罪。

重点解读

第 3 款："为索取债务非法扣押、拘禁他人"是指为了胁迫他人履行合法的债务而将他人非法扣留，剥夺其人身自由的行为。

第 4 款：国家机关工作人员利用职权非法拘禁他人或者以其他方法非法剥夺他人人身自由，致人重伤、死亡或者使用暴力致人伤残、死亡的，以及为索取债务拘禁他人的依照本条规定从重处罚。

法律适用

《最高人民检察院关于渎职侵权犯罪案件立案标准的规定》二、（一）

35 非法搜查罪

刑法规定	第245条 ❶ 非法搜查他人身体、住宅，或者非法侵入他人住宅的，处三年以下有期徒刑或者拘役。 ❷ 司法工作人员滥用职权，犯前款罪的，从重处罚。
立案标准	根据《中华人民共和国刑法》第245条的规定，非法搜查他人身体、住宅的应当立案。 本罪是行为犯，只要行为人实施了非法搜查他人身体、住宅的行为，原则上就应当构成犯罪，应当立案侦查。 国家机关工作人员利用职权非法搜查，涉嫌下列情形之一的，应予立案： （1）非法搜查他人身体、住宅并实施殴打、侮辱等行为的； （2）非法搜查，情节严重，导致被搜查人或者其近亲属自杀、自残造成重伤、死亡，或者精神失常的； （3）非法搜查，造成财物严重损坏的； （4）非法搜查3人（户）次以上的； （5）司法工作人员对明知是与涉嫌犯罪无关的人身、住宅非法搜查的； （6）其他非法搜查应予追究刑事责任的情形。

重点解读

本罪在客观方面表现为非法搜查他人身体和住宅的行为。所谓搜查，是指搜索检查，既包括对他人身体的搜查，如摸索、掏翻等，又包括对他人住宅的搜查，如搜索、翻看、检查、挖掘等。

非法搜查是合法搜查的对称，根据我国法律的规定：（1）享有搜查权的人员是侦查人员，即经合法授权或批准依法对刑事案件执行侦查、预审等任务的侦查人员，包括公安机关和国家安全机关等的侦查人员；（2）搜查的对象为犯罪嫌疑人以及可能隐藏罪犯或者证据的人；（3）搜查的地点包括上述人的身体、物品、住处和其他有关的地点；（4）搜查的程序包括以下四点：一是出示搜查证。在一般情况下，进行搜查必须向被搜查人出示搜查证，除非在执行逮捕、拘留时遇紧急情况，才可以无证进行搜查。二是要求被搜查人或其家属、邻居或其他见证人在场。三是只能由女工作人员搜查妇女的身体。四是搜查的情况应当写成笔录。笔录应由侦查人员和被搜查人员或他的家属、邻居或其他见证人共同签名或者盖章。如果拒绝签名盖章，应当在笔录上注明。符合上述规定的搜查，即为合法搜查。

在司法实践中，非法搜查主要有三种情况：（1）无搜查权的机关、团体、单位的工作人员或其他个人，为了寻找失物、有关人或达到其他目的而对他人的身体或住宅进行搜查的。（2）有搜查权的人员，未经合法批准或授权，滥用权力，非法进行搜查的。（3）有搜查权的机关和人员，不按照法定的程序、手续进行搜查的。具备上述之一的就属于非法搜查。

搜查的对象，根据《中华人民共和国刑法》第 245 条的规定，仅限于他人的身体和住宅。

重点解读	本罪是故意犯罪，过失的不构成本罪。 司法工作人员滥用职权犯非法搜查罪的，从重处罚。“司法工作人员”，是指有侦查、检察、审判、监管职责的工作人员。“滥用职权”，是指司法工作人员超越职权或者违背职责行使职权，非法搜查他人身体、住宅。
法律适用	《最高人民检察院关于渎职侵权犯罪案件立案标准的规定》二、（二）

36 刑讯逼供罪

刑法规定	**第 247 条** 司法工作人员对犯罪嫌疑人、被告人实行刑讯逼供或者使用暴力逼取证人证言的，处三年以下有期徒刑或者拘役。致人伤残、死亡的，依照本法第二百三十四条、第二百三十二条的规定定罪从重处罚。
立案标准	司法工作人员涉嫌对犯罪嫌疑人、被告人使用肉刑或者变相肉刑逼取口供，有下列情形之一的，应予立案： （1）以殴打、捆绑、违法使用械具等恶劣手段逼取口供的； （2）以较长时间冻、饿、晒、烤等手段逼取口供，严重损害犯罪嫌疑人、被告人身体健康的； （3）刑讯逼供造成犯罪嫌疑人、被告人轻伤、重伤、死亡的； （4）刑讯逼供，情节严重，导致犯罪嫌疑人、被告人自杀、自残造成重伤、死亡，或者精神失常的； （5）刑讯逼供，造成错案的； （6）刑讯逼供 3 人次以上的； （7）纵容、授意、指使、强迫他人刑讯逼供，具有上述情形之一的； （8）其他刑讯逼供应予追究刑事责任的情形。

重点解读

本罪侵犯的客体是犯罪嫌疑人、被告人的人身权利和国家司法机关的正常活动。

本罪在客观方面表现为对犯罪嫌疑人、被告人使用肉刑或者变相肉刑逼取口供的行为。行为对象是犯罪嫌疑人、被告人，即在刑事诉讼中被指控有犯罪行为而被司法机关依法追究刑事责任的人。公诉案件中，在向人民法院提起公诉前称为犯罪嫌疑人，在向人民法院提起公诉后、人民法院判决前称为被告人。自诉案件中，在人民法院判决前都称为被告人。犯罪嫌疑人、被告人的行为实际上是否构成犯罪，对本罪的成立没有影响。实行行为是对犯罪嫌疑人、被告人使用肉刑或者变相肉刑逼取口供。所谓肉刑，是指对被害人的肉体施行暴力，如吊打、捆绑、殴打以及其他折磨人的肉体的方法。所谓变相肉刑，是指对被害人使用非暴力的摧残和折磨，如冻、饿、晒、烤等。无论是使用肉刑还是变相肉刑，均可成立本罪。逼供，是指逼迫犯罪嫌疑人、被告人作出行为人所期待的口供。

本罪是纯正的身份犯，主体是司法工作人员。司法工作人员，是指有侦查、检察、审判、监管职责的工作人员。

司法工作人员对犯罪嫌疑人、被告人实行刑讯逼供，致人伤残、死亡的，依照故意伤害罪、故意杀人罪定罪从重处罚。

行为人实施刑讯逼供行为构成本罪后，产生杀人或者伤害的故意并实施杀害、伤害被害人的，应当以本罪与故意杀人罪或故意伤害罪论处，实行数罪并罚。

法律适用

《最高人民检察院关于渎职侵权犯罪案件立案标准的规定》二、(三)

37 暴力取证罪

<table>
<tr><td rowspan="2">刑法规定</td><td>第 247 条</td></tr>
<tr><td>司法工作人员对犯罪嫌疑人、被告人实行刑讯逼供或者使用暴力逼取证人证言的，处三年以下有期徒刑或者拘役。致人伤残、死亡的，依照本法第二百三十四条、第二百三十二条的规定定罪从重处罚。</td></tr>
<tr><td>立案标准</td><td>司法工作人员涉嫌以暴力逼取证人证言，有下列情形之一的，应予立案：
（1）以殴打、捆绑、违法使用械具等恶劣手段逼取证人证言的；
（2）暴力取证造成证人轻伤、重伤、死亡的；
（3）暴力取证，情节严重，导致证人自杀、自残造成重伤、死亡，或者精神失常的；
（4）暴力取证，造成错案的；
（5）暴力取证 3 人次以上的；
（6）纵容、授意、指使、强迫他人暴力取证，具有上述情形之一的；
（7）其他暴力取证应予追究刑事责任的情形。</td></tr>
</table>

重点解读

本罪在客观方面表现为使用暴力逼取证人证言的行为。“使用暴力”，是指行为人对证人施以肉刑、伤害、殴打等危害证人人身的行为。“证人”，是指在刑事诉讼中，知道案件情况而向司法机关作证的人。但是，对于不知道案件情况或者知道案件情况但拒绝作证的人，司法工作人员使用暴力逼迫其提供证言的，也属于本罪中的“证人”。

纵容、授意、指使、强迫他人暴力取证，也能构成本罪。从共同犯罪的基本原理来看，上述行为属于教唆行为；因此行为人一般属于教唆犯，但司法工作人员纵容、授意、指使、强迫非司法工作人员暴力取证的，构成间接正犯。

根据《中华人民共和国刑法》第247条的规定，司法工作人员使用暴力逼取证人证言，致人伤残、死亡的，依照故意伤害罪、故意杀人罪定罪从重处罚。这种情形属于转化犯，对行为人仅以故意伤害罪或故意杀人罪论处。对此规定，需要注意以下两点：（1）本规定属于法律拟制，即只要暴力取证致人伤残或者死亡，不管行为人对伤害或者死亡具有何种心理状态，均应认定为故意伤害罪或者故意杀人罪，并从重处罚。（2）暴力取证致人死亡，是指由于暴力或者其他虐待行为，致使被害人当场死亡或者经抢救无效后死亡，也包括被害人因不堪忍受暴力取证行为而自杀；其他情况下被害人自杀，一般不宜认定为暴力取证致人死亡。

法律适用

《最高人民检察院关于渎职侵权犯罪案件立案标准的规定》二、（四）

38 虐待被监管人罪

刑法规定	第 248 条 ❶ 监狱、拘留所、看守所等监管机构的监管人员对被监管人进行殴打或者体罚虐待，情节严重的，处三年以下有期徒刑或者拘役；情节特别严重的，处三年以上十年以下有期徒刑。致人伤残、死亡的，依照本法第二百三十四条、第二百三十二条的规定定罪从重处罚。 ❷ 监管人员指使被监管人殴打或者体罚虐待其他被监管人的，依照前款的规定处罚。
立案标准	监狱、拘留所、看守所等监管机构的监管人员对被监管人进行殴打或者体罚虐待，情节严重，有下列情形之一的，应予立案： （1）以殴打、捆绑、违法使用械具等恶劣手段虐待被监管人的； （2）以较长时间冻、饿、晒、烤等手段虐待被监管人，严重损害其身体健康的； （3）虐待造成被监管人轻伤、重伤、死亡的； （4）虐待被监管人，情节严重，导致被监管人自杀、自残造成重伤、死亡，或者精神失常的； （5）殴打或者体罚虐待 3 人次以上的；

立案标准	（6）指使被监管人殴打、体罚虐待其他被监管人，具有上述情形之一的； （7）其他情节严重的情形。
重点解读	本罪的对象是被监管人，即在监狱等自由刑执行场所服刑的罪犯、在看守所中被监管的犯罪嫌疑人和被告人、在拘留所中被执行行政拘留处罚的人、在强制隔离戒毒所被强制戒毒的人以及其他依法被监管的人。 本罪的实行行为是殴打或者体罚虐待被监管人。殴打，是指造成被监管人肉体上的暂时痛苦的行为；体罚虐待，是指体罚或虐待而不仅仅限于以体罚方法进行虐待；殴打以外的，能够对被监管人肉体或精神进行摧残或折磨的一切方法，如捆绑、罚趴、罚跑、罚晒、罚冻、罚饿、辱骂，强迫超体力劳动，不让睡觉，不给水喝等，均属于体罚虐待的范畴。此外，体罚虐待不要求有一贯性，行为人一次性殴打、体罚虐待被监管人，如果情节严重的，就足以构成本罪。 根据《中华人民共和国刑法》第248条第2款的规定，监管人员指使被监管人殴打或者体罚虐待其他被监管人的，也以本罪论处。需要注意的是，监管人员的这种指使的方式可以采用明示的方法，即明确告知实施虐待的被监管人；也可以采用默示的方式，让被监管人领会到自己想要虐待其他被监管人的意思，在被监管人实施了虐待行为时采取放任纵容的做法，使其他被监管人的人身权利受到侵害。
法律适用	《最高人民检察院关于渎职侵权犯罪案件立案标准的规定》二、（五）

39 滥用职权罪

刑法规定	第 397 条 ❶ 国家机关工作人员滥用职权或者玩忽职守，致使公共财产、国家和人民利益遭受重大损失的，处三年以下有期徒刑或者拘役；情节特别严重的，处三年以上七年以下有期徒刑。本法另有规定的，依照规定。 ❷ 国家机关工作人员徇私舞弊，犯前款罪的，处五年以下有期徒刑或者拘役；情节特别严重的，处五年以上十年以下有期徒刑。本法另有规定的，依照规定。
立案标准	国家机关工作人员滥用职权，具有下列情形之一的，应当认定为《中华人民共和国刑法》第 397 条规定的“致使公共财产、国家和人民利益遭受重大损失”，予以立案： （1）造成死亡 1 人以上，或者重伤 3 人以上，或者轻伤 9 人以上，或者重伤 2 人、轻伤 3 人以上，或者重伤 1 人、轻伤 6 人以上的； （2）造成经济损失 30 万元以上的； （3）造成恶劣社会影响的； （4）其他致使公共财产、国家和人民利益遭受重大损失的情形。

重点解读	（1）本罪的主体为“国家机关工作人员”。“国家机关工作人员”是指在国家机关中从事公务的人员。“国家机关”是指国家权力机关、行政机关、监察机关、司法机关、军事机关。下列人员在代表国家机关行使职权时，有渎职行为构成犯罪的，也依照刑法关于渎职罪的规定追究刑事责任：①在依照法律、法规规定行使国家行政管理职权的组织中从事公务的人员；②在受国家机关委托，代表国家机关行使职权的组织中从事公务的人员；③虽未列入国家机关人员编制但在国家机关中从事公务的人员。 （2）本罪客观方面表现为实施了滥用职权的行为。“职权”是国家机关工作人员代表国家处理公务的职责和权力；“滥用”是指胡乱地或者过度地使用。滥用职权则是指超越职权，违法决定、处理其无权决定、处理的事项，或者违反规定处理公务。具体来说，滥用职权在客观上可能表现为两种形式：一是超越职权，违法决定、处理其无权决定、处理的事项。二是违反规定处理公务，即不正当地行使自己职权范围内的权力或者不履行职责。 （3）“徇私舞弊”是指为个人私利或者亲友私情徇私的行为。这是本罪的加重处罚情节。
法律适用	《最高人民法院、最高人民检察院关于办理渎职刑事案件适用法律若干问题的解释（一）》

40 执行判决、裁定滥用职权罪

刑法规定	第 399 条第 3 款 在执行判决、裁定活动中，严重不负责任或者滥用职权，不依法采取诉讼保全措施、不履行法定执行职责，或者违法采取诉讼保全措施、强制执行措施，致使当事人或者其他人的利益遭受重大损失的，处五年以下有期徒刑或者拘役；致使当事人或者其他人的利益遭受特别重大损失的，处五年以上十年以下有期徒刑。
立案标准	司法工作人员在执行判决、裁定活动中，涉嫌滥用职权，不依法采取诉讼保全措施、不履行法定执行职责，或者违法采取保全措施、强制执行措施有下列情形之一的，应予立案： （1）致使当事人或者其近亲属自杀、自残造成重伤、死亡，或者精神失常的； （2）造成个人财产直接经济损失 10 万元以上，或者直接经济损失不满 10 万元，但间接经济损失 50 万元以上的； （3）造成法人或者其他组织财产直接经济损失 20 万元以上，或者直接经济损失不满 20 万元，但间接经济损失 100 万元以上的； （4）造成公司、企业等单位停业、停产 6 个月以上，或者破产的； （5）其他致使当事人或者其他人的利益遭受重大损失的情形。

重点解读

行为发生在执行判决、裁定活动中。所谓执行，是指人民法院根据已经发生法律效力的裁判和其他法律文书规定，采取法律措施，强制当事人履行义务。根据《全国人民代表大会常务委员会关于〈中华人民共和国刑法〉第三百一十三条的解释》的规定，“人民法院的判决、裁定”，是指人民法院依法作出的具有执行内容并已发生法律效力的判决、裁定。

判决，是指人民法院对当事人实体权利所作的结论性判定，其包括民事判决、刑事附带民事诉讼关于民事部分的判决以及行政判决。裁定，是人民法院为解决案件程序问题或者在案件执行过程中就诉讼程序上的有关事项所作的判定。人民法院为依法执行支付令、生效的调解书、仲裁裁决、公证债权文书等所作的裁定也属于本罪所规定的裁定。需要指出的是，虽然本罪中并没有明确排除刑事判决中的刑罚部分，但是由于本罪要求“致使当事人或者其他人的利益遭受重大损失的结果”，而刑罚的执行并不直接涉及当事人或者其他人的利益损失。因此，行为人执行刑罚过程中的失职行为，造成严重后果的，可以按照玩忽职守罪、失职致使在押人员脱逃罪等论处。

行为人实施了滥用职权的行为。“职权”是国家机关工作人员代表国家处理公务的职责和权力。“滥用”是指胡乱地或者过度地使用。滥用职权，则是指超越职权，违法决定、处理其无权决定、处理的事项，或者违反规定处理公务。在本罪中，行为人滥用职权具体表现为：不依法采取诉讼保全措施，不履行法定执行职责，或者违法采取保全措施、强制执行措施。

诉讼保全，包括证据保全和财产保全。在执行过程中的保全指的是财产保全，即人民法院在案件受理前或者诉讼过程中，

重点解读	为了保证判决的执行或避免财产遭受损失，对当事人的财产或争议的标的物采取的强制措施；这种强制措施是在一定期限内限制当事人对该项财产进行支配、处分，其目的是保证人民法院作出的判决能够得到顺利执行。不履行法定执行职责，是指本应根据已经发生法律效力的裁判和其他法律文书的规定，采取法律措施使当事人履行义务，但是不依法采取有关措施。
法律适用	《最高人民检察院关于渎职侵权犯罪案件立案标准的规定》一、（七）

玩忽职守犯罪

41 签订、履行合同失职被骗罪

刑法规定	**第 167 条** 国有公司、企业、事业单位直接负责的主管人员，在签订、履行合同过程中，因严重不负责任被诈骗，致使国家利益遭受重大损失的，处三年以下有期徒刑或者拘役；致使国家利益遭受特别重大损失的，处三年以上七年以下有期徒刑。
立案标准	国有公司、企业、事业单位直接负责的主管人员，在签订、履行合同过程中，因严重不负责任被诈骗，致使国家利益遭受重大损失的，应予立案追诉。
重点解读	（1）犯罪主体是特殊主体，即国有公司、企业、事业单位直接负责的主管人员。 （2）行为人在签订、履行合同过程中，因严重不负责任被诈骗。“严重不负责任”在实践中表现为各种各样的行为：有的盲目轻信，不认真审查对方当事人的合同主体资格、资信情况；有的不认真审查对方的履约能力和货源情况；有的贪图个人私利，关心的不是产品的质量和价格，而是个人能否得到回扣，从中捞取多少，在得到好处后，在质量上舍优求劣，在价格上舍低就高，在路途上舍近求远；有的销售商品时则对并非滞销甚至是紧俏的商品，让价出售或赊销，以权谋私，导致被骗；等等。

重点解读	（3）本罪须以致使国家利益遭受重大损失为条件，所谓“国家利益遭受重大损失”包括造成大量财物被诈骗；因为被骗，对方根本无法供货，造成停产、企业濒临破产倒闭等。 （4）金融机构、从事对外贸易经营活动的公司、企业的工作人员严重不负责任，造成大量外汇被骗购或者逃汇，致使国家利益遭受重大损失的，以签订、履行合同失职被骗罪定罪处罚。“金融机构”，是指经外汇管理机关批准，有权经营外汇业务的商业银行和外汇交易中心。“从事对外贸易经营活动的公司、企业”，即对外贸易经营者，是指有权从事货物进出口与技术进出口的外贸单位以及国际服务贸易企业和组织。行为人在客观方面实施了严重不负责任，造成大量外汇被骗购或者逃汇的行为。“致使国家利益遭受重大损失的”，主要是指使国家外汇造成大量流失。
法律适用	《全国人民代表大会常务委员会关于惩治骗购外汇、逃汇和非法买卖外汇犯罪的决定》七

42 国有公司、企业、事业单位人员失职罪

刑法规定	第 168 条 ❶国有公司、企业的工作人员，由于严重不负责任或者滥用职权，造成国有公司、企业破产或者严重损失，致使国家利益遭受重大损失的，处三年以下有期徒刑或者拘役；致使国家利益遭受特别重大损失的，处三年以上七年以下有期徒刑。 ❷国有事业单位的工作人员有前款行为，致使国家利益遭受重大损失的，依照前款的规定处罚。 ❸国有公司、企业、事业单位的工作人员，徇私舞弊，犯前两款罪的，依照第一款的规定从重处罚。
立案标准	国有公司、企业、事业单位的工作人员，严重不负责任，造成国有公司、企业破产或严重损失，致使国家利益遭受重大损失的，应予立案追诉。
重点解读	行为人要有严重不负责任的失职行为。所谓失职，是指工作严重不负责任，不履行或不认真、不正确地履行自己职责的行为。其中，不履行职责，既包括擅自离开自己的工作岗位，因而根本未尽其职责，又包括虽在工作岗位但没有实施法律或职务所规定的应当实施的行为与义务，即有职而不守，如不执行上级的指示、命令和规定，拒绝履行自己的职责，或者应当履行却放任不管，置之不理而放弃职责；或者发现问题，不及时履行自己应尽的职责；或者粗心大意，不认真负责，忘记了自己的职责，等等，都是不履行职责的表现。

重点解读	行为人的失职行为必须造成了国有公司、企业、事业单位破产或者严重损失，致使国家利益遭受重大损失，才能构成本罪。没有造成上述严重后果，即使具有严重不负责任的失职行为，也不能以本罪论处。所谓公司、企业破产，是指因经营管理不善，造成严重亏损或者全部资产不能清偿到期债务而宣告倒闭。既包括因经营或管理不善造成严重亏损，不能清偿到期债务而直接依法宣告破产，又包括公司、企业整顿期间，财务状况继续恶化，而终结整顿宣告破产，还包括整顿期间，不能按照和解协议清偿债务而破产。所谓严重损失，仅指经营性损失，不包括政策性损失，既包括造成严重亏损，即因经营或管理不善而使公司、企业、事业单位支出大大超过收入，资产不仅不能增值，而且还不能保值，致使国有资产大量损失，又包括总体上经营虽然没有出现亏损，但使得应当赢得的利益遭受损失，还包括经营未出现亏损，但使得单位赔偿巨大损失，等等。所谓致使国家利益遭受重大损失，除因玩忽职守造成公司、企业、事业单位破产或者严重损失外，还包括使国有公司、企业、事业单位职工长期发不出工资，生活困难，群众反映强烈，给党和政府的声誉造成了严重损害等情况。
法律适用	（1）《最高人民法院、最高人民检察院关于办理妨害预防、控制突发传染病疫情等灾害的刑事案件具体应用法律若干问题的解释》第4条 （2）《最高人民法院关于审理扰乱电信市场管理秩序案件具体应用法律若干问题的解释》第6条 （3）《最高人民法院、最高人民检察院关于办理国家出资企业中职务犯罪案件具体应用法律若干问题的意见》

43 国家机关工作人员签订、履行合同失职被骗罪

刑法规定	**第 406 条** 国家机关工作人员在签订、履行合同过程中，因严重不负责任被诈骗，致使国家利益遭受重大损失的，处三年以下有期徒刑或者拘役；致使国家利益遭受特别重大损失的，处三年以上七年以下有期徒刑。
立案标准	国家机关工作人员在签订、履行合同过程中，涉嫌因严重不负责任，不履行或者不认真履行职责被诈骗，有下列情形之一的，应予立案： （1）造成直接经济损失 30 万元以上，或者直接经济损失不满 30 万元，但间接经济损失 150 万元以上的； （2）其他致使国家利益遭受重大损失的情形。
重点解读	本罪在客观方面表现为在签订、履行合同过程中，严重不负责任，不履行或者不认真履行职责被诈骗，致使国家利益遭受重大损失。 被诈骗，是指被合同对方当事人诈骗。本罪的成立，应当以合同对方当事人的行为构成诈骗罪为前提。《关于签订、履行合同失职被骗犯罪是否以对方当事人的行为构成诈骗犯罪为要件的意见》认定国家机关工作人员签订、履行合同失职被骗罪，应当以对方当事人涉嫌诈骗，行为构成犯罪为前提。但司法机关不能以对方当事人已经被人民法院判决构成诈骗犯罪作

重点解读

为认定本案当事人构成国家机关工作人员签订、履行合同失职被骗罪的前提。也就是说，司法机关在办理案件过程中，只要认定对方当事人的行为已经涉嫌构成诈骗犯罪，就可依法认定行为人构成国家机关工作人员签订、履行合同失职被骗罪。

国家利益遭受重大损失。首先，所谓重大损失，包括物质性损失和非物质性损失。非物质性损失是指给国家机关的正常活动和信誉造成严重损害或者造成其他恶劣的政治、社会影响。其次，重大损失与失职被骗之间存在因果关系。

本罪是纯正的身份犯，主体是国家机关工作人员。刑法中所称的国家机关工作人员，是指在国家机关中从事公务的人员，包括在各级国家权力机关、行政机关、司法机关和军事机关中从事公务的人员。根据有关立法解释的规定，在依照法律、法规规定行使国家行政管理职权的组织中从事公务的人员，或者在受国家机关委托代表国家行使职权的组织中从事公务的人员，或者虽未列入国家机关人员编制但在国家机关中从事公务的人员，视为国家机关工作人员。在乡（镇）以上中国共产党机关、人民政协机关中从事公务的人员，司法实践中也应当视为国家机关工作人员。

法律适用

《最高人民检察院关于渎职侵权犯罪案件立案标准的规定》一、（十七）

44 环境监管失职罪

<table>
<tr><td rowspan="2">刑法规定</td><td>第 408 条</td></tr>
<tr><td>负有环境保护监督管理职责的国家机关工作人员严重不负责任，导致发生重大环境污染事故，致使公私财产遭受重大损失或者造成人身伤亡的严重后果的，处三年以下有期徒刑或者拘役。</td></tr>
<tr><td>立案标准</td><td>致使公私财产损失 30 万元以上，或者具有下列情形之一的，应认定为“致使公私财产遭受重大损失或者造成人身伤亡的严重后果”，应予立案：
（1）造成生态环境严重损害的；
（2）致使乡镇以上集中式饮用水水源取水中断 12 小时以上的；
（3）致使基本农田、防护林地、特种用途林地 5 亩以上，其他农用地 10 亩以上，其他土地 20 亩以上基本功能丧失或者遭受永久性破坏的；
（4）致使森林或者其他林木死亡 50 立方米以上，或者幼树死亡 2500 株以上的；
（5）致使疏散、转移群众 5000 人以上的；
（6）致使 30 人以上中毒的；
（7）致使 3 人以上轻伤、轻度残疾或者器官组织损伤导致一般功能障碍的；
（8）致使 1 人以上重伤、中度残疾或者器官组织损伤导致严重功能障碍的。</td></tr>
</table>

重点解读	所谓“严重不负责任”，是指负有环境保护监督管理职责的人员，不履行或者不认真履行环保法律、法规所赋予的职责对工作极其马虎、敷衍塞责、草率应付。国家环境保护监督管理机关及其工作人员应负的具体职责有：对环境进行监测、防治废气、废水、废渣、粉尘、垃圾、放射性物质、农药、化学危险物品等有害物质和噪声、震动等对环境的污染和危害。 所谓“污染”，是指造成大气、水源、海洋、土壤等环境质量标准严重不符合国家规定的质量标准，足以对人们身心健康、经济发展、公私财产等造成严重危害的情形。一般指“五大公害”，即水污染、大气污染、固体废物污染、环境噪声污染、放射性污染。 本罪是纯正的身份犯，主体是负有环境保护监督管理职责的国家机关工作人员。根据《环境保护法》第10条的规定，主要包括：在国务院环境保护主管部门、县级以上地方人民政府环境保护主管部门从事环境保护监督管理工作的人员；在县级以上人民政府有关部门和军队环境保护部门从事环境保护监督管理工作的人员。
法律适用	《最高人民法院、最高人民检察院关于办理环境污染刑事案件适用法律若干问题的解释》第2条

45 传染病防治失职罪

刑法规定	**第 409 条** 从事传染病防治的政府卫生行政部门的工作人员严重不负责任，导致传染病传播或者流行，情节严重的，处三年以下有期徒刑或者拘役。
立案标准	从事传染病防治的政府卫生行政部门的工作人员涉嫌严重不负责任，不履行或者不认真履行传染病防治监管职责，导致传染病传播或者流行，有下列情形之一的，应予立案： （1）导致甲类传染病传播的； （2）导致乙类、丙类传染病流行的； （3）因传染病传播或者流行，造成人员重伤或者死亡的； （4）因传染病传播或者流行，严重影响正常的生产、生活秩序的； （5）在国家对突发传染病疫情等灾害采取预防、控制措施后对发生突发传染病疫情等灾害的地区或者突发传染病病人、病原携带者、疑似突发传染病病人，未按照预防、控制突发传染病疫情等灾害工作规范的要求做好防疫、检疫、隔离、防护、救治等工作，或者采取的预防、控制措施不当，造成传染范围扩大或者疫情、灾情加重的； （6）在国家对突发传染病疫情等灾害采取预防、控制措施后隐瞒、缓报、谎报或者授意、指使、强令他人隐瞒、缓报、谎报疫情、灾情，造成传染范围扩大或者疫情、灾情加重的；

立案标准	（7）在国家对突发传染病疫情等灾害采取预防、控制措施后，拒不执行突发传染病疫情等灾害应急处理指挥机构的决定、命令，造成传染范围扩大或者疫情、灾情加重的； （8）其他情节严重的情形。
重点解读	行为人有传染病防治监管职责。我国《传染病防治法》等法律、法规对行为人应当履行的职责作出了具体规定。国家卫生行政部门的传染病防治职责主要包括预防传染病，报告、通报和公布疫情，控制疫情，以及对下级人民政府卫生行政部门、疾病预防控制机构、医疗机构的传染病防治工作等进行监督管理。 行为人不履行或者不认真履行传染病防治监管职责。实践中，行为人严重不负责任的表现是多种多样的，如不履行预防接种、传染病监测、预警等关于传染病预防的职责；发现传染病流行或者接到疫情报告后，不报告或者瞒报、谎报、延误报告；在国家对突发传染病疫情等灾害采取预防、控制措施后，拒不执行突发传染病疫情等灾害应急处理指挥机构的决定、命令；等等。 传染病传播，是指传染病通过一定的途径播散给其他健康的人；传染病流行，是指某一地区某种传染病发病率显著超过该病历年的一般发病率。
法律适用	《最高人民检察院关于渎职侵权犯罪案件立案标准的规定》一、（二十）

46 商检失职罪

<table>
<tr><td rowspan="2">刑法规定</td><td>第 412 条第 2 款</td></tr>
<tr><td>前款所列人员严重不负责任，对应当检验的物品不检验，或者延误检验出证、错误出证，致使国家利益遭受重大损失的，处三年以下有期徒刑或者拘役。</td></tr>
<tr><td>立案标准</td><td>出入境检验检疫机关、检验检疫机构工作人员涉嫌严重不负责任，对应当检验的物品不检验，或者延误检验出证、错误出证，有下列情形之一的，应予立案：
（1）致使不合格的食品、药品、医疗器械等商品出入境，严重危害生命健康的；
（2）造成个人财产直接经济损失 15 万元以上，或者直接经济损失不满 15 万元，但间接经济损失 75 万元以上的；
（3）造成公共财产、法人或者其他组织财产直接经济损失 30 万元以上，或者直接经济损失不满 30 万元，但间接经济损失 150 万元以上的；
（4）未经检验，出具合格检验结果，致使国家禁止进口的固体废物、液态废物和气态废物等进入境内的；
（5）不检验或者延误检验出证、错误出证，引起国际经济贸易纠纷，严重影响国家对外经贸关系，或者严重损害国家声誉的；
（6）其他致使国家利益遭受重大损失的情形。</td></tr>
</table>

重点解读

“严重不负责任”，是指不履行或者不认真履行应尽职责，情节恶劣的情形。“应当检验的物品”，是指列入国家商检部门根据对外贸易发展的需要，制定、调整并公布的必须实施检验的进出口商品目录的进出口商品和其他法律、行政法律规定须经商检机构检验的进出口商品。“延误检验出证”，是指国家商检部门、商检机构的工作人员由于严重不负责任，在对外贸易合同约定的索赔期限内没有检验完毕。“错误出证”，是指国家商检部门、商检机构的工作人员由于严重不负责任，出具了与被检验商品的客观情况不相符合的检验证明文件。

本罪主观方面为过失。

法律适用

《最高人民检察院关于渎职侵权犯罪案件立案标准的规定》一、（二十五）

47 动植物检疫失职罪

刑法规定	第 413 条第 2 款 前款所列人员严重不负责任，对应当检疫的检疫物不检疫，或者延误检疫出证、错误出证，致使国家利益遭受重大损失的，处三年以下有期徒刑或者拘役。
立案标准	出入境检验检疫机关、检验检疫机构工作人员涉嫌严重不负责任，对应当检疫的检疫物不检疫，或者延误检疫出证、错误出证，有下列情形之一的，应予立案： （1）导致疫情发生，造成人员重伤或者死亡的； （2）导致重大疫情发生、传播或者流行的； （3）造成个人财产直接经济损失 15 万元以上，或者直接经济损失不满 15 万元，但间接经济损失 75 万元以上的； （4）造成公共财产或者法人、其他组织财产直接经济损失 30 万元以上，或者直接经济损失不满 30 万元，但间接经济损失 150 万元以上的； （5）不检疫或者延误检疫出证、错误出证引起国际经济贸易纠纷，严重影响国家对外经贸关系，或者严重损害国家声誉的； （6）其他致使国家利益遭受重大损失的情形。

重点解读	“严重不负责任”，是指动植物检疫机关的检疫人员在检疫工作中不履行或不正确履行职责，对应当检疫的检疫物不检疫或者延误检疫出证、错误出证。具体而言，严重不负责任的行为有以下三种表现：（1）对应当检疫的检疫物不检疫。此种行为方式表现为不作为，其成立前提是行为人有检疫的义务，即涉及的物品属于“应当检疫的检疫物”。根据《进出境动植物检疫法实施条例》第2条的规定，下列各物，属于“应当检疫的检疫物”：①进境、出境、过境的动植物、动植物产品和其他检疫物；②装载动植物、动植物产品和其他检疫物的装载容器、包装物、铺垫材料；③来自动植物疫区的运输工具；④进境拆解的废旧船舶；⑤有关法律、行政法规、国际条约规定或者贸易合同约定应当实施进出境动植物检疫的其他货物、物品。（2）延误检疫出证，即没有在法定的检疫期限内检疫完毕并出具证明。（3）错误出证，即检验人员出具了与检疫物的客观情况不相符合的证明，包括将不合格检疫物检验为合格，将合格检疫物检验为不合格等。 本罪在主观方面表现为过失，即对自己严重不负责任的行为可能导致的国家利益遭受的重大损失应当预见而没有预见，或者已经预见而轻信能够避免。
法律适用	《最高人民检察院关于渎职侵权犯罪案件立案标准的规定》一、（二十七）

48 不解救被拐卖、绑架妇女、儿童罪

刑法规定	第416条第1款 对被拐卖、绑架的妇女、儿童负有解救职责的国家机关工作人员，接到被拐卖、绑架的妇女、儿童及其家属的解救要求或者接到其他人的举报，而对被拐卖、绑架的妇女、儿童不进行解救，造成严重后果的，处五年以下有期徒刑或者拘役。
立案标准	公安、司法等国家机关工作人员涉嫌接到被拐卖、绑架的妇女、儿童及其家属的解救要求或者接到其他人的举报后，对被拐卖、绑架的妇女、儿童不进行解救，有下列情形之一的，应予立案： （1）导致被拐卖、绑架的妇女、儿童或者其家属重伤、死亡或者精神失常的； （2）导致被拐卖、绑架的妇女、儿童被转移、隐匿、转卖，不能及时进行解救的； （3）对被拐卖、绑架的妇女、儿童不进行解救3人次以上的； （4）对被拐卖、绑架的妇女、儿童不进行解救，造成恶劣社会影响的； （5）其他造成严重后果的情形。

重点解读

本罪的对象是被拐卖、绑架的妇女与儿童。

被拐卖的妇女、儿童，是指拐卖妇女、儿童的犯罪分子所控制、出卖的妇女与儿童，包括出于出卖目的而被犯罪分子绑架的妇女、儿童及被偷盗的婴幼儿。被拐卖的妇女与儿童如已被他人收买的，也应属于被拐卖的妇女与儿童，从而可以成为本罪对象。

实行行为是不解救被拐卖、绑架的妇女、儿童。所谓不进行解救，是指接到解救要求或者举报后，不采取任何解救措施，或者推诿、拖延解救工作。可见，本罪是不作为犯，成立本罪，除行为人负有解救被拐卖、绑架的妇女、儿童的职责外，还应事前接到“解救要求”或“举报”。所谓解救要求，是指被拐卖、绑架妇女、儿童及其家属向有关部门及其工作人员提出的解救要求。所谓举报，是指上述人员以外的其他公民就妇女、儿童被拐卖、绑架的事实向有关部门及其工作人员进行的检举或者报告。

本罪是纯正的身份犯，是指负有解救被拐卖、绑架的妇女、儿童职责的国家机关工作人员。国家机关工作人员的范围是非常宽泛的，但只有那些负有特定的解救职责的国家机关工作人员，才可能成为本罪的主体。实践中，本罪的主体一般是公安、司法机关工作人员。

法律适用

《最高人民检察院关于渎职侵权犯罪案件立案标准的规定》一、(三十一)

49 失职造成珍贵文物损毁、流失罪

刑法规定

第 419 条

国家机关工作人员严重不负责任，造成珍贵文物损毁或者流失，后果严重的，处三年以下有期徒刑或者拘役。

立案标准

国家机关工作人员涉嫌严重不负责任，造成珍贵文物损毁或者流失，有下列情形之一的，应予立案：

（1）导致二级以上文物或者 5 件以上三级文物损毁或者流失的；

（2）导致全国重点文物保护单位或省级文物保护单位的本体严重损毁或者灭失；

（3）其他后果严重的情形。

重点解读

失职造成珍贵文物损毁、流失罪的主体是负有文物保护职责的国家机关工作人员，包括文物行政部门和其他部门的工作人员。“严重不负责任”，是指对自己经手管理、运输、使用的珍贵文物，不认真管理和保管，或者对可能造成珍贵文物损毁或者流失的隐患，不采取措施，情节恶劣的行为。根据《文物保护法》第 3 条的规定，古文化遗址、古墓葬、古建筑、石窟寺、石刻、壁画、近代现代重要史迹和代表性建筑等不可移动文物，根据它们的历史、艺术、科学价值，可以分别确定为全国重点文物保护单位，省级文物保护单位，市、县级文物保护单位。历史上各时代重要实物、艺术品、文献、手稿、图书资

重点解读	料、代表性实物等可移动文物，分为珍贵文物和一般文物；珍贵文物分为一级文物、二级文物、三级文物。 “损毁”，是指在考古发掘或者管理、保护过程中，造成珍贵文物破坏、损坏或者毁灭，无法恢复原貌的情形；“流失”，是指造成珍贵文物丢失、流传到国外等情形。同时，构成失职造成珍贵文物损毁、流失罪应当具备“后果严重”这一要件，如果只是造成文物很小的破损，或者失而复得没有造成大的损坏，则不能按照本罪处理。
法律适用	《最高人民法院、最高人民检察院关于办理妨害文物管理等刑事案件适用法律若干问题的解释》第10条、第13条

50 过失泄露国家秘密罪

刑法规定	第 398 条 ❶ 国家机关工作人员违反保守国家秘密法的规定，故意或者过失泄露国家秘密，情节严重的，处三年以下有期徒刑或者拘役；情节特别严重的，处三年以上七年以下有期徒刑。 ❷ 非国家机关工作人员犯前款罪的，依照前款的规定酌情处罚。
立案标准	国家机关工作人员或者非国家机关工作人员违反保守国家秘密法，过失泄露国家秘密，或者遗失国家秘密载体，致使国家秘密被不应知悉者知悉或者超出了限定的接触范围，有下列情形之一的，应予立案： （1）泄露绝密级国家秘密 1 项（件）以上的； （2）泄露机密级国家秘密 3 项（件）以上的； （3）泄露秘密级国家秘密 4 项（件）以上的； （4）违反保密规定，将涉及国家秘密的计算机或者计算机信息系统与互联网相连接，泄露国家秘密的； （5）泄露国家秘密或者遗失国家秘密载体，隐瞒不报、不如实提供有关情况或者不采取补救措施的； （6）其他情节严重的情形。

重点解读	本罪的行为对象是国家秘密。《保守国家秘密法》第2条把国家秘密概括为："国家秘密是关系国家安全和利益，依照法定程序确定，在一定时间内只限定一定范围的人员知悉的事项。"该法第9条明确把以下事项规定为国家秘密：（1）国家事务重大决策中的秘密事项；（2）国防建设和武装力量活动中的秘密事项；（3）外交和外事活动中的秘密事项以及对外承担保密义务的秘密事项；（4）国民经济和社会发展中的秘密事项；（5）科学技术中的秘密事项；（6）维护国家安全活动和追查刑事犯罪中的秘密事项；（7）经国家保密行政管理部门确定的其他秘密事项。政党的秘密事项中符合前述规定的，属于国家秘密。根据《保守国家秘密法》第10条规定，国家秘密分为绝密、机密和秘密三个等级。绝密是国家的最高级机密，只允许极少数人员知悉；机密是仅次于绝密的国家重要信息，只允许特定的专门工作人员知悉；秘密是国家的不宜在社会上大范围传播而限于一定范围人员知悉的重要信息。应当指出，故意泄露国家秘密罪中的"国家秘密"，既包括绝密、机密，又包括秘密，也就是说，"国家秘密"是对绝密、机密和秘密的总称。 本罪主观方面为过失。
法律适用	《最高人民检察院关于渎职侵权犯罪案件立案标准的规定》一、（四）

51 玩忽职守罪

刑法规定	**第 397 条** ❶ 国家机关工作人员滥用职权或者玩忽职守，致使公共财产、国家和人民利益遭受重大损失的，处三年以下有期徒刑或者拘役；情节特别严重的，处三年以上七年以下有期徒刑。本法另有规定的，依照规定。 ❷ 国家机关工作人员徇私舞弊，犯前款罪的，处五年以下有期徒刑或者拘役；情节特别严重的，处五年以上十年以下有期徒刑。本法另有规定的，依照规定。
立案标准	国家机关工作人员玩忽职守，具有下列情形之一的，应当认定为《中华人民共和国刑法》第 397 条规定的“致使公共财产、国家和人民利益遭受重大损失”，予以立案： （1）造成死亡 1 人以上，或者重伤 3 人以上，或者轻伤 9 人以上，或者重伤 2 人、轻伤 3 人以上，或者重伤 1 人、轻伤 6 人以上的； （2）造成经济损失 30 万元以上的； （3）造成恶劣社会影响的； （4）其他致使公共财产、国家和人民利益遭受重大损失的情形。

重点解读	玩忽职守，是指行为人在工作中严重不负责任，不履行或者不认真履行职责。不履行职责，包括在岗不履行职责与撤离职守两种类型。不认真履行，是指不正确地履行职责，即形式上具有履行职责的行动，但是没有完全按照职责要求做，以致造成严重后果。从行为样态来看，不履行职责表现为不作为，但是不认真履行职责的行为样态比较复杂，既可表现为作为，也可表现为不作为。例如，当发生事故时，不认真履行职责导致重大损失时，不认真履行就是一种不作为；而当在经济领导工作中，不认真履行职责，盲目批准重大工程项目而导致重大损失时，不认真履行就是一种作为。 依照《中华人民共和国刑法》第 397 条第 2 款的规定，徇私舞弊是本罪的加重情节。所谓的“徇私舞弊”，是指国家机关工作人员为徇私情、私利，故意违背事实和法律，伪造材料，隐瞒情况，弄虚作假的行为。其中，“徇私”应理解为徇个人私情、私利。国家机关工作人员为了本单位的利益，实施滥用职权，构成犯罪的，依照《中华人民共和国刑法》第 397 条第 1 款的规定定罪处罚。 本罪主体是国家机关工作人员。“国家机关工作人员”是指在国家机关中从事公务的人员，包括在各级国家权力机关、行政机关、司法机关和军事机关中从事公务的人员。
法律适用	《最高人民法院、最高人民检察院关于办理渎职刑事案件适用法律若干问题的解释（一）》第 1 条

52 执行判决、裁定失职罪

刑法规定	第 399 条第 3 款 在执行判决、裁定活动中，严重不负责任或者滥用职权，不依法采取诉讼保全措施、不履行法定执行职责，或者违法采取诉讼保全措施、强制执行措施，致使当事人或者其他人的利益遭受重大损失的，处五年以下有期徒刑或者拘役；致使当事人或者其他人的利益遭受特别重大损失的，处五年以上十年以下有期徒刑。
立案标准	司法工作人员在执行判决、裁定活动中，涉嫌严重不负责任，不依法采取诉讼保全措施、不履行法定执行职责，或者违法采取保全措施、强制执行措施，有下列情形之一的，应予立案： （1）致使当事人或者其近亲属自杀、自残造成重伤、死亡，或者精神失常的； （2）造成个人财产直接经济损失 15 万元以上，或者直接经济损失不满 15 万元，但间接经济损失 75 万元以上的； （3）造成法人或者其他组织财产直接经济损失 30 万元以上，或者直接经济损失不满 30 万元，但间接经济损失 150 万元以上的； （4）造成公司、企业等单位停业、停产 1 年以上，或者破产的； （5）其他致使当事人或者其他人的利益遭受重大损失的情形。

重点解读

行为发生在执行判决、裁定活动中。所谓执行，是指人民法院根据已经发生法律效力的裁判和其他法律文书规定，采取法律措施，强制当事人履行义务。根据《全国人民代表大会常务委员会关于〈中华人民共和国刑法〉第三百一十三条的解释》的规定，“人民法院的判决、裁定”，是指人民法院依法作出的具有执行内容并已发生法律效力的判决、裁定。判决，是指人民法院对当事人实体权利所作的结论性判定，其包括民事判决、刑事附带民事诉讼关于民事部分的判决以及行政判决。裁定，是人民法院为解决案件程序问题或者在案件执行过程中，就诉讼程序上的有关事项所作的判定。人民法院为依法执行支付令、生效的调解书、仲裁裁决、公证债权文书等所作的裁定也属于本罪所规定的裁定。需要指出的是，虽然本罪中并没有明确排除刑事判决中的刑罚部分，但是由于本罪要求“致使当事人或者其他人的利益遭受重大损失的结果”，而刑罚的执行并不直接涉及当事人或者其他人的利益损失。因此，行为人执行刑罚过程中的失职行为，造成严重后果的，可以按照玩忽职守罪、失职致使在押人员脱逃罪等论处。行为人严重不负责任，不依法采取诉讼保全措施，不履行法定执行职责，或者违法采取保全措施、强制执行措施。行为致使当事人或者其他人的利益遭受重大损失。

实践中，行为人往往是受贿后才犯本罪的。根据《中华人民共和国刑法》第399条第4款的规定，对行为人不实行数罪并罚，依照处罚较重的规定定罪处罚。

法律适用

《最高人民检察院关于渎职侵权犯罪案件立案标准的规定》一、（七）

53 失职致使在押人员脱逃罪

<table>
<tr><td rowspan="2">刑法规定</td><td>第 400 条第 2 款</td></tr>
<tr><td>司法工作人员由于严重不负责任，致使在押的犯罪嫌疑人、被告人或者罪犯脱逃，造成严重后果的，处三年以下有期徒刑或者拘役；造成特别严重后果的，处三年以上十年以下有期徒刑。</td></tr>
<tr><td>立案标准</td><td>司法工作人员涉嫌严重不负责任，不履行或者不认真履行职责，致使在押（包括在羁押场所和押解途中）的犯罪嫌疑人、被告人、罪犯脱逃，有下列情形之一的，应予立案：
（1）致使依法可能判处或者已经判处 10 年以上有期徒刑、无期徒刑、死刑的犯罪嫌疑人、被告人、罪犯脱逃的；
（2）致使犯罪嫌疑人、被告人、罪犯脱逃 3 人次以上的；
（3）犯罪嫌疑人、被告人、罪犯脱逃以后，打击报复报案人、控告人、举报人、被害人、证人和司法工作人员等，或者继续犯罪的；
（4）其他致使在押的犯罪嫌疑人、被告人、罪犯脱逃，造成严重后果的情形。</td></tr>
<tr><td>重点解读</td><td>本罪的对象是在押人员，即在押的犯罪嫌疑人、被告人或者罪犯。所谓在押的犯罪嫌疑人、被告人或者罪犯，是指已经被缉拿归案并被羁押于监所的犯罪嫌疑人、被提起公诉的被告人及已被审判终结的犯罪分子。这里，监所应作广义理解，既</td></tr>
</table>

重点解读	指监狱、看守所、拘役所、未成年犯管教所，也指一切关押犯罪嫌疑人、被告人或者罪犯的地方，还包括押解犯罪嫌疑人、被告人或者罪犯的途中以及对犯罪分子行刑的场所。 本罪的行为是严重不负责任，不履行或者不认真履行职责。不履行职责，包括在岗不履行职责与擅离职守两种类型。不认真履行，是指不正确地履行职责，即形式上具有履行职责的行动，但是没有完全按照职责要求做，以致造成严重后果。例如，发现在押人员有脱逃迹象，不及时采取有效的防范措施；在押人员脱逃时，不及时组织、进行追捕。 本罪的结果是在押的犯罪嫌疑人、被告人、罪犯脱逃，并造成严重后果。 区分罪与非罪的界限，关键要看行为人是否不履行或者不认真履行职责以及是否造成严重后果。在押人员虽然脱逃但行为人没有失职的，不构成本罪；虽然行为人的失职行为致使在押人员脱逃，但没有造成严重后果的，也不构成本罪。
法律适用	《最高人民检察院关于渎职侵权犯罪案件立案标准的规定》一、（十）

徇私舞弊犯罪

54　非法经营同类营业罪

刑法规定	第 165 条 国有公司、企业的董事、经理利用职务便利，自己经营或者为他人经营与其所任职公司、企业同类的营业，获取非法利益，数额巨大的，处三年以下有期徒刑或者拘役，并处或者单处罚金；数额特别巨大的，处三年以上七年以下有期徒刑，并处罚金。
立案标准	国有公司、企业的董事、经理利用职务便利，自己经营或者为他人经营与其所任职公司、企业同类的营业，获取非法利益，数额巨大的，应予立案追诉。
重点解读	本罪的客观方面表现为国有公司、企业董事、经理利用职务上的便利，自己经营或者为他人经营与其所任职公司、企业同类的营业，获取非法利益，数额巨大的行为。行为方式有以下几种情形：（1）自己经营或为他人经营业务。既可以是为自己经营，又可以是为他人经营，还可以是既为自己经营又为他人经营，具备其中之一的，即可构成本罪。（2）自己经营或为他人经营的营业与自己所任职的公司、企业的营业属于同一种类。否则，即使自己经营或为他人经营了某项营业，但这项营业与自己所任职公司、企业的营业不属同一类营业，亦不能构成本罪。如果经营的营业为两类以上，只要其中一类与自己所任职公司、企业属同类营业，即可认定为经营了与自己所任职

重点解读

公司、企业的同一类营业。这是为了防止损害自己所任职公司、企业利益的不正当竞争的违法行为发生。（3）为自己经营或为他人经营与自己所任职公司、企业同类营业的过程中利用了职务便利，如果没有利用职务之便，即使有为自己经营或为他人经营同类营业的行为，亦不能构成本罪。所谓利用职务便利，是指利用自己经营管理的职权或者与职务有关的便利条件，既包括利用自己直接掌管的经营材料、物质、市场、计划、销售等职权而为自己经营或为他人经营的公司、企业谋取非法利益，也包括利用自己职务及有关的便利条件如人事权力、地位等，指挥、控制他人利用职权而为自己经营或为他人经营的公司、企业谋取非法利益。（4）自己经营或者为他人经营与其所任职公司、企业同类的营业，获取了非法利益，并且达到了数额巨大，才可构成本罪。否则，虽有经营行为，但没有获取非法利益，或者虽然获取了非法利益，但没有达到数额巨大的，亦不能构成本罪。

本罪主体是特殊主体只能由国有公司、企业董事、经理构成。

本罪在主观方面必须出于故意，并且具有获取非法利益的目的，即明知自己经营或为他人所经营的业务与自己所任职公司、企业经营的业务属于同类，出于非法谋取利益，仍决意进行经营。过失不能构成本罪。

法律适用

《中华人民共和国公司法》第148条

55　为亲友非法牟利罪

刑法规定

第 166 条

国有公司、企业、事业单位的工作人员，利用职务便利，有下列情形之一，使国家利益遭受重大损失的，处三年以下有期徒刑或者拘役，并处或者单处罚金；致使国家利益遭受特别重大损失的，处三年以上七年以下有期徒刑，并处罚金：

（一）将本单位的盈利业务交由自己的亲友进行经营的；

（二）以明显高于市场的价格向自己的亲友经营管理的单位采购商品或者以明显低于市场的价格向自己的亲友经营管理的单位销售商品的；

（三）向自己的亲友经营管理的单位采购不合格商品的。

立案标准

国有公司、企业、事业单位的工作人员，利用职务便利，为亲友非法牟利，使国家利益遭受重大损失的，应予立案追诉。

重点解读

所谓亲友，泛指亲戚与朋友，宜作广义理解，只要行为人为他人进行经营活动非法提供便利，即可认定属于为亲友进行经营活动非法提供便利。为亲友进行经营活动非法提供便利的方式，根据《中华人民共和国刑法》第 166 条的规定，包括以下三种情况：（1）将本单位的盈利业务交由自己的亲友进行经营，其通常是行为人利用决定、参与经贸项目、购销往来掌握的经贸信息市场行情的职务便利，把明知是可以盈利的本应为本单位经营的业务交由自己的亲友去经营。但如果这项

重点解读

业务不属其所在单位经营的业务，即使是其利用职务便利了解到的，并交由自己的亲友进行经营，亦不能构成本罪。（2）以明显高于市场的价格向自己的亲友经营管理的单位采购商品或者以明显低于市场的价格向自己的亲友经营管理的单位销售商品。简言之，就是从亲友经营管理的单位高进低出，从而损害本公司、企业的利益。（3）向自己的亲友经营管理的单位采购不合格商品。其要求行为人明知自己亲友经营管理的单位的商品属于不合格商品而仍决意购买。明知，既包括行为人确实知道是不合格商品，又包括行为人可能知道是不合格商品。如果确实不知道是不合格商品而采购的，除非可以认定属于以明显高于市场的价格向自己的亲友经营管理的单位采购商品的情况，否则，亦不能构成本罪。还应指出，向自己亲友经营管理的单位收购不合格商品，不论其价格如何，是否属于高价收购，都对本罪成立没有影响。只要其行为严重损害了国家利益，致使国家利益遭受了重大损失，都可以本罪论处。为自己的亲友进行经营活动非法提供便利的行为，必须是利用了自己的职务便利。没有利用自己的职务便利的，亦不能构成本罪。所谓利用职务便利，在这里主要是指利用在国有公司、企业、事业单位工作，尤其是担任领导工作，主管生产、经营活动的便利条件。既可以是利用自己的职务直接去为自己的亲友经营提供非法便利，又可以是利用自己掌握的职权、地位去控制、指挥、要挟、左右他人去为自己的亲友经营提供非法便利等。行为人的行为必须造成了国家利益的重大损失才能构成本罪。行为人虽然利用职务便利，实施了为自己的亲友经营非法提供便利的行为，但如果没有给国家利益造成实际损失或者虽有实际损失但不属于重大损失，则都不能以本罪论处。所谓使国家利益遭

重点解读	受重大损失，在这里应是指因将本单位的盈利业务交由亲友进行经营，而使本单位丧失了可能得到的利润，即将单位本应得到的利润转移给了自己的亲友，数额巨大的；以及因向自己亲友经营管理的单位采取高价采购或低价销售商品甚至采购自己亲友经营管理的单位的不合格商品，从而将亲友经营的损失转嫁给单位，造成的损失数额巨大的。
法律适用	《中华人民共和国公司法》第 148 条

56 徇私舞弊低价折股、出售国有资产罪

	第169条
刑法规定	国有公司、企业或者其上级主管部门直接负责的主管人员，徇私舞弊，将国有资产低价折股或者低价出售，致使国家利益遭受重大损失的，处三年以下有期徒刑或者拘役；致使国家利益遭受特别重大损失的，处三年以上七年以下有期徒刑。
立案标准	国有公司、企业或者其上级主管部门直接负责的主管人员，徇私舞弊，将国有资产低价折股或者低价出售，致使国家利益遭受重大损失的，应予立案追诉。
重点解读	本罪在客观上表现为违反国家规定，徇私舞弊，将国有资产低价折股或低价出售的行为。（1）违反国家规定。所谓违反国家规定，是指违反《公司法》以及其他国有资产保护法规的规定。（2）徇私舞弊。这里的徇私舞弊是指本罪行为人为了牟取私利而做违反《公司法》及国有资产保护法规的事情。（3）实施了低价折股或者低价出售国有资产的行为。这里的国有资产，是指国有公司、企业的国有资产，即国家以各种形式对国有公司、企业投资和投资收益形成的财产以及依据法律、行政法规认定为国有公司、企业的其他国有财产，具体表现为国家所有的资金、机器、设备、厂房、土地等有形或者无形的财产。这里的低价折股，是指将国有公司、企业的实物财产、工业产权、非专利技术或者土地使用权，故意低估作价，折合为股份作为出资。这里的低价出售，是指将上述国有资产以低

重点解读

于其实际价值的价格出卖给他人。将国有资产低价折股或者低价出售行为的表现形式是多种多样的，有的是在合资、合营、股份制改造过程中，对国有资产不进行资产评估，或者进行了资产评估，但低于所评估资产的实际应有的价值低价折股；有的低估实物资产；有的国有资产未按重置价格折股，未计算其增值部分，而是按账面原值折股；有的对国有公司、企业的商标、商誉、专利等无形资产未计入国家股；有的不经主管部门批准，不经评估机构评估作价，擅自将属于国有公司、企业的土地、厂房低价卖给小集体或私营业主，从中收取回扣等。（4）本罪是结果犯。行为人徇私舞弊，将国有资产低价折股或低价出售的行为只有在造成国家利益的重大损失结果时，才能构成本罪，否则只能使其承担行政责任。这里的重大损失，是指因低价折股或低价出售而使国有资产大量流失无法挽回，国家利益遭受重大损失的情况。如果行为人实施的将国有资产低价折股或低价出售的行为被国家有关主管部门发现，予以及时制止或纠正，客观上未发生致使国家利益遭受重大损失的危害结果，则不能认定为本罪。

本罪主观方面由故意构成，并有明确的徇私动机，即行为人明知在对本公司、企业国有资产折股或出售时是低于正常价格并将导致国家利益遭受重大损失，但出于私利违反国家规定而仍然实施。

法律适用

《最高人民法院、最高人民检察院关于办理国家出资企业中职务犯罪案件具体应用法律若干问题的意见》四

57 枉法仲裁罪

刑法规定	第399条之一 依法承担仲裁职责的人员，在仲裁活动中故意违背事实和法律作枉法裁决，情节严重的，处三年以下有期徒刑或者拘役；情节特别严重的，处三年以上七年以下有期徒刑。
立案标准	依法承担仲裁职责的人员，在仲裁活动中涉嫌故意违背事实和法律作枉法裁决，情节严重的，应予立案。
重点解读	裁决行为发生在仲裁活动中。仲裁是指发生争议的双方当事人，根据其在争议发生前或者争议发生后达成的协议，或者根据法律规定，将其争议提交中立的第三者进行裁决的争议解决制度和方式。仲裁活动，是指依照《仲裁法》等法律法规设置的仲裁机构，根据相关实体法及程序法的规定，对争议进行裁决并作出具有法律约束力的裁决的活动，民间自行组织的机构对相关争议作出裁决，不属于本罪中的裁决活动。 实行行为是枉法裁决，即违背事实和法律作枉法裁决。违背事实，是指明知存在某种事实而认定为不存在；或者明知某种情况不存在而认定存在某种情况。违背法律，即曲解、滥用法律，既包括实体性的法律，也包括程序性的法律。枉法裁决，是指依照事实和法律本应判决当事人胜诉或败诉的，行为人却故意颠倒黑白地裁定该当事人败诉或胜诉，或者本应承担较重民事责任的当事人违法裁定减轻其责任，对本应承担较轻民事

重点解读

责任的当事人违法裁定加重其责任等。

枉法裁决达到情节严重的程度。“情节严重”一般是指致使当事人或者其近亲属自杀、自残造成重伤、死亡，或者精神失常；致使公民、组织财产重大损失；伪造、变造有关材料、证据，制造假案枉法裁决；串通当事人制造伪证，毁灭证据或者篡改笔录而枉法裁决，以及其他情节严重的情形。

法律适用

《中华人民共和国仲裁法》第58条

58 徇私舞弊不移交刑事案件罪

刑法规定

第402条

行政执法人员徇私舞弊，对依法应当移交司法机关追究刑事责任的不移交，情节严重的，处三年以下有期徒刑或者拘役；造成严重后果的，处三年以上七年以下有期徒刑。

立案标准

市场监督管理、税务等行政执法人员，涉嫌徇私舞弊，对依法应当移交司法机关追究刑事责任的案件不移交，有下列情形之一的应予立案：

（1）对依法可能判处3年以上有期徒刑、无期徒刑、死刑的犯罪案件不移交的；

（2）不移交刑事案件涉及3人次以上的；

（3）司法机关提出意见后，无正当理由仍然不予移交的；

（4）以罚代刑，放纵犯罪嫌疑人，致使犯罪嫌疑人继续进行违法犯罪活动的；

（5）行政执法部门主管领导阻止移交的；

（6）隐瞒、毁灭证据，伪造材料，改变刑事案件性质的；

（7）直接负责的主管人员和其他直接责任人员为牟取本单位私利而不移交刑事案件，情节严重的；

（8）其他情节严重的情形。

重点解读

本罪的主体为特殊主体，即行政执法人员。“行政执法人员”，是指在具有行政执法权的行政机关中从事公务的人员，如税务、市场监督管理、环境保护、金融监管、应急管理等机关的工作人员。对于依照法律法规授权，具有管理公共事务职能，在法定授权范围内实施行政处罚的组织的执法人员实施本条规定的行为的，也可以构成本罪。

本罪主观上必须是故意，即行政执法人员明知对应当移交司法机关追究刑事责任的案件不移交的行为会产生危害社会的后果，但仍徇私舞弊不移交。如果行政执法人员不是出于徇私的动机，而是由于没有认真了解情况，存在对事实认识的偏差，或者由于业务水平不高，对法律法规的理解偏差造成工作上的失误，致使没有移交应当移交的刑事案件的，则不构成本罪。

在客观方面，行政执法人员实施了对依法应当移交司法机关追究刑事责任的案件不移交，情节严重的行为。其中，“依法应当移交司法机关追究刑事责任的不移交”，是指明知他人的行为已经构成犯罪，应当交由司法机关依法追究其刑事责任，但是行为人不移交司法机关，而故意使犯罪人逃避法律追究的行为。本条规定的“司法机关”，主要是指对刑事案件负有侦查职责的机关，包括公安机关、检察机关、国家安全机关、海警机关等。

法律适用

《最高人民检察院关于渎职侵权犯罪案件立案标准的规定》一、（十二）

59 徇私舞弊不征、少征税款罪

刑法规定	**第404条** 税务机关的工作人员徇私舞弊，不征或者少征应征税款，致使国家税收遭受重大损失的，处五年以下有期徒刑或者拘役；造成特别重大损失的，处五年以上有期徒刑。
立案标准	税务机关工作人员涉嫌徇私舞弊，不征、少征应征税款，有下列情形之一的，应予立案： （1）徇私舞弊不征、少征应征税款致使国家税收损失累计达10万元以上的； （2）上级主管部门工作人员指使税务机关工作人员徇私舞弊不征、少征应征税款，致使国家税收损失累计达10万元以上的； （3）徇私舞弊不征、少征应征税款不满10万元，但具有索取或者收受贿赂或者其他恶劣情节的； （4）其他致使国家税收遭受重大损失的情形。
重点解读	本罪主体必须是税务机关的工作人员。这里规定的“税务机关”是指各级税务局、税务分局和税务所。非税务机关人员不能构成本罪。 主观方面必须是故意。也就是说，税务机关的工作人员明知自己不征或少征应征税款，会给国家税收造成重大损失，而为了徇私情、私利，不征或少征税款。

重点解读

客观方面实施了不征或少征应征税款并使国家税收遭受重大损失的行为。“应征税款”，是指税务机关根据法律、行政法规规定的税种、税率，应当向纳税人征收的税款。

税务机关的工作人员实施的前述行为，必须是使国家税收遭受重大损失的才能构成犯罪，这是区分罪与非罪的界限，如果不征或少征应征税款，数额较小，没有使国家的税收遭受重大损失，就不能按本罪处理，而应当追究行为人的行政责任。

法律适用

《最高人民检察院关于渎职侵权犯罪案件立案标准的规定》一、（十四）

60 徇私舞弊发售发票、抵扣税款、出口退税罪

刑法规定	第405条第1款 税务机关的工作人员违反法律、行政法规的规定，在办理发售发票、抵扣税款、出口退税工作中，徇私舞弊，致使国家利益遭受重大损失的，处五年以下有期徒刑或者拘役；致使国家利益遭受特别重大损失的，处五年以上有期徒刑。
立案标准	税务机关工作人员涉嫌违反法律、行政法规的规定，在办理发售发票、抵扣税款、出口退税工作中徇私舞弊，有下列情形之一的，应予立案： （1）徇私舞弊，致使国家税收损失累计达10万元以上的； （2）徇私舞弊，致使国家税收损失累计不满10万元，但发售增值税专用发票25份以上或者其他发票50份以上或者增值税专用发票与其他发票合计50份以上，或者具有索取、收受贿赂或者其他恶劣情节的； （3）其他致使国家利益遭受重大损失的情形。
重点解读	“徇私舞弊”，是指国家机关工作人员为徇私情、私利，故意违背事实和法律，伪造材料，隐瞒情况，弄虚作假的行为。 “发售发票”，是指税务机关根据依法办理税务登记的单位和个人的发票领购簿，向其分发销售发票的活动。如果税务机关违反相关发票领购的规定，在领购人没有办理税务登记或者

重点解读

不符合其他条件的情况下，如所申购的发票种类与其经营活动不相一致，给领购人发售发票的即属于违法行为。

“抵扣税款”，是指国家税务机关根据法律、法规和纳税人的增值税专用发票等发票上所注明的税额依法予以抵扣国家应征税款的一项专门税收管理活动。目前可以用于抵扣税款的发票主要是增值税专用发票以及其他一些可以抵扣税款的发票，如废旧物品收购发票、运输发票等。在抵扣税款活动中徇私舞弊是指税务机关工作人员违背事实和法律，伪造材料、隐瞒情况、弄虚作假，致使不应抵扣的国家税款被非法抵扣。

“出口退税”，是指国家税务机关依法向出口商品的生产或经营单位退还该商品在生产、流通环节已征收的增值税和消费税。出口退税中的徇私舞弊，是指税务机关的工作人员违背事实和法律，伪造材料、隐瞒情况、弄虚作假致使不应退还的税款退还给出口商。

法律适用

《最高人民检察院关于渎职侵权犯罪案件立案标准的规定》一、（十五）

61 违法提供出口退税凭证罪

刑法规定	**第405条第2款** 其他国家机关工作人员违反国家规定，在提供出口货物报关单、出口收汇核销单等出口退税凭证的工作中，徇私舞弊，致使国家利益遭受重大损失的，依照前款的规定处罚。
立案标准	海关、外汇管理等国家机关工作人员涉嫌违反国家规定，在提供出口货物报关单、出口收汇核销单等出口退税凭证的工作中徇私舞弊，有下列情形之一的，应予立案： （1）徇私舞弊，致使国家税收损失累计达10万元以上的； （2）徇私舞弊，致使国家税收损失累计不满10万元，但具有索取、收受贿赂或者其他恶劣情节的； （3）其他致使国家利益遭受重大损失的情形。
重点解读	行为对象是出口退税凭证。出口退税，是指税务机关在出口环节依法向商品生产或者经营单位退还在其他环节已经征收的增值税和消费税等。根据《出口货物退（免）税管理办法（试行）》等有关规定，企业办理出口退税时，必须提供下列凭证：（1）购进出口货物的增值税专用发票（税款抵扣联）或者普通发票，申请退还消费税的企业，还应提供由工厂开具并经税务机关和银行（国库）签章的《税收（出口产品专用）缴款书》；（2）出口货物销售明细账；（3）盖有海关验讫章的《出口货物报关单（出口退税联）》；（4）出口收汇单证。由于本罪的主体

重点解读

是海关、外汇管理等非税务的国家机关工作人员，因此本罪的行为对象一般是出口货物报关单、出口收汇核销单。“出口收汇核销单”是指由国家外汇管理局制发，出口单位和受委托银行及解付银行填写，海关凭以受理报关，外汇管理部门凭以核销收汇的有顺序编号的凭证。

实行行为是徇私舞弊提供出口货物报关单、出口收汇核销单等出口退税凭证的行为，即在提供出口退税工作中，对没有货物出口或者虽然有货物出口但以少报多、以劣报优的，为徇私情、私利，违反国家法律、法规的规定，弄虚作假，出具出口货物报关单（出口退税专用）、出口收汇核销单或者伪造、虚报报关、收汇数据等行为。

法律适用

《最高人民检察院关于渎职侵权犯罪案件立案标准的规定》一、（十六）

62 非法批准征收、征用、占用土地罪

刑法规定	第410条 国家机关工作人员徇私舞弊，违反土地管理法规，滥用职权，非法批准征收、征用、占用土地，或者非法低价出让国有土地使用权，情节严重的，处三年以下有期徒刑或者拘役；致使国家或者集体利益遭受特别重大损失的，处三年以上七年以下有期徒刑。
立案标准	国家机关工作人员涉嫌徇私舞弊，违反《土地管理法》《森林法》《草原法》等法律以及有关行政法规中关于土地管理的规定，滥用职权，非法批准征收、征用、占用耕地、林地等农用地以及其他土地，有下列情形之一的，应予立案： （1）非法批准征收、征用、占用基本农田10亩以上的； （2）非法批准征收、征用、占用基本农田以外的耕地30亩以上的； （3）非法批准征收、征用、占用其他土地50亩以上的； （4）虽未达到上述数量标准，但造成有关单位、个人直接经济损失30万元以上，或者造成耕地大量毁坏或者植被遭到严重破坏的； （5）非法批准征收、征用、占用土地，影响群众生产、生活，引起纠纷，造成恶劣影响或者其他严重后果的； （6）非法批准征收、征用、占用防护林地、特种用途林地分别或者合计10亩以上的；

立案标准

（7）非法批准征收、征用、占用其他林地20亩以上的；

（8）非法批准征收、征用、占用林地造成直接经济损失30万元以上，或者造成防护林地、特种用途林地分别或者合计5亩以上或者其他林地10亩以上毁坏的；

（9）非法批准征收、征用、占用草原40亩以上的；

（10）非法批准征收、征用、占用草原，造成20亩以上草原被毁坏的；

（11）非法批准征收、征用、占用草原，造成直接经济损失30万元以上，或者具有其他恶劣情节的；

（12）其他情节严重的情形。

重点解读

本罪的行为方式是徇私舞弊，滥用职权，非法批准征收、征用、占用土地。滥用职权，是指超越职权，违法决定、处理其无权决定、处理的事项，或者违反规定处理公务。“徇私舞弊”，是指国家机关工作人员为徇私情、私利，故意违背事实和法律，伪造材料，隐瞒情况，弄虚作假的行为。判断行为人是否徇私舞弊、滥用职权，关键要看其是否非法批准征收、征用、占用土地。所谓非法批准包括以下几种情形：（1）无批准权限而批准征收、征用、占用土地。（2）超越批准权限批准征收、征用、占用土地。（3）不按照法律规定的程序批准征收、征用、占用土地。（4）不按照土地利用总体规划确定的用途批准用地的。（5）其他非法批准征收、征用、占用土地的行为。

法律适用

《最高人民检察院关于渎职侵权犯罪案件立案标准的规定》一、（二十一）

63 非法低价出让国有土地使用权罪

刑法规定	**第410条** 国家机关工作人员徇私舞弊，违反土地管理法规，滥用职权，非法批准征收、征用、占用土地，或者非法低价出让国有土地使用权，情节严重的，处三年以下有期徒刑或者拘役；致使国家或者集体利益遭受特别重大损失的，处三年以上七年以下有期徒刑。
立案标准	国家机关工作人员涉嫌徇私舞弊，违反《土地管理法》《森林法》《草原法》等法律以及有关行政法规中关于土地管理的规定，滥用职权，非法低价出让国有土地使用权，有下列情形之一的，应予立案： （1）非法低价出让国有土地30亩以上，并且出让价额低于国家规定的最低价额标准的60%的； （2）造成国有土地资产流失价额30万元以上的； （3）非法低价出让国有土地使用权，影响群众生产、生活，引起纠纷，造成恶劣影响或者其他严重后果的； （4）非法低价出让林地合计30亩以上并且出让价额低于国家规定的最低价额标准的60%的； （5）造成国有资产流失30万元以上的； （6）其他情节严重的情形。

重点解读

本罪的行为对象是国有土地使用权。《土地管理法》第 9 条规定，城市市区的土地属于国家所有。农村和城市郊区的土地，除由法律规定属于国家所有的以外，属于农民集体所有。宅基地和自留地、自留山，属于农民集体所有。

本罪行为方式是徇私舞弊，滥用职权，非法低价出让国有土地使用权。滥用职权，则是指超越职权，违法决定、处理其无权决定、处理的事项，或者违反规定处理公务。“徇私舞弊”，是指国家机关工作人员为徇私情、私利，故意违背事实和法律，伪造材料，隐瞒情况，弄虚作假的行为。判断行为人是否徇私舞弊，滥用职权，关键要看其是否非法低价出让国有土地使用权。所谓“非法低价出让国有土地使用权”，指的是以低于国家规定的最低价额出让国有土地使用权。

本罪是纯正的身份犯，主体是国家机关工作人员，主要是指有权出让国有土地使用权的国家机关的工作人员。

法律适用

《最高人民检察院关于渎职侵权犯罪案件立案标准的规定》一、（二十二）

64 放纵走私罪

刑法规定	**第411条** 海关工作人员徇私舞弊，放纵走私，情节严重的，处五年以下有期徒刑或者拘役；情节特别严重的，处五年以上有期徒刑。
立案标准	海关工作人员涉嫌徇私舞弊，放纵走私，有下列情形之一的，应予立案： （1）放纵走私犯罪的； （2）因放纵走私致使国家应收税额损失累计达10万元以上的； （3）放纵走私行为3起次以上的； （4）放纵走私行为，具有索取或者收受贿赂情节的； （5）其他情节严重的情形。
重点解读	“海关工作人员”，是指在我国海关机构中从事公务的人员。“海关机构”主要是指国务院设立的海关总署以及在对外开放的口岸和海关监管业务集中的地点设立的依法独立行使职权的海关机构。我国目前主要在以下地点设立海关机构：（1）开放对外贸易的港口；（2）边境火车站、汽车站和主要国际联运火车站；（3）边境地区的陆路和江河上准许货物和人员进出的地点；（4）国际航空站；（5）国际邮件互换局（站）；（6）其他对外开放口岸和海关监管业务比较集中的地点；（7）国

重点解读	务院特许或者其他需要设立海关的地点。海关机构按层级分为海关总署，直接由海关总署领导、负责管理一定区域范围内的海关业务的直属海关，由直属海关领导、负责办理具体海关业务的隶属海关。海关总署、直属海关和隶属海关的工作人员，都属于本条规定的“海关工作人员”。 “徇私舞弊，放纵走私”，是指海关工作人员为袒护亲友或因其他私情私利，违背法律，对明知是走私的行为而予以放纵，使之不受查究的行为。既包括明知是走私货物而私自放行，也包括应当没收走私货物、物品、违法所得而不予没收，应当予以罚款的不予罚款；既包括放纵走私犯罪分子，也包括放纵不构成犯罪的走私行为人。
法律适用	《最高人民检察院关于渎职侵权犯罪案件立案标准的规定》一、（二十三）

65 商检徇私舞弊罪

刑法规定	**第412条第1款** 国家商检部门、商检机构的工作人员徇私舞弊，伪造检验结果的，处五年以下有期徒刑或者拘役；造成严重后果的，处五年以上十年以下有期徒刑。
立案标准	涉嫌下列情形之一的，应予立案： （1）采取伪造、变造的手段对报检的商品的单证、印章、标志、封识、质量认证标志等作虚假的证明或者出具不真实的证明结论的； （2）将送检的合格商品检验为不合格，或者将不合格商品检验为合格的； （3）对明知是不合格的商品，不检验而出具合格检验结果的； （4）其他伪造检验结果应予追究刑事责任的情形。
重点解读	“国家商检部门、商检机构的工作人员”，是指在国务院设立的进出口商品检验部门中，从事进出口商品检验工作的人员以及在国家商检部门设在各地的进出口商品检验机构中管理所辖地区的进出口商品检验工作的人员。2018年以前，我国的进出口商品检验工作是由质检部门负责的，2018年3月十三届全国人大一次会议批准的国务院机构改革方案，将国家质量监督检验检疫总局的出入境检验检疫管理职责和队伍划入海关

重点解读	总署。《进出口商品检验法实施条例》第 2 条规定，海关总署主管全国进出口商品检验工作。海关总署设在省、自治区、直辖市以及进出口商品的口岸、集散地的出入境检验检疫机构及其分支机构，管理所负责地区的进出口商品检验工作。目前，负责进出口商品检验的是海关部门。 商检工作人员在工作中为徇亲友私情或者牟取其他私利，实施对报检的进出口商品伪造与事实不符的检验结果的行为，即构成本罪。“伪造检验结果”，是指对明知是不合格的商品故意出具检验合格证明；对明知是合格的商品故意出具不合格的检验证明；或者实际上未对商品进行检验即出具合格或者不合格的检验证明。
法律适用	《最高人民检察院关于渎职侵权犯罪案件立案标准的规定》一、（二十四）

66 动植物检疫徇私舞弊罪

刑法规定	第413条第1款 动植物检疫机关的检疫人员徇私舞弊，伪造检疫结果的，处五年以下有期徒刑或者拘役；造成严重后果的，处五年以上十年以下有期徒刑。
立案标准	出入境检验检疫机关、检验检疫机构工作人员涉嫌徇私舞弊，伪造检疫结果，有下列情形之一的，应予立案： （1）采取伪造、变造的手段对检疫的单证、印章、标志、封识等作虚假的证明或者出具不真实的结论的； （2）将送检的合格动植物检疫为不合格，或者将不合格动植物检疫为合格的； （3）对明知是不合格的动植物，不检疫而出具合格检疫结果的； （4）其他伪造检疫结果应予追究刑事责任的情形。
重点解读	动植物检疫徇私舞弊罪，是指动植物检疫机关的检疫人员，为徇私情，伪造检疫结果的行为。本罪的犯罪主体为动植物检疫机关的检疫人员。“动植物检疫机关的检疫人员”，是指在国务院设立的动植物检疫机关中，从事进出境动植物检疫工作的人员，以及国家动植物检疫机关在对外开放的口岸和进出境动植物检疫业务集中的地点设立的口岸动植物检疫机关中具体实施进出境动植物检疫工作的人员。

重点解读

动植物检疫人员在工作中徇私舞弊，对报检的动植物、动植物产品和其他检疫物，实施伪造与事实不符的检疫结果的行为，即构成本罪。“伪造检疫结果”，是指明知进出境的动植物、动植物制品和其他检疫对象不合格，仍弄虚作假出具、签发检疫合格的单证；明知进出境的动植物、动植物制品和其他检疫对象检疫合格，仍出具、签发检疫不合格的单证；或者实际上未对检疫物进行检疫即出具合格或者不合格的单证。

法律适用

《最高人民检察院关于渎职侵权犯罪案件立案标准的规定》一、（二十六）

67 放纵制售伪劣商品犯罪行为罪

<table>
<tr><td rowspan="2">刑法规定</td><td>第 414 条</td></tr>
<tr><td>对生产、销售伪劣商品犯罪行为负有追究责任的国家机关工作人员，徇私舞弊，不履行法律规定的追究职责，情节严重的，处五年以下有期徒刑或者拘役。</td></tr>
<tr><td>立案标准</td><td>对生产、销售伪劣商品犯罪行为负有追究责任的国家机关工作人员涉嫌徇私舞弊，不履行法律规定的追究职责，有下列情形之一的，应予立案：
（1）放纵生产、销售假药或者有毒、有害食品犯罪行为的；
（2）放纵生产、销售伪劣农药、兽药、化肥、种子犯罪行为的；
（3）放纵依法可能判处 3 年有期徒刑以上刑罚的生产、销售伪劣商品犯罪行为的；
（4）对生产、销售伪劣商品犯罪行为不履行追究职责，致使生产、销售伪劣商品犯罪行为得以继续的；
（5）3 次以上不履行追究职责，或者对 3 个以上有生产、销售伪劣商品犯罪行为的单位或者个人不履行追究职责的；
（6）其他情节严重的情形。</td></tr>
</table>

重点解读

"负有追究责任的国家机关工作人员"，是指负有查禁生产、销售伪劣商品职责的国家机关工作人员，如市场监督管理人员、司法工作人员等。

构成本罪的主观方面必须是故意，因工作失误或粗心大意没有检查出伪劣商品，不能适用《中华人民共和国刑法》第 414 条规定。根据《中华人民共和国刑法》第 414 条的规定，构成本罪必须是实施了对有生产、销售伪劣商品犯罪行为的公司、企业、事业单位或者个人，为徇私情而故意不履行法律规定的追究职责的行为。"不履行法律规定的追究职责"，是指不履行法律赋予的对有生产、销售伪劣商品犯罪行为的公司、企业、事业单位或者个人进行追究和处罚的职责。行为人只有具备"情节严重的"条件，才能构成本罪。

法律适用

《最高人民检察院关于渎职侵权犯罪案件立案标准的规定》一、（二十八）

68 招收公务员、学生徇私舞弊罪

刑法规定	第418条 国家机关工作人员在招收公务员、学生工作中徇私舞弊，情节严重的，处三年以下有期徒刑或者拘役。
立案标准	国家机关工作人员涉嫌在招收公务员、省级以上教育行政部门组织招收的学生工作中徇私舞弊，情节严重，有下列情形之一的，应予立案： （1）徇私舞弊，利用职务便利，伪造、变造人事、户口档案、考试成绩或者其他影响招收工作的有关资料，或者明知是伪造、变造的上述材料而予以认可的； （2）徇私舞弊，利用职务便利，帮助5名以上考生作弊的； （3）徇私舞弊招收不合格的公务员、学生3人次以上的； （4）因徇私舞弊招收不合格的公务员、学生，导致被排挤的合格人员或者其近亲属自杀、自残造成重伤、死亡，或者精神失常的； （5）因徇私舞弊招收公务员、学生，导致该项招收工作重新进行的； （6）其他情节严重的情形。

重点解读

本罪是指负有招收公务员、学生工作职责的国家机关工作人员，在上述工作中，为徇私情，而进行非法录用、徇私舞弊的犯罪。构成本罪的主体为具有招收公务员、学生工作职责的国家机关工作人员，包括国家机关中负有招收公务员工作职责的主管人员以及有关负责具体招收工作的组织人事部门的工作人员，教育部门中主管和负责招生工作的领导人员以及其他具体工作人员等。“招收公务员”包括中央机关及其直属机构招收公务员，也包括地方各级机关招收公务员。“招收学生”，一般是指高等学校招生，也可以包括高中、中专等学校招生。根据公务员法、教育法以及国务院关于招生工作的有关规定，公务员、学生录用工作必须坚持公开、平等、择优录用的原则，特别是在录用公务员工作中，更应当严格审查、严格把关，按照国家规定的录用程序进行任何徇私舞弊的行为，都应受到法律的惩处。“徇私舞弊”，是指在招收公务员、学生工作中，利用职权，弄虚作假，为亲友徇私情，将不合格或不应招收的人员予以招收、录用，或者将应当予以招收、录用的人员不予招收、录用。

法律适用

《最高人民检察院关于渎职侵权犯罪案件立案标准的规定》一、（三十四）

69 徇私枉法罪

刑法规定	**第399条第1款** 司法工作人员徇私枉法、徇情枉法，对明知是无罪的人而使他受追诉、对明知是有罪的人而故意包庇不使他受追诉，或者在刑事审判活动中故意违背事实和法律作枉法裁判的，处五年以下有期徒刑或者拘役；情节严重的，处五年以上十年以下有期徒刑；情节特别严重的，处十年以上有期徒刑。
立案标准	司法工作人员涉嫌徇私枉法、徇情枉法，对明知是无罪的人而使他受追诉、对明知是有罪的人而故意包庇不使他受追诉，或者在刑事审判活动中故意违背事实和法律作枉法裁判，有下列情形之一的，应予立案： （1）对明知是没有犯罪事实或者其他依法不应当追究刑事责任的人，采取伪造、隐匿、毁灭证据或者其他隐瞒事实、违反法律的手段，以追究刑事责任为目的立案、侦查、起诉、审判的； （2）对明知是有犯罪事实需要追究刑事责任的人，采取伪造、隐匿、毁灭证据或者其他隐瞒事实、违反法律的手段，故意包庇使其不受立案、侦查、起诉、审判的； （3）采取伪造、隐匿、毁灭证据或者其他隐瞒事实、违反法律的手段，故意使罪重的人受较轻的追诉，或者使罪轻的人受较重的追诉的；

立案标准

（4）在立案后，采取伪造、隐匿、毁灭证据或者其他隐瞒事实、违反法律的手段，应当采取强制措施而不采取强制措施，或者虽然采取强制措施，但中断侦查或者超过法定期限不采取任何措施，实际放任不管，以及违法撤销、变更强制措施，致使犯罪嫌疑人、被告人实际脱离司法机关侦控的；

（5）在刑事审判活动中故意违背事实和法律，作出枉法判决、裁定，即有罪判无罪、无罪判有罪，或者重罪轻判、轻罪重判的；

（6）其他徇私枉法应予追究刑事责任的情形。

重点解读

本罪在客观方面表现为行为人在刑事司法活动中实施了徇私枉法、徇情枉法的行为。具体表现为以下几种情形：

（1）使无罪之人受到刑事追诉。无罪之人，包括没有实施任何违法行为的人，也包括实施了违法行为但尚不构成犯罪之人。使无罪之人受刑事追诉，是指将无罪的人纳入刑事诉讼程序，即采取伪造、隐匿、毁灭证据或者其他隐瞒事实、违反法律的手段，以追究刑事责任为目的对其进行立案侦查、提起公诉、进行审判，以及采取刑事强制措施限制其人身自由等。此外，采取伪造、隐匿、毁灭证据或者其他隐瞒事实、违反法律的手段，故意使罪轻的人受较重的追诉的也构成本罪。

（2）包庇有罪之人而使其不受追诉。有罪之人，是指实施了犯罪行为且应当依法追究其刑事责任的人。包庇，是指使有罪之人不受侦查、起诉或者审判。比较常见的包庇方式包括：①对明知是有犯罪事实需要追究刑事责任的人，采取伪造、隐匿、毁灭证据或者其他隐瞒事实、违反法律的手段，故意包庇使其不受立案、侦查、起诉、审判；②采取伪造、隐匿、毁灭证据或者其他隐瞒事实、违反法律的手段，故意使罪重的人受

重点解读	较轻的追诉；③在立案后，采取伪造、隐匿、毁灭证据或者其他隐瞒事实、违反法律的手段，应当采取强制措施而不采取强制措施，或者虽然采取强制措施，但中断侦查或者超过法定期限不采取任何措施，实际放任不管，以及违法撤销、变更强制措施，致使犯罪嫌疑人、被告人实际脱离司法机关侦控。 （3）违背事实和法律作枉法裁判。此种行为方式的主体限于刑事审判人员。所谓违背事实和法律，是指行为人违背“以事实为根据，以法律为准绳”的办案原则，不以行为人的行为事实为根据来依法认定行为人的行为性质。枉法裁判，是指行为人故意作出违法的判决或裁定，即对无罪者作有罪判决，对有罪者作无罪判决，或者轻罪重判，重罪轻判以及将此罪判为彼罪等。
法律适用	《最高人民检察院关于渎职侵权犯罪案件立案标准的规定》一、（五）

70 民事、行政枉法裁判罪

<table>
<tr><td rowspan="2">刑法规定</td><td>第 399 条第 2 款</td></tr>
<tr><td>在民事、行政审判活动中故意违背事实和法律作枉法裁判，情节严重的，处五年以下有期徒刑或者拘役；情节特别严重的，处五年以上十年以下有期徒刑。</td></tr>
<tr><td>立案标准</td><td>司法工作人员在民事、行政审判活动中，涉嫌故意违背事实和法律作枉法裁判，有下列情形之一的，应予立案：
（1）枉法裁判，致使当事人或者其近亲属自杀、自残造成重伤、死亡，或者精神失常的；
（2）枉法裁判，造成个人财产直接经济损失 10 万元以上，或者直接经济损失不满 10 万元，但间接经济损失 50 万元以上的；
（3）枉法裁判，造成法人或者其他组织财产直接经济损失 20 万元以上，或者直接经济损失不满 20 万元，但间接经济损失 100 万元以上的；
（4）伪造、变造有关材料、证据，制造假案枉法裁判的；
（5）串通当事人制造伪证，毁灭证据或者篡改庭审笔录而枉法裁判的；
（6）徇私情、私利，明知是伪造、变造的证据予以采信，或者故意对应当采信的证据不予采信，或者故意违反法定程序，或者故意错误适用法律而枉法裁判的；
（7）其他情节严重的情形。</td></tr>
</table>

重点解读	违背事实和法律作枉法裁判。违背事实，是指明知存在某种事实而认定为不存在；或者明知某种情况不存在而认定存在某种情况；具体主要是指审判人员违反证据规则的相关要求认定事实，包括：（1）对证据不充分的事实予以认定；（2）对有确实、充分证据证明的事实不予认定；（3）毁灭、伪造、变造证据等。违背法律，既包括违背诉讼法的规定，也包括违背相关实体法如民法典、行政处罚法等。所谓枉法裁判，是指依照事实和法律本应判决当事人胜诉或败诉的，行为人却故意颠倒黑白地判决该当事人败诉或胜诉，或者本应承担较重民事、行政责任的当事人违法判定减轻其责任，对本应承担较轻民事、行政责任的当事人违法判定加重其责任，等等。 枉法裁判的行为必须发生在民事、行政审判过程中。所谓民事、行政审判，是指按照民事诉讼法、行政诉讼法审理的相关诉讼活动，具体包括民事案件、行政案件、经济审判、海事、海商案件的审判。 枉法裁判的行为须达到“情节严重”的程度。 本罪是纯正的身份犯，主体是司法工作人员，具体是指在司法机关中参与民事、行政审判的人员及其主管人员。
法律适用	《最高人民检察院关于渎职侵权犯罪案件立案标准的规定》一、（六）

71 私放在押人员罪

刑法规定	**第 400 条第 1 款** 司法工作人员私放在押的犯罪嫌疑人、被告人或者罪犯的，处五年以下有期徒刑或者拘役；情节严重的，处五年以上十年以下有期徒刑；情节特别严重的，处十年以上有期徒刑。
立案标准	司法工作人员涉嫌私放在押（包括在羁押场所和押解途中）的犯罪嫌疑人、被告人或者罪犯，有下列情形之一的，应予立案： （1）私自将在押的犯罪嫌疑人、被告人、罪犯放走，或者授意、指使、强迫他人将在押的犯罪嫌疑人、被告人、罪犯放走的； （2）伪造、变造有关法律文书、证明材料，以使在押的犯罪嫌疑人、被告人、罪犯逃跑或者被释放的； （3）为私放在押的犯罪嫌疑人、被告人、罪犯，故意向其通风报信、提供条件，致使该在押的犯罪嫌疑人、被告人、罪犯脱逃的； （4）其他私放在押的犯罪嫌疑人、被告人、罪犯应予追究刑事责任的情形。

重点解读

本罪在客观方面表现为私放在押的犯罪嫌疑人、被告人或者罪犯的行为。所谓私放，是指行为人利用职务便利，即利用了其管教、看守、押解、拘留、逮捕、提审或者主管等职权或职责范围内的便利条件，非法将犯罪嫌疑人、被告人或者罪犯放走。如果没有利用职务便利，而是利用熟悉环境、了解内情，与在押人员勾结将其放走致其脱逃的，应以脱逃罪的共犯论处。其表现形式可以是作为，也可以是不作为，如监所看守人员故意打开监所门让在押人员逃走，或者眼见在押人员从监所逃出，而故意不去追捕致其逃脱等。本罪的对象是在押人员，即在押的犯罪嫌疑人、被告人或者罪犯。所谓在押的犯罪嫌疑人、被告人或者罪犯，是指已经被缉拿归案并被羁押于监所的犯罪嫌疑人、被提起公诉的被告人及已被审判终结的犯罪分子。这里，监所应作广义理解，既指监狱、看守所、拘役所、未成年犯管教所，也指一切关押犯罪嫌疑人、被告人或者罪犯的地方，还包括押解犯罪嫌疑人、被告人或者罪犯的途中以及对犯罪分子行刑的场所。如果私放的是被行政拘留、司法拘留的人员，则不成立本罪。

本罪是纯正的身份犯，主体是司法工作人员。《关于工人等非监管机关在编监管人员私放在押人员行为和失职致使在押人员脱逃行为适用法律问题的解释》规定，工人等非监管机关在编监管人员在被监管机关聘用受委托履行监管职责的过程中私放在押人员的，应依《中华人民共和国刑法》第400条第1款的规定，以私放在押人员罪追究刑事责任。

本罪在主观方面表现为故意，即明知是在押的犯罪嫌疑人、被告人或者罪犯，明知自己的行为会使前述人员逃离监管，并且希望或者放任这种结果的发生。

重点解读

区分罪与非罪的界限，关键要看行为人是否实施了利用职务便利私放在押人员的行为。

本罪的既遂标准是被私放的人员脱离了监管机关和监管人员的控制。但在司法实践中，应该结合个案作具体的判断：（1）押解途中私放在押人员的，如果被私放者已经逃离至不能被及时抓获的地方，则构成本罪的既遂；但如果被私放者虽然已经逃离但未来得及走远就被及时抓获，构成本罪的未遂。（2）在设置警戒线的场所私放在押人员的，被私放者超越警戒线的，行为人构成本罪的既遂；在押人员虽已逃离但没超越警戒线就被抓获的，行为人构成本罪的未遂。（3）在没有设置警戒线的场所私放在押人员的，若在押人员已经实际脱离监管人员控制范围的，行为人构成本罪的既遂。

法律适用

《最高人民检察院关于渎职侵权犯罪案件立案标准的规定》一、（九）

72 徇私舞弊减刑、假释、暂予监外执行罪

刑法规定	**第401条** 司法工作人员徇私舞弊，对不符合减刑、假释、暂予监外执行条件的罪犯，予以减刑、假释或者暂予监外执行的，处三年以下有期徒刑或者拘役；情节严重的，处三年以上七年以下有期徒刑。
立案标准	司法工作人员涉嫌徇私舞弊，对不符合减刑、假释、暂予监外执行条件的罪犯予以减刑、假释、暂予监外执行，有下列情形之一的，应予立案： （1）刑罚执行机关的工作人员对不符合减刑、假释、暂予监外执行条件的罪犯，捏造事实，伪造材料，违法报请减刑、假释、暂予监外执行的； （2）审判人员对不符合减刑、假释、暂予监外执行条件的罪犯，徇私舞弊，违法裁定减刑、假释或者违法决定暂予监外执行的； （3）监狱管理机关、公安机关的工作人员对不符合暂予监外执行条件的罪犯，徇私舞弊，违法批准暂予监外执行的； （4）不具有报请、裁定、决定或者批准减刑、假释、暂予监外执行权的司法工作人员利用职务上的便利，伪造有关材料，导致不符合减刑、假释、暂予监外执行条件的罪犯被减刑、假释、暂予监外执行的；

立案标准

（5）其他徇私舞弊减刑、假释、暂予监外执行应予追究刑事责任的情形。

重点解读

本罪的对象是不符合减刑、假释、暂予监外执行条件的罪犯。

关于减刑的条件。根据《中华人民共和国刑法》第 50 条的规定，判处死刑缓期执行的，在死刑缓期执行期间，如果没有故意犯罪，2 年期满以后，减为无期徒刑；如果确有重大立功表现，2 年期满以后，减为 25 年有期徒刑。对被判处死刑缓期执行的累犯以及因故意杀人、强奸、抢劫、绑架、放火、爆炸、投放危险物质或者有组织的暴力性犯罪被判处死刑缓期执行的犯罪分子，人民法院根据犯罪情节等情况可以同时决定对其限制减刑。根据《中华人民共和国刑法》第 78 条的规定，被判处管制、拘役、有期徒刑、无期徒刑的犯罪分子，在执行期间，如果认真遵守监规，接受教育改造，确有悔改表现的，或者有立功表现的，可以减刑，有下列重大立功表现之一的，应当减刑：（1）阻止他人重大犯罪活动的；（2）检举监狱内外重大犯罪活动，经查证属实的；（3）有发明创造或者重大技术革新的；（4）在日常生产、生活中舍己救人的；（5）在抗御自然灾害或者排除重大事故中，有突出表现的；（6）对国家和社会有其他重大贡献的。

关于假释的条件。根据《中华人民共和国刑法》第 81 条的规定，执行原判刑期 1/2 以上，被判处无期徒刑的犯罪分子，实际执行 13 年以上，如果认真遵守监规，接受教育改造，确有悔改表现，没有再犯罪的危险的，可以假释。如果有特殊情况，经最高人民法院核准，可以不受上述执行刑期的限制。对累犯以及因故意杀人、强奸、抢劫、绑架、放火、爆炸、投放

重点解读	危险物质或者有组织的暴力性犯罪被判处10年以上有期徒刑、无期徒刑的犯罪分子，不得假释。对犯罪分子决定假释时，应当考虑其假释后对所居住社区的影响。 关于暂予监外执行的条件。根据《刑事诉讼法》第265条的规定，对被判处有期徒刑或者拘役的罪犯，有下列情形之一的，可以暂予监外执行：（1）有严重疾病需要保外就医的；（2）怀孕或者正在哺乳自己婴儿的妇女；（3）生活不能自理，适用暂予监外执行不致危害社会的。对被判处无期徒刑的罪犯，有前述第2项规定情形的，可以暂予监外执行。对适用保外就医可能有社会危险性的罪犯，或者自伤自残的罪犯，不得保外就医。对罪犯确有严重疾病，必须保外就医的，由省级人民政府指定的医院诊断并开具证明文件。在交付执行前，暂予监外执行由交付执行的人民法院决定；在交付执行后，暂予监外执行由监狱或者看守所提出书面意见，报省级以上监狱管理机关或者设区的市一级以上公安机关批准。
法律适用	《最高人民检察院关于渎职侵权犯罪案件立案标准的规定》一、（十一）

重大责任事故犯罪

73 重大飞行事故罪

刑法规定

第 131 条

航空人员违反规章制度，致使发生重大飞行事故，造成严重后果的，处三年以下有期徒刑或者拘役；造成飞机坠毁或者人员死亡的，处三年以上七年以下有期徒刑。

立案标准

根据《中华人民共和国刑法》第 131 条的规定，航空人员违反规章制度，致使发生重大飞行事故，造成严重后果的，应当立案。

本罪是过失犯罪，必须“致使发生重大飞行事故，造成严重后果”的，才构成犯罪，予以立案。所谓“严重后果”，一般是指飞机等航空器或其他航空设施受到严重损坏，航空器上人员遭受重伤，公私财产受到重大损失等。

重点解读

本罪的主体必须是“航空人员”，非航空人员不能构成本罪的犯罪主体。这里所说的“航空人员”，根据《民用航空法》第 39 条的规定，是指从事民用航空活动的空勤人员和地面人员。其中，空勤人员包括驾驶员、飞行机械人员、乘务员；地面人员包括民用航空器维修人员、空中交通管制员、飞行签派员和航空电台通信员。

行为人必须是实施了违反规章制度的行为，致使发生重大飞行事故。这里所说的“违反规章制度”，是指违反了对民用航空器的维修、操作管理、空域管理、运输管理及安全飞行管理等方面的规章制度，如民用航空器不按照空中交通管制单位

重点解读	指定的航路和飞行高度飞行；民用航空器机组人员的飞行时间、执勤时间大大超过国务院民用航空主管部门规定的时限；民用航空器维护人员不按照规定维修、检修航空器等。“重大飞行事故”，是指在航空器飞行过程中发生的航空器严重毁坏、破损，或者造成人身伤亡的事件等。 必须是造成严重后果，这是构成本罪的必要条件。这里所说的“造成严重后果”，是指造成人员重伤或者航空器严重损坏以及承运的货物毁坏等重大损失的情形。
法律适用	《中华人民共和国民用航空法》第39条

74 铁路运营安全事故罪

刑法规定

第 132 条

铁路职工违反规章制度，致使发生铁路运营安全事故，造成严重后果的，处三年以下有期徒刑或者拘役；造成特别严重后果的，处三年以上七年以下有期徒刑。

立案标准

铁路职工违反规章制度，致使发生铁路运营安全事故，造成严重后果的，应当立案。

本罪是过失犯罪，必须“致使发生铁路运营安全事故，造成严重后果”的，才构成犯罪，予以立案。所谓“造成严重后果”，根据《最高人民法院、最高人民检察院关于办理危害生产安全刑事案件适用法律若干问题的解释》第 6 条之规定，具有下列情形之一的，应当认定为“造成严重后果”：

（1）造成死亡 1 人以上，或者重伤 3 人以上的；

（2）造成直接经济损失 100 万元以上的；

（3）其他造成严重后果或者重大安全事故的情形。

重点解读

本罪的主体必须是“铁路职工”，非铁路职工不构成本罪。所谓“铁路职工”，是指从事铁路管理、运输、维修等工作的人员，既包括工人，也包括管理人员。

“违反规章制度”，是指违反法律、行政法规或者有关主管部门制定、颁布的保证铁路运输安全的各种规章和制度，包括交通法规、技术操作规程、运输管理工作制度等。如违反操作

重点解读	规程冒险作业，不按时发出火车进出站信号、发错信号、错扳道岔、不按规定放下道口栏杆、值班时睡觉等。“铁路运营安全事故”，是指铁路在运输过程中发生的火车倾覆、出轨、撞车等造成人员伤亡、机车毁坏以及致使公私财产遭受重大损失的严重事件。这里规定的“铁路运营安全事故”不包括列车晚点，不能正点发车或者到达等非安全事故。
法律适用	《最高人民法院、最高人民检察院关于办理危害生产安全刑事案件适用法律若干问题的解释》第6条

75 重大责任事故罪

刑法规定	**第 134 条第 1 款** 在生产、作业中违反有关安全管理的规定，因而发生重大伤亡事故或者造成其他严重后果的，处三年以下有期徒刑或者拘役；情节特别恶劣的，处三年以上七年以下有期徒刑。
立案标准	在生产、作业中违反有关安全管理的规定，因而发生重大伤亡事故或造成其他严重后果的，应当予以立案。具有下列情形之一的，应当认定为“发生重大伤亡事故或者造成其他严重后果”： （1）造成死亡 1 人以上，或者重伤 3 人以上的； （2）造成直接经济损失 100 万元以上的； （3）其他造成严重后果或者重大安全事故的情形。
重点解读	本罪的主体是在各类生产经营活动中从事生产、作业及其指挥管理的人员，既包括 1997 年《中华人民共和国刑法》规定的工厂、矿山、林场、建筑企业或者其他企业、事业单位的职工，也包括其他生产、经营单位的人员、个体经营户、群众合作经营组织的生产、管理人员，甚至违法经营单位、无照经营单位的生产、作业及其指挥管理人员等。只要在生产、作业中违反有关安全管理的规定，造成不特定人员伤亡或者公私财产重大损害的，无论其生产、作业性质，均可以构成该罪。

重点解读

本罪在客观方面表现为在生产、作业中违反有关安全管理的规定，因而发生重大伤亡事故或者造成严重后果。（1）行为人违反了有关安全管理的规定。这里所说的“有关安全管理的规定”，既包括国家制定的关于安全管理的法律、法规，如安全生产法等，也包括行业或者管理部门制定的关于安全生产、作业的规章制度、操作章程等。（2）行为人违反有关安全管理规定的行为引起了重大伤亡事故，造成严重后果。

本罪主观方面表现为过失。这种过失，是指对造成的重大人身伤亡或者其他严重后果由于疏忽大意没有预见，或者虽然预见但轻信可以避免而没有采取相应的措施。而对违反安全管理规定本身，则既可以是过失，也可以是故意，这对认定本罪没有影响，但在量刑时可以作为一个情节予以考虑。

法律适用

《最高人民法院、最高人民检察院关于办理危害生产安全刑事案件适用法律若干问题的解释》第6条

76　强令、组织他人违章冒险作业罪

刑法规定	**第 134 条第 2 款** 强令他人违章冒险作业，或者明知存在重大事故隐患而不排除，仍冒险组织作业，因而发生重大伤亡事故或者造成其他严重后果的，处五年以下有期徒刑或者拘役；情节特别恶劣的，处五年以上有期徒刑。
立案标准	强令他人违章冒险作业，涉嫌下列情形之一的，应予立案追诉： （1）造成死亡 1 人以上，或者重伤 3 人以上； （2）造成直接经济损失 100 万元以上的； （3）其他造成严重后果的情形。
重点解读	明知存在事故隐患、继续作业存在危险，仍然违反有关安全管理的规定，实施下列行为之一的，应当认定为“强令他人违章冒险作业”： （1）利用组织、指挥、管理职权，强制他人违章作业的； （2）采取威逼、胁迫、恐吓等手段，强制他人违章作业的； （3）故意掩盖事故隐患，组织他人违章作业的； （4）其他强令他人违章作业的行为。
法律适用	《最高人民法院、最高人民检察院关于办理危害生产安全刑事案件适用法律若干问题的解释》第 5 条、第 6 条

77 危险作业罪

刑法规定	第 134 条之一 在生产、作业中违反有关安全管理的规定，有下列情形之一，具有发生重大伤亡事故或者其他严重后果的现实危险的，处一年以下有期徒刑、拘役或者管制： （一）关闭、破坏直接关系生产安全的监控、报警、防护、救生设备、设施，或者篡改、隐瞒、销毁其相关数据、信息的； （二）因存在重大事故隐患被依法责令停产停业、停止施工、停止使用有关设备、设施、场所或者立即采取排除危险的整改措施，而拒不执行的； （三）涉及安全生产的事项未经依法批准或者许可，擅自从事矿山开采、金属冶炼、建筑施工，以及危险物品生产、经营、储存等高度危险的生产作业活动的。
立案标准	在生产、作业中违反有关安全管理的规定，有下列情形之一，具有发生重大伤亡事故或者其他严重后果的现实危险的，应当追究刑事责任： （1）关闭、破坏直接关系生产安全的监控、报警、防护、救生设备、设施，或者篡改、隐瞒、销毁其相关数据、信息的； （2）因存在重大事故隐患被依法责令停产停业、停止施工、停止使用有关设备、设施、场所或者立即采取排除危险的整改措施，而拒不执行的；

立案标准	（3）涉及安全生产的事项未经依法批准或者许可，擅自从事矿山开采、金属冶炼、建筑施工，以及危险物品生产、经营、储存等高度危险的生产作业活动的。
重点解读	第 134 条之一第 1 项针对的是生产、作业中已经发生危险如瓦斯超标，但故意关闭、破坏报警、监控设备，或者修改设备阈值，破坏检测设备正常工作条件，使有关监控、监测设备不能正常工作，而继续冒险作业，逃避监管。“关闭、破坏直接关系生产安全的监控、报警、防护、救生设备、设施，或者篡改、隐瞒、销毁其相关数据、信息”的行为是“故意”的，但对结果不是希望或者追求，否则可能构成其他犯罪如以危险方法危害公共安全罪。 第 134 条之一第 2 项中的“重大事故隐患”具有明确的国家标准、行业标准。但仅存在重大事故隐患还不足以纳入刑事处罚，还需经执法部门依法责令停业、停止施工、停止使用有关设备、设施、场所或者立即采取排除危险的整改措施，而拒不执行的，同时要求具备发生严重后果的现实危险的才纳入刑法。 第 134 条之一第 3 项规定的是安全生产的事项未经批准擅自生产经营的，即通常所说的“黑矿山”“黑加油站”等。
法律适用	《中华人民共和国安全生产法》第 63 条、第 70 条、第 118 条

78 重大劳动安全事故罪

刑法规定	第135条 安全生产设施或者安全生产条件不符合国家规定，因而发生重大伤亡事故或者造成其他严重后果的，对直接负责的主管人员和其他直接责任人员，处三年以下有期徒刑或者拘役；情节特别恶劣的，处三年以上七年以下有期徒刑。
立案标准	具有下列情形之一的应当认定为“发生重大伤亡事故或者造成其他严重后果”： （1）造成死亡1人以上，或者重伤3人以上的； （2）造成直接经济损失100万元以上的； （3）其他造成严重后果或者重大安全事故的情形。
重点解读	本罪的前提是安全生产设施或者安全生产条件不符合国家规定。所谓的不符合国家规定，是指用人单位的劳动安全设施或安全生产条件没有达到国家规定的标准。根据《安全生产法》第97条之规定，主要指下列情形：（1）未按照规定设置安全生产管理机构或者配备安全生产管理人员、注册安全工程师的；（2）危险物品的生产、经营、储存、装卸单位以及矿山、金属冶炼、建筑施工、运输单位的主要负责人和安全生产管理人员未按照规定经考核合格的；（3）未按照规定对从业人员、被派遣劳动者、实习学生进行安全生产教育和培训，或者未按照规定如实告知有关的安全生产事项的；（4）未如实记录安全生产

重点解读

教育和培训情况的；（5）未将事故隐患排查治理情况如实记录或者未向从业人员通报的；（6）未按照规定制定生产安全事故应急救援预案或者未定期组织演练的；（7）特种作业人员未按照规定经专门的安全作业培训并取得相应资格，上岗作业的。

本罪是不作为犯罪。客观方面的行为表现为没有履行国家法律、规章等规范性法律文件规定的提供劳动安全设施和安全生产条件的义务或者已经着手履行该义务，但没有达到国家法定要求。

本罪主体是特殊主体，即生产经营单位中对劳动安全生产设施或安全生产条件直接负责的主管人员和其他直接责任人员。“直接负责的主管人员和其他直接责任人员”，是指对安全生产设施或者安全生产条件不符合国家规定负有直接责任的生产经营单位负责人、管理人员、实际控制人、投资人，以及其他对安全生产设施或者安全生产条件负有管理、维护职责的人员。

法律适用

《最高人民法院、最高人民检察院关于办理危害生产安全刑事案件适用法律若干问题的解释》第 6 条

79 大型群众性活动重大安全事故罪

刑法规定

第 135 条之一

举办大型群众性活动违反安全管理规定，因而发生重大伤亡事故或者造成其他严重后果的，对直接负责的主管人员和其他直接责任人员，处三年以下有期徒刑或者拘役；情节特别恶劣的，处三年以上七年以下有期徒刑。

立案标准

具有下列情形之一的，应当认定为“发生重大伤亡事故或者造成其他严重后果”：

（1）造成死亡 1 人以上，或者重伤 3 人以上的；

（2）造成直接经济损失 100 万元以上的；

（3）其他造成严重后果或者重大安全事故的情形。

重点解读

本罪主体是特殊主体，包括大型群众性活动举办单位及相关人员。

行为人客观上实施了违反安全管理规定，举办大型群众性活动的行为。这里的“安全管理规定”是广义的，不仅包括举办大型群众性活动应当具备的各种安全防范设施，还包括举办大型群众性活动涉及的人员管理的各种安全规定。如参加者人数大大超出场地人员的核定容量，没有迅速疏散人员的应急预案等存在严重安全隐患，不符合举办大型群众性活动的安全要求，可能危及参加者人身财产安全等情况。“大型群众性活动”，一般是指法人或者其他组织面向社会公众举办的每场次预计参

重点解读

加人数达到 1000 人以上的各种群众活动。如体育比赛活动，演唱会、音乐会等文艺演出活动，展览、展销活动等。

行为人主观上是过失，即行为人对自己违反有关安全管理规定举办大型群众性活动的行为，可能发生的危害社会的结果，因为疏忽大意而没有预见，或者已经预见而轻信能够避免，以致发生这种结果。

法律适用

·《最高人民法院、最高人民检察院关于办理危害生产安全刑事案件适用法律若干问题的解释》第 6 条

80 危险物品肇事罪

刑法规定	第 136 条 违反爆炸性、易燃性、放射性、毒害性、腐蚀性物品的管理规定，在生产、储存、运输、使用中发生重大事故，造成严重后果的，处三年以下有期徒刑或者拘役；后果特别严重的，处三年以上七年以下有期徒刑。
立案标准	具有下列情形之一的，应当认定为“造成严重后果”： （1）造成死亡 1 人以上，或者重伤 3 人以上的； （2）造成直接经济损失 100 万元以上的； （3）其他造成严重后果或者重大安全事故的情形。
重点解读	必须有违反危险物品管理规定的行为。所谓危险物品，是指能够引起重大事故发生，致人重伤、死亡或者公私财产遭受重大损失的物品。主要包括：爆炸性物品，如雷管、导火索、导爆管和各种起爆药、炸药等；易燃性物品，如酒精、汽油、煤气、液化气、氢气等；放射性物品，如镭、钴等；毒害性物品，如砒霜、敌敌畏、敌百虫、氰化钾等；腐蚀性物品，如硫酸、盐酸、硝酸等。上述物品如管理、使用不当，极易发生重大事故，危害公共安全。因而，国家先后颁布了一系列有关危险物品的管理规定，违反这些规定，是构成本罪的前提条件。 必须因违反危险物品管理规定而发生重大事故，造成严重后果。如未违反危险物品管理规定，或者因其他原因造成重大

重点解读	事故和严重后果的，则不构成犯罪。所谓严重后果是指致人重伤、死亡或者使公私财产遭受重大损失的后果。 必须发生在生产、储存、运输、使用的过程中，如在其他情况下发生的与危险物品有关的事故，不以本罪论处。
法律适用	《最高人民法院、最高人民检察院关于办理危害生产安全刑事案件适用法律若干问题的解释》第 6 条

81 工程重大安全事故罪

刑法规定	**第 137 条** 建设单位、设计单位、施工单位、工程监理单位违反国家规定，降低工程质量标准，造成重大安全事故的，对直接责任人员，处五年以下有期徒刑或者拘役，并处罚金；后果特别严重的，处五年以上十年以下有期徒刑，并处罚金。
立案标准	具有下列情形之一的，应当认定为“造成重大安全事故”： （1）造成死亡 1 人以上，或者重伤 3 人以上的； （2）造成直接经济损失 100 万元以上的； （3）其他造成严重后果或者重大安全事故的情形。
重点解读	本罪在客观方面表现为建设单位、设计单位、施工单位、工程监理单位违反国家规定，降低工程质量标准，造成重大安全事故的行为。“建设单位”，是指建筑物的所有人或者使用人。“设计单位”，主要是指对建筑工程专门进行设计的单位。“施工单位”，是指根据建设单位的要求和设计单位的设计承担具体施工的单位。“工程监理单位”，是指对建筑工程进行监督管理，担任工程质量监督工作的单位。“违反国家规定”，是指违反国家或者行业管理部门制定、发布的有关建筑工程质量标准的法律规定、章程规定的要求等行为。“降低工程质量”，是指违反操作规程粗制滥造、以次料充当好料，不实行严格的质量检测的行为。构成本罪，首先，以建设单位、设计单位、施工

重点解读

单位、工程监理单位违反国家规定，降低工程质量标准为前提。其次，必须造成重大安全事故，如果只有违反国家规定降低工程质量标准的行为，但尚未造成重大安全事故的，则不构成本罪。

法律适用

《最高人民法院、最高人民检察院关于办理危害生产安全刑事案件适用法律若干问题的解释》第 6 条

82 教育设施重大安全事故罪

刑法规定	第 138 条 明知校舍或者教育教学设施有危险，而不采取措施或者不及时报告，致使发生重大伤亡事故的，对直接责任人员，处三年以下有期徒刑或者拘役；后果特别严重的，处三年以上七年以下有期徒刑。
立案标准	实施《中华人民共和国刑法》第 138 条规定的行为，因而发生安全事故，造成死亡 1 人以上，或者重伤 3 人以上的，应当认定为“发生重大伤亡事故”，对直接责任人员，应当予以立案。
重点解读	“校舍”，主要是指各类学校及其他教育机构的教室、教学楼、行政办公室、宿舍、图书阅览室等。“教育教学设施”，是指用于教育教学的各类设施、设备，如实验室及实验设备、体育活动场地及器械等。“明知校舍或者教育教学设施有危险”，一般是指知道校舍或者教育教学设施有倒塌或者发生人身伤害的危险。 “明知校舍或者教育教学设施有危险，而不采取措施或者不及时报告”，是指明知校舍或者教育教学设施有倒塌或者发生人身伤害事故的危险、隐患，不履行自己应当履行的职责，采取有效的措施或者向有关主管部门、上级领导报告以防止事故发生的行为。

重点解读

“不采取措施”通常包括三种情形：一是行为人明知校舍或者教育教学设施有危险，却对危险视而不见，不采取任何措施排除危险；二是虽然对危险有能力采取行动也采取了一定行动，但是措施并没有落到实处，敷衍了事，不足以消除危险；三是措施并非有效措施，无法消除既存的危险，即对于行为人主观上误认为自己已采取了有效的措施足以防止重大伤亡事故发生，而客观上采取的措施不足以有效地防止重大伤亡事故发生的情况，仍属于“不采取措施”的行为，存在着以教育设施重大安全事故罪论处的可能性。

“后果特别严重”是指造成死亡 3 人以上，或者重伤 10 人以上，负事故主要责任的；或者造成死亡 1 人以上，或者重伤 3 人以上，同时造成直接经济损失 500 万元以上并负事故主要责任的，或者同时造成恶劣社会影响的。

法律适用

《最高人民法院、最高人民检察院关于办理危害生产安全刑事案件适用法律若干问题的解释》第 6 条、第 7 条

83 消防责任事故罪

刑法规定	**第139条** 违反消防管理法规，经消防监督机构通知采取改正措施而拒绝执行，造成严重后果的，对直接责任人员，处三年以下有期徒刑或者拘役；后果特别严重的，处三年以上七年以下有期徒刑。
立案标准	实施《中华人民共和国刑法》第139条规定的行为，因而发生安全事故，具有下列情形之一的，应当认定为“造成严重后果”，对直接责任人员，应当予以立案： （1）造成死亡1人以上，或者重伤3人以上的； （2）造成直接经济损失100万元以上的； （3）其他造成严重后果或者重大安全事故的情形。
重点解读	本罪主体是一般主体，主要是负有防火安全职责的单位负责人员、主管人员或者其他直接责任人员。 本罪在主观方面表现为过失。可以是疏忽大意的过失，也可以是过于自信的过失。这里所说的过失，是指行为人对其所造成的危害结果的心理状态而言。行为人主观上并不希望火灾事故发生，但就其违反消防管理法规，经消防机构通知采取改正措施而拒绝执行而言，则是存在主观故意的。行为人明知是违反了消防管理法规，但却未想到会因此立即产生严重后果，或者轻信能够避免，以致发生了严重后果。

重点解读

本罪在客观方面表现为违反消防管理法规，经消防监督机构通知采取改正措施而拒绝执行，造成严重后果的行为。

法律适用

《最高人民法院、最高人民检察院关于办理危害生产安全刑事案件适用法律若干问题的解释》第 6 条、第 7 条

84 不报、谎报安全事故罪

刑法规定	第 139 条之一 在安全事故发生后，负有报告职责的人员不报或者谎报事故情况，贻误事故抢救，情节严重的，处三年以下有期徒刑或者拘役；情节特别严重的，处三年以上七年以下有期徒刑。
立案标准	在安全事故发生后，负有报告职责的人员不报或者谎报事故情况，贻误事故抢救，具有下列情形之一的，应予立案追诉： （1）导致事故后果扩大，增加死亡 1 人以上，或者增加重伤 3 人以上，或者增加直接经济损失 100 万元以上的。 （2）实施下列行为之一，致使不能及时有效开展事故抢救的： ①决定不报、迟报、谎报事故情况或者指使、串通有关人员不报、迟报、谎报事故情况的； ②在事故抢救期间擅离职守或者逃匿的； ③伪造、破坏事故现场，或者转移、藏匿、毁灭遇难人员尸体，或者转移、藏匿受伤人员的； ④毁灭、伪造、隐匿与事故有关的图纸、记录、计算机数据等资料以及其他证据的。 （3）其他情节严重的情形。 “负有报告职责的人员”，是指负有组织、指挥或者管理职责的负责人、管理人员、实际控制人、投资人，以及其他负有报告职责的人员。

重点解读

构成本罪的前提条件是已经发生了安全事故。所谓的安全事故，根据相关的法律、法规规定，包括火灾事故、交通安全事故、建筑质量安全事故、民用爆炸物品和化学危险品安全事故、煤矿和其他矿山安全事故、锅炉、压力容器、压力管道和特种设备安全事故、其他安全事故。至于导致事故发生的原因，在所不问，既可以是责任事故，也可以是自然力、现有技术条件引发的自然事故或技术事故。同时应当注意的是，此处的“安全事故”，是指一般程度的安全事故即可，而不要求必须是重特大事故。

本罪的行为表现为负有报告安全事故职责的人员，违反其职责，不报或者谎报事故情况，因而其行为形式是不作为，即行为人对已经发生的安全事故负有法定的报告义务，能够履行该义务，而拒绝履行。

负有报告职责的人员，不履行法定的报告义务，必须贻误了事故抢救，并且情节严重。贻误事故抢救，是指延误时机，干扰了救灾、抢险工作及时、有效地进行。

负有报告职责的人员不报或者谎报事故情况，导致贻误事故抢救，并引发了严重的后果，不报或者谎报事故的不作为与严重后果之间存在法律上的因果关系。如果义务人在安全事故发生后，不报或者谎报事故情况，尽管没有履行报告义务，但是积极地指挥、调度救助人员，迅速组织救助工作，只是因为恶劣的天气情况、复杂的地质状况或现有技术条件的限制，最终导致了严重后果的发生，也应当认为不报或者谎报事故的不作为与严重后果之间不存在法律上的因果关系，义务人不应当承担刑事责任。

不报、谎报安全事故罪在主观方面表现为故意，即明知安全事故的发生而不报、迟报、谎报事故情况的情形，对安全事故造成的人身伤亡和财产损失，则可能出于过失。

法律适用	（1）《最高人民检察院、公安部关于公安机关管辖的刑事案件立案追诉标准的规定（一）》第15条之一 （2）《最高人民法院、最高人民检察院关于办理危害生产安全刑事案件适用法律若干问题的解释》第4条、第8条

公职人员其他犯罪

85 背信损害上市公司利益罪

刑法规定

第169条之一

❶ 上市公司的董事、监事、高级管理人员违背对公司的忠实义务，利用职务便利，操纵上市公司从事下列行为之一，致使上市公司利益遭受重大损失的，处三年以下有期徒刑或者拘役，并处或者单处罚金；致使上市公司利益遭受特别重大损失的，处三年以上七年以下有期徒刑，并处罚金：

（一）无偿向其他单位或者个人提供资金、商品、服务或者其他资产的；

（二）以明显不公平的条件，提供或者接受资金、商品、服务或者其他资产的；

（三）向明显不具有清偿能力的单位或者个人提供资金、商品、服务或者其他资产的；

（四）为明显不具有清偿能力的单位或者个人提供担保，或者无正当理由为其他单位或者个人提供担保的；

（五）无正当理由放弃债权、承担债务的；

（六）采用其他方式损害上市公司利益的。

❷ 上市公司的控股股东或者实际控制人，指使上市公司董事、监事、高级管理人员实施前款行为的，依照前款的规定处罚。

❸ 犯前款罪的上市公司的控股股东或者实际控制人是单位的，对单位判处罚金，并对其直接负责的主管人员和其他直接责任人员，依照第一款的规定处罚。

立案标准

上市公司的董事、监事、高级管理人员违背对公司的忠实义务，利用职务便利，操纵上市公司从事损害上市公司利益的行为，以及上市公司的控股股东或者实际控制人，指使上市公司董事、监事、高级管理人员实施损害上市公司利益的行为，涉嫌下列情形之一的，应予立案追诉：

（1）无偿向其他单位或者个人提供资金、商品、服务或者其他资产，致使上市公司直接经济损失数额在 150 万元以上的；

（2）以明显不公平的条件，提供或者接受资金、商品、服务或者其他资产，致使上市公司直接经济损失数额在 150 万元以上的；

（3）向明显不具有清偿能力的单位或者个人提供资金、商品、服务或者其他资产，致使上市公司直接经济损失数额在 150 万元以上的；

（4）为明显不具有清偿能力的单位或者个人提供担保，或者无正当理由为其他单位或者个人提供担保，致使上市公司直接经济损失数额在 150 万元以上的；

（5）无正当理由放弃债权、承担债务，致使上市公司直接经济损失数额在 150 万元以上的；

（6）致使公司、企业发行的股票或者公司、企业债券、存托凭证或者国务院依法认定的其他证券被终止上市交易的；

（7）其他致使上市公司利益遭受重大损失的情形。

重点解读

本罪的犯罪主体是上市公司的董事、监事、高级管理人员。

本罪客观方面表现为行为人违背对公司的忠实义务，利用职务便利，操纵上市公司从事有损自身利益的活动，给公司造成重大损失。违背对公司的忠实义务，是指上市公司的董事、监事、高级管理人员，在代表上市公司从事经营活动或者履行

重点解读	相关职责时，违背其对公司负有的忠实于公司利益的义务，损害公司权益的行为，简单地说，就是“吃里扒外”。实践中，行为人之所以在公司经营活动中千方百计损害本公司利益，往往是因为其为交易对方所收买、控制，或者其本身就是交易对方利用大股东地位或者控制关系安排到上市公司中的，实际代表的正是上市公司的大股东或者实际控制人的利益。但认定本罪并不需要证明行为人的动机，只要行为人有利用职务便利，操纵上市公司损害自身利益的行为即可。
法律适用	《最高人民检察院、公安部关于公安机关管辖的刑事案件立案追诉标准的规定（二）》第 13 条

86　金融工作人员购买假币、以假币换取货币罪

刑法规定	**第 171 条第 2 款** 银行或者其他金融机构的工作人员购买伪造的货币或者利用职务上的便利，以伪造的货币换取货币的，处三年以上十年以下有期徒刑，并处二万元以上二十万元以下罚金；数额巨大或者有其他严重情节的，处十年以上有期徒刑或者无期徒刑，并处二万元以上二十万元以下罚金或者没收财产；情节较轻的，处三年以下有期徒刑或者拘役，并处或者单处一万元以上十万元以下罚金。
立案标准	银行或者其他金融机构的工作人员购买伪造的货币或者利用职务上的便利，以伪造的货币换取货币，总面额在 2000 元以上或者币量在 200 张（枚）以上的，应予立案追诉。
重点解读	本罪在客观方面表现为银行或者其他金融机构工作人员购买伪造的货币，或者利用职务上的便利以伪造的货币换取货币的行为。所谓伪造的货币，简称假币，是指依照我国的货币即人民币和外币含港、澳、台币（包括现行流通的纸币和硬币）的形态、格式、图案、色彩、线条等特征，通过印刷、复印、石印、影印、手描等方法制作的以假充真的货币，不包括变造的货币。 所谓购买伪造的货币，是指以一定的价格利用货币或物品买回、换取伪造的货币之行为。所谓以伪造的货币换取货币的

重点解读

行为，是指以伪造的假币换取真币的行为。这种行为方式，必须在利用职务之便的情况下实施，才能构成本罪的客观之方面。如果没有利用职务之便，即使有以伪造的货币换取真币的行为，亦不可能构成本罪，构成犯罪的，也只能以其他罪论处。所谓利用职务之便，在这里是指利用职务范围内的权力和地位所形成的主管、经管、经手货币的便利条件。既包括利用职权的便利，即在自己职务范围内因职务而产生、享有的处理某种事物的便利，如人事权、物权等；又包括利用本人的职权或地位所形成的便利条件。无论出于哪一种情况，都应当与自己的诸如管理货币的发行、流通与回笼，存款的吸收与提取，贷款的发放与收回，国内外汇兑换的往来等从事货币流通及相关的业务职责活动相联系。如利用管理金库、出纳现金、吸收付出存款、放出与收回贷款等就可形成本罪的便利条件。如果没有利用本身的职务之便，只是因工作关系熟悉作案的环境、方法、条件等，而将伪造的货币换取真币的，就不是本罪的客观之行为。如某银行的一工作人员将假币向其银行某一储蓄所与之不相识的人员兑换真币，以及晚上趁无人之机，潜入金库将假币换取真币的行为，都因未利用职务之便因而不能构成本罪。当然，这不排除可以构成他罪，如使用假币罪、诈骗罪、盗窃罪等。

本罪的主体是特殊主体，即只有金融机构的工作人员才能构成。

法律适用

《最高人民检察院、公安部关于公安机关管辖的刑事案件立案追诉标准的规定（二）》第16条

87 利用未公开信息交易罪

刑法规定	第 180 条第 4 款 证券交易所、期货交易所、证券公司、期货经纪公司、基金管理公司、商业银行、保险公司等金融机构的从业人员以及有关监管部门或者行业协会的工作人员，利用因职务便利获取的内幕信息以外的其他未公开的信息，违反规定，从事与该信息相关的证券、期货交易活动，或者明示、暗示他人从事相关交易活动，情节严重的，依照第一款的规定处罚。
立案标准	证券交易所、期货交易所、证券公司、期货公司、基金管理公司、商业银行、保险公司等金融机构的从业人员以及有关监管部门或者行业协会的工作人员，利用因职务便利获取的内幕信息以外的其他未公开的信息，违反规定，从事与该信息相关的证券、期货交易活动，或者明示、暗示他人从事相关交易活动，涉嫌下列情形之一的，应予立案追诉： （1）获利或者避免损失数额在 100 万元以上的； （2）2 年内 3 次以上利用未公开信息交易的； （3）明示、暗示 3 人以上从事相关交易活动的； （4）具有其他严重情节的。 利用未公开信息交易，获利或者避免损失数额在 50 万元以上，或者证券交易成交额在 500 万元以上，或者期货交易占

立案标准	用保证金数额在100万元以上，同时涉嫌下列情形之一的，应予立案追诉： （1）以出售或者变相出售未公开信息等方式，明示、暗示他人从事相关交易活动的； （2）因证券、期货犯罪行为受过刑事追究的； （3）2年内因证券、期货违法行为受过行政处罚的； （4）造成其他严重后果的。
重点解读	必须是利用因职务便利获取的内幕信息以外的其他未公开的信息。所谓“内幕信息以外的其他未公开的信息”，是指：（1）证券、期货的投资决策、交易执行信息；（2）证券持仓数量及变化、资金数量及变化、交易动向信息；（3）其他可能影响证券、期货交易活动的信息。 必须是违反规定，从事与该信息相关的证券、期货交易活动，或者明示、暗示他人从事相关交易活动。“违反规定”，是指违反法律、行政法规、部门规章、全国性行业规范有关证券、期货未公开信息保护的规定，以及行为人所在的金融机构有关信息保密、禁止交易、禁止利益输送等规定。 “明示、暗示他人从事相关交易活动”，应当综合以下方面进行认定：（1）行为人具有获取未公开信息的职务便利；（2）行为人获取未公开信息的初始时间与他人从事相关交易活动的初始时间具有关联性；（3）行为人与他人之间具有亲友关系、利益关联、交易终端关联等关联关系；（4）他人从事相关交易的证券、期货品种、交易时间与未公开信息所涉证券、期货品种、交易时间等方面基本一致；（5）他人从事的相关交易活动明显不具有符合交易习惯、专业判断等正当理由；（6）行为人对明示、暗示他人从事相关交易活动没有合理解释。

重点解读	本罪是情节犯，要求利用未公开信息交易必须情节严重，才能构成本罪。 本罪主体为特殊主体，即证券交易所、期货交易所、证券公司、期货经纪公司、基金管理公司、商业银行、保险公司等金融机构的从业人员以及有关监管部门或者行业协会的工作人员。
法律适用	（1）《最高人民检察院、公安部关于公安机关管辖的刑事案件立案追诉标准的规定（二）》第 31 条 （2）《最高人民法院、最高人民检察院关于办理利用未公开信息交易刑事案件适用法律若干问题的解释》第 1~11 条

88 诱骗投资者买卖证券、期货合约罪

刑法规定	**第181条第2款** 证券交易所、期货交易所、证券公司、期货经纪公司的从业人员，证券业协会、期货业协会或者证券期货监督管理部门的工作人员，故意提供虚假信息或者伪造、变造、销毁交易记录，诱骗投资者买卖证券、期货合约，造成严重后果的，处五年以下有期徒刑或者拘役，并处或者单处一万元以上十万元以下罚金；情节特别恶劣的，处五年以上十年以下有期徒刑，并处二万元以上二十万元以下罚金。
立案标准	证券交易所、期货交易所、证券公司、期货经纪公司的从业人员，证券业协会、期货业协会或者证券期货监督管理部门的工作人员，故意提供虚假信息或者伪造、变造、销毁交易记录，诱骗投资者买卖证券、期货合约，涉嫌下列情形之一的，应予立案追诉： （1）获利或者避免损失数额在5万元以上的； （2）造成投资者直接经济损失数额在50万元以上的； （3）虽未达到上述数额标准，但多次诱骗投资者买卖证券、期货合约的； （4）致使交易价格或者交易量异常波动的； （5）造成其他严重后果的。

重点解读

必须具有提供虚假信息或者伪造、变造、毁灭交易记录之一的诱骗投资者买卖证券、期货合约的行为。所谓提供虚假信息，是指将有关证券、期货交易的虚假信息故意传播或扩散。既可以提供给个人，又可以提供给单位；既可以当面口头提供，又可以不面对他人而采用书面、影视、计算机网络等方式提供；既可以单个地提供，又可以成群成批地提供。但无论其方法如何，其所提供的必须与证券、期货交易相关且必为虚假的信息。所提供的如果与证券、期货交易无关或者所提供的不是虚假的信息，则不构成本罪。这是因为，行为人要达到诱骗投资者买卖证券、期货合约的目的，提供的固然是与证券、期货交易相关的虚假信息。如果没有任何关系，投资者就不会上当受骗，从而难以达到其目的。至于虚假信息，是自己编造的还是他人编造的，并不影响本罪的成立。

所谓伪造交易记录，是指按照证券、期货交易记录的特征包括形式特征如式样、格式、形状等内容，采用印刷、复印、描绘、拓印、石印等各种方法，制作假交易记录冒充真交易记录的行为。所谓变造交易记录，是指在真实交易记录的基础上，通过涂改、擦消、剪接、挖补、拼凑等加工方法，从而使原交易记录改变其内容的行为。所谓销毁，是指将证券、期货交易记录采用诸如撕裂、火烧、水浸、丢弃等方法予以毁灭。

至于诱骗，则是指采取提供虚假信息或将交易记录加以伪造、变造、销毁的方式，以对投资者进行欺骗、引诱、误导从而骗取投资者信任使投资者买卖该证券、期货合约的行为。

重点解读	提供虚假信息或者伪造、变造、毁灭交易记录，诱骗投资者买卖证券、期货合约的行为，必须造成了严重的后果，才能构成本罪。也即本罪为结果犯，行为人虽然故意提供了虚假信息或伪造、变造、销毁了交易记录，以诱骗投资者买卖证券、期货合约，但没有造成实际的严重后果或者虽有实际损害后果但不是严重的后果，如投资者根本不相信而未购买，或者行为一实施即被发现警告等，则不能构成本罪。
法律适用	《最高人民检察院、公安部关于公安机关管辖的刑事案件立案追诉标准的规定（二）》第 33 条

89 背信运用受托财产罪

刑法规定	第 185 条之一第 1 款 商业银行、证券交易所、期货交易所、证券公司、期货经纪公司、保险公司或者其他金融机构，违背受托义务，擅自运用客户资金或者其他委托、信托的财产，情节严重的，对单位判处罚金，并对其直接负责的主管人员和其他直接责任人员，处三年以下有期徒刑或者拘役，并处三万元以上三十万元以下罚金；情节特别严重的，处三年以上十年以下有期徒刑，并处五万元以上五十万元以下罚金。
立案标准	商业银行、证券交易所、期货交易所、证券公司、期货经纪公司、保险公司或者其他金融机构，违背受托义务，擅自运用客户资金或者其他委托、信托的财产，涉嫌下列情形之一的，应予立案追诉： （1）擅自运用客户资金或者其他委托、信托的财产数额在 30 万元以上的； （2）虽未达到上述数额标准，但多次擅自运用客户资金或者其他委托、信托的财产，或者擅自运用多个客户资金或者其他委托、信托的财产的； （3）其他情节严重的情形。

重点解读

本罪的犯罪主体是单位，即商业银行、证券交易所、期货交易所、证券公司、期货经纪公司、保险公司或者其他金融机构。所谓“其他金融机构”，是指除了上述规定的商业银行、证券交易所、期货交易所、证券公司、期货经纪公司、保险公司以外的，经国家有关主管部门批准有资格从事委托理财等金融业务的金融机构，如信托公司、金融资产管理公司等。

行为人在主观方面必须是故意，过失实施《中华人民共和国刑法》第185条之一第1款规定行为的不构成本罪。

必须实施了违背受托义务，擅自运用客户资金或者其他委托、信托的财产的行为。所谓违背受托义务，不仅限于违背委托人与受托人之间具体约定的义务，还包括违背法律、行政法规、部门规章规定的法定义务。这是因为，法律、行政法规、部门规章规定的法定义务一般就受托人在受托理财实践中出现的损害委托人利益的突出问题，对受托人必须履行的职责和禁止行为作了明确规定。有些情况下，普通委托人对受托人应当遵守的这些法定义务，难以了解得十分清楚，也难以在合同中约定得十分具体，但受托人必须受相关法律、法规规定的调整。这里所说的“客户资金”是指客户存入上述金融机构的资金。所谓“委托、信托的财产”，主要是指在当前的委托理财业务中，存放在各类金融机构中的以下财产：（1）证券投资业务中的客户交易结算资金；（2）委托理财业务中的客户资产；（3）信托业务中的信托财产；（4）证券投资基金。

构成本罪，必须达到情节严重的程度。

法律适用

《最高人民检察院、公安部关于公安机关管辖的刑事案件立案追诉标准的规定（二）》第35条

90 违法运用资金罪

刑法规定	**第 185 条之一第 2 款** 社会保障基金管理机构、住房公积金管理机构等公众资金管理机构，以及保险公司、保险资产管理公司、证券投资基金管理公司，违反国家规定运用资金的，对其直接负责的主管人员和其他直接责任人员，依照前款的规定处罚。
立案标准	社会保障基金管理机构、住房公积金管理机构等公众资金管理机构，以及保险公司、保险资产管理公司、证券投资基金管理公司，违反国家规定运用资金，涉嫌下列情形之一的，应予立案追诉： （1）违反国家规定运用资金数额在 30 万元以上的； （2）虽未达到上述数额标准，但多次违反国家规定运用资金的； （3）其他情节严重的情形。
重点解读	（1）本罪的犯罪主体是单位，包括社会保障基金管理机构、住房公积金管理机构等公众资金管理机构，以及保险公司、保险资产管理公司、证券投资基金管理公司。 （2）主观方面是故意。 （3）客观上必须实施了违反国家规定运用资金的行为。违反国家规定，是指违反全国人民代表大会及其常务委员会制定的法律和决定，国务院制定的行政法规、规定的行政措施、发

重点解读	布的决定和命令。例如，《住房公积金管理条例》第5条规定，住房公积金应当用于职工购买、建造、翻建、大修自住住房，任何单位和个人不得挪作他用。如果相关住房公积金管理机构违反上述规定，挪用住房公积金从事其他用途的活动的，属于这里规定的违法运用资金的行为。
法律适用	《最高人民检察院、公安部关于公安机关管辖的刑事案件立案追诉标准的规定（二）》第36条

91 违法发放贷款罪

刑法规定	**第 186 条** ❶ 银行或者其他金融机构的工作人员违反国家规定发放贷款，数额巨大或者造成重大损失的，处五年以下有期徒刑或者拘役，并处一万元以上十万元以下罚金；数额特别巨大或者造成特别重大损失的，处五年以上有期徒刑，并处二万元以上二十万元以下罚金。 ❷ 银行或者其他金融机构的工作人员违反国家规定，向关系人发放贷款的，依照前款的规定从重处罚。 ❸ 单位犯前两款罪的，对单位判处罚金，并对其直接负责的主管人员和其他直接责任人员，依照前两款的规定处罚。 ❹ 关系人的范围，依照《中华人民共和国商业银行法》和有关金融法规确定。
立案标准	银行或者其他金融机构及其工作人员违反国家规定发放贷款，涉嫌下列情形之一的，应予立案追诉： （1）违法发放贷款，数额在 200 万元以上的； （2）违法发放贷款，造成直接经济损失数额在 50 万元以上的。
重点解读	本罪的犯罪主体是特殊主体，即银行或者其他金融机构的工作人员，非上述人员，不能构成本罪。这里的“银行”，是广义的，包括政策性银行、各商业银行以及其他在我国境内设立的合资、外资银行等。这里的“其他金融机构”，是指除银

重点解读	行外的其他经营保险、信托、证券、外汇、期货、金融租赁等金融业务的机构。 行为人必须实施了违反国家规定发放贷款的行为。这里所说的“违反国家规定”，主要是指违反有关贷款的法律、行政法规，如商业银行法等。 行为人违法发放贷款的行为必须数额巨大或者造成了重大损失的，才构成本罪。 关系人是指：（1）商业银行的董事、监事、管理人员、信贷业务人员及其近亲属；（2）上述所列人员投资或者担任高级管理职务的公司、企业和其他经济组织。 《中华人民共和国刑法》第186条第3款中的“单位”是指银行或者其他金融机构等有信贷业务的单位。
法律适用	《最高人民检察院、公安部关于公安机关管辖的刑事案件立案追诉标准的规定（二）》第37条

92 吸收客户资金不入账罪

刑法规定

第 187 条

❶ 银行或者其他金融机构的工作人员吸收客户资金不入帐，数额巨大或者造成重大损失的，处五年以下有期徒刑或者拘役，并处二万元以上二十万元以下罚金；数额特别巨大或者造成特别重大损失的，处五年以上有期徒刑，并处五万元以上五十万元以下罚金。

❷ 单位犯前款罪的，对单位判处罚金，并对其直接负责的主管人员和其他直接责任人员，依照前款的规定处罚。

立案标准

银行或者其他金融机构及其工作人员吸收客户资金不入账，涉嫌下列情形之一的，应予立案追诉：

（1）吸收客户资金不入账，数额在 200 万元以上的；

（2）吸收客户资金不入账，造成直接经济损失数额在 50 万元以上的。

重点解读

“吸收客户资金不入账”，是指违反金融法律、法规，对收受客户资金不如实记入银行等金融机构的账目，账目上反映不出新增加的存款、保证金、委托资金业务，或者与出具给储户的存单、存折上、资金凭证上记载不相符合。至于是否记入法定账目以外设立的账目，其是否向客户开具了合法有效的存单或其他金融凭证以及客户是否知晓其资金不被入账，不影响该罪的成立。其手段主要有销毁原始凭证、自制来账凭证、私自

重点解读	篡改凭证、将款项转入私设账户、向存款客户提供假账号等。如果行为人吸收客户资金入了金融机构的账目，俗称“大账”，但是又偷支客户资金的，构成挪用公款或者挪用资金行为。 本罪的犯罪主体是特殊主体，包括自然人和单位两类。
法律适用	《最高人民检察院、公安部关于公安机关管辖的刑事案件立案追诉标准的规定（二）》第38条

93　违规出具金融票证罪

刑法规定

第 188 条第 1 款

银行或者其他金融机构的工作人员违反规定，为他人出具信用证或者其他保函、票据、存单、资信证明，情节严重的，处五年以下有期徒刑或者拘役；情节特别严重的，处五年以上有期徒刑。

立案标准

银行或者其他金融机构及其工作人员违反规定，为他人出具信用证或者其他保函、票据、存单、资信证明，涉嫌下列情形之一的，应予立案追诉：

（1）违反规定为他人出具信用证或者其他保函、票据、存单、资信证明，数额在 200 万元以上的；

（2）违反规定为他人出具信用证或者其他保函、票据、存单、资信证明，造成直接经济损失数额在 50 万元以上的；

（3）多次违规出具信用证或者其他保函、票据、存单、资信证明的；

（4）接受贿赂违规出具信用证或者其他保函、票据、存单、资信证明的；

（5）其他情节严重的情形。

重点解读

行为人必须是银行或者其他金融机构的工作人员。这里所说的“银行”主要是指政策性银行、各类商业银行等；“其他金融机构”包括除银行以外的各种开展金融业务的机构，如信托、保险、企业集团财务公司、金融租赁公司等。

重点解读

行为人必须有违反规定，为他人出具信用证或者其他保函、票据、存单、资信证明的行为。《中华人民共和国刑法》第188条所说的“违反规定”，是指违反了有关金融法律、行政法规、规章以及银行金融机构内部规定的一些重要业务规则和规章制度。“他人”不仅包括自然人，也包括单位。“信用证”是指开证银行根据客户（申请开证人）的请求或者自己主动向一方（受益人）所签发的一种书面约定，如果受益人满足了该书面约定的各项条款，开证银行即向受益人支付该书面约定的款项的凭证。简单地说，信用证就是开证银行有条件地向受益人付款的书面凭证。“保函”是指银行以其自身的信用为他人承担责任的担保文件，是重要的银行资信文件。根据《商业银行法》的规定，商业银行可以提供担保服务，但是商业银行的工作人员不得违反规定徇私向亲属、朋友提供担保；《中国人民银行法》第30条第2款规定：“中国人民银行不得向任何单位和个人提供担保。”如果人民银行或者商业银行的工作人员违反规定擅自为他人出具保函，都属于本条所说的违反规定为他人出具“保函”。违反规定出具“票据”，是指违反票据法、行政法规和其他各项业务管理的规定，为他人非法出具汇票、本票、支票的行为。“资信证明”是指证明个人或者单位经济实力的文件，广义的资信证明包括票据、银行存单、房契、地契以及其他各种产权证明等，此外，还包括由银行出具的有关财产方面的委托书、协议书等。

行为人违规为他人出具金融票据，情节严重的，才构成本罪。

法律适用

《最高人民检察院、公安部关于公安机关管辖的刑事案件立案追诉标准的规定（二）》第39条

94 对违法票据承兑、付款、保证罪

刑法规定	第 189 条 ❶ 银行或者其他金融机构的工作人员在票据业务中，对违反票据法规定的票据予以承兑、付款或者保证，造成重大损失的，处五年以下有期徒刑或者拘役；造成特别重大损失的，处五年以上有期徒刑。 ❷ 单位犯前款罪的，对单位判处罚金，并对其直接负责的主管人员和其他直接责任人员，依照前款的规定处罚。
立案标准	银行或者其他金融机构及其工作人员在票据业务中，对违反票据法规定的票据予以承兑、付款或者保证，造成直接经济损失数额在 50 万元以上的，应予立案追诉。
重点解读	本罪的犯罪主体是特殊主体，即只能是银行或者其他金融机构的工作人员，其他人不能成为本罪的主体。所谓“其他金融机构”，主要是指可以经营金融业务的信托公司、保险公司、企业集团财务公司、金融租赁公司等金融机构。 行为人在主观上主要表现为过失，即由于工作不负责，审查不严所致。 行为人在客观上实施了对违反票据法规定的票据予以承兑、付款或者保证的行为。《票据法》明确规定，汇票的出票人必须与付款人具有真实的委托付款关系，并且具有支付汇票金额的可靠资金来源。付款人及其代理付款人付款时，应当审

重点解读	查汇票背书的连续，并审查提示付款人的合法身份证明和有效证件。如果行为人不认真审查，对违反票据法规定的票据予以承兑、付款或者保证，即构成本罪的犯罪行为。本条所称票据"承兑"，是指汇票付款人承诺在汇票到期日支付汇票金额的票据行为，承兑系汇票所特有的一种法律制度，仅适用于汇票，其目的在于使承兑人依票据载明的义务承担支付票据金额的义务。"付款"，是指汇票的付款人或者代理付款人支付汇票金额以消灭票据关系的附属票据行为。 行为人对违反票据法规定的票据予以承兑、付款或者保证，造成重大损失的，才构成本罪，这是划分本罪与非罪的重要界限。
法律适用	《最高人民检察院、公安部关于公安机关管辖的刑事案件立案追诉标准的规定（二）》第40条

95 非法转让、倒卖土地使用权罪

<table>
<tr><td rowspan="2">刑法规定</td><td>第 228 条</td></tr>
<tr><td>以牟利为目的，违反土地管理法规，非法转让、倒卖土地使用权，情节严重的，处三年以下有期徒刑或者拘役，并处或者单处非法转让、倒卖土地使用权价额百分之五以上百分之二十以下罚金；情节特别严重的，处三年以上七年以下有期徒刑，并处非法转让、倒卖土地使用权价额百分之五以上百分之二十以下罚金。</td></tr>
<tr><td>立案标准</td><td>以牟利为目的，违反土地管理法规，非法转让、倒卖土地使用权，涉嫌下列情形之一的，应予立案追诉：
（1）非法转让、倒卖永久基本农田 5 亩以上的；
（2）非法转让、倒卖永久基本农田以外的耕地 10 亩以上的；
（3）非法转让、倒卖其他土地 20 亩以上的；
（4）违法所得数额在 50 万元以上的；
（5）虽未达到上述数额标准，但因非法转让、倒卖土地使用权受过行政处罚，又非法转让、倒卖土地的；
（6）其他情节严重的情形。</td></tr>
<tr><td>重点解读</td><td>本罪侵犯的客体是国家的土地管理秩序和土地使用权。
本罪在客观方面表现为违反土地管理法规，非法转让、倒卖土地使用权，情节严重的行为。（1）必须是违反土地管理法规的行为。土地管理法规，是指以《土地管理法》为代表的一</td></tr>
</table>

重点解读

系列土地管理法规，如《土地管理法》《森林法》《草原法》等。（2）必须是非法转让、倒卖土地使用权的行为。《土地管理法》第2条规定，中华人民共和国实行土地的社会主义公有制，即全民所有制和劳动群众集体所有制。任何单位和个人不得侵占、买卖或者以其他形式非法转让土地。土地使用权可以依法转让。土地使用权转让应当严格依法进行。土地使用权转让，是指土地使用者将土地使用权再转移的行为，包括出售、交换和赠送。未按土地使用权出让合同规定的期限和条件投资开发，利用土地的，土地使用权不得转让。土地使用权转让应当签订转让合同。

土地使用权转让时，土地使用权出让合同和登记文件中所载明的权利、义务随之转移，其地上建筑物、其他附着物的所有权转让的，应当依照规定办理过户登记。土地使用权和地上建筑物、其他附着物所有权分割转让的，应当经市、县人民政府土地管理部门和房产管理部门批准，并依法办理过户登记。土地使用权转让须符合上述规定，否则即为非法转让。所谓倒卖土地使用权，是指将土地使用权非法出卖给他人，或者为了出卖而向他人收买、租借土地使用权等，有的是明码标价予以出卖；有的则是以某种形式掩盖其土地的买卖，如明里购买他人的厂房，暗里则是购买厂房所占地的土地使用权；借买他人住宅之名行占他人住宅基地使用权之实等。

法律适用

《最高人民检察院、公安部关于公安机关管辖的刑事案件立案追诉标准的规定（二）》第72条

96 私自开拆、隐匿、毁弃邮件、电报罪

刑法规定

第 253 条

❶ 邮政工作人员私自开拆或者隐匿、毁弃邮件、电报的，处二年以下有期徒刑或者拘役。

❷ 犯前款罪而窃取财物的，依照本法第二百六十四条的规定定罪从重处罚。

立案标准

根据《中华人民共和国刑法》第 253 条的规定，邮政工作人员私自开拆或者隐匿、毁弃邮件、电报的，应当立案。具体是指私自开拆、隐匿、毁弃邮件、电报次数较多或数量较大，或者从中窃取财物；或者虽然次数不多，数量不大，但给国家、集体利益以及公民合法权益造成严重后果，或者造成其他危害后果。

重点解读

本罪是指邮政工作人员利用职务上的便利，私自开拆或者隐匿、毁弃邮件、电报的行为。“邮政工作人员”，是指邮政部门的营业员、分拣员、投递员、押运员以及其他从事邮政工作的人员。“私自开拆”，是指违反国家规定，未经投寄人或者收件人同意，在邮途中非法开拆他人邮件、电报的行为。“隐匿”，是指将他人投寄的邮件、电报予以截留藏匿而不递交给收件人的行为。“毁弃”，是指将他人投寄的邮件、电报予以撕毁、烧毁、抛弃等，致使他人无法查收的行为。私自开拆、隐匿、毁弃邮件、电报是妨害邮政通讯的三种具体行为，只要邮政工作人员故意施行上述三种行为之一，就可构成本罪。“邮件”是

重点解读	指邮政企业递寄的信件、包裹、汇款通知、报刊和其他印刷品等;“电报”,包括明码、密码电报等。 邮政工作人员私自开拆或者隐匿、毁弃邮件、电报而窃取财物的,依照盗窃罪定罪从重处罚。“窃取财物”,是指邮政工作人员在私自开拆或者隐匿、毁弃邮件的同时,从邮件中窃取财物的行为。这种行为既妨害了邮政通讯,又侵犯了他人的合法财产。
法律适用	《中华人民共和国邮政法》第 35 条、第 71 条

97 破坏选举罪

刑法规定

第 256 条

在选举各级人民代表大会代表和国家机关领导人员时，以暴力、威胁、欺骗、贿赂、伪造选举文件、虚报选举票数等手段破坏选举或者妨害选民和代表自由行使选举权和被选举权，情节严重的，处三年以下有期徒刑、拘役或者剥夺政治权利。

立案标准

根据《中华人民共和国刑法》第 256 条的规定，在选举各级人民代表大会代表和国家机关领导人员时，以暴力、威胁、欺骗、贿赂、伪造选举文件、虚报选举票数等手段破坏选举或者妨害选民和代表自由行使选举权和被选举权，情节严重的，应予立案。

国家机关工作人员利用职权破坏选举，涉嫌下列情形之一的，应予立案：

（1）以暴力、威胁、欺骗、贿赂等手段，妨害选民、各级人民代表大会代表自由行使选举权和被选举权，致使选举无法正常进行，或者选举无效，或者选举结果不真实的；

（2）以暴力破坏选举场所或者选举设备，致使选举无法正常进行的；

（3）伪造选民证、选票等选举文件，虚报选举票数，产生不真实的选举结果或者强行宣布合法选举无效、非法选举有效的；

（4）聚众冲击选举场所或者故意扰乱选举场所秩序，使选举工作无法进行的；

（5）其他情节严重的情形。

重点解读

破坏的选举活动必须是选举各级人民代表大会代表和国家机关领导人员的选举活动。

破坏选举必须是以暴力、威胁、欺骗、贿赂、伪造选举文件、虚报选举票数等手段进行的。这里所说的“暴力”，是指对选民、各级人民代表大会代表、候选人、选举工作人员等进行人身打击或者实行强制，如殴打、捆绑等；也包括以暴力故意捣乱选举场所，使选举工作无法进行等情况。“威胁”，是指以杀害、伤害、毁坏财产、破坏名誉等手段进行要挟，迫使选民、各级人民代表大会代表、候选人、选举工作人员等不能自由行使选举权和被选举权或者在选举工作中不能正常履行组织和管理的职责。“欺骗”，是指捏造事实、颠倒是非，并加以散播、宣传，以虚假的事实扰乱正常的选举活动，影响选民、各级人民代表大会代表、候选人自由地行使选举权和被选举权。“贿赂”，是指用金钱或者其他物质利益收买选民、各级人民代表大会代表、候选人、选举工作人员，使其违反自己的真实意愿参加选举或者在选举工作中进行舞弊活动。“伪造选举文件”，是指采用伪造选民证、选票等选举文件的方法破坏选举。“虚报选举票数”，是指选举工作人员对于统计出来的选票数、赞成票数、反对票数等选举票数进行虚报、假报的行为，既包括多报，也包括少报。

法律适用

《最高人民检察院关于渎职侵权犯罪案件立案标准的规定》二、（七）

98 故意延误投递邮件罪

刑法规定

第 304 条

邮政工作人员严重不负责任，故意延误投递邮件，致使公共财产、国家和人民利益遭受重大损失的，处二年以下有期徒刑或者拘役。

立案标准

邮政工作人员严重不负责任，故意延误投递邮件，涉嫌下列情形之一的，应予立案追诉：

（1）造成直接经济损失 2 万元以上的；

（2）延误高校录取通知书或者其他重要邮件投递，致使他人失去高校录取资格或者造成其他无法挽回的重大损失的；

（3）严重损害国家声誉或者造成其他恶劣社会影响的；

（4）其他致使公共财产、国家和人民利益遭受重大损失的情形。

重点解读

本罪在客观方面表现为邮政工作人员严重不负责任，故意延误投递邮件，致使公共财产、国家和人民利益遭受重大损失的行为。所谓严重不负责任，是指邮政工作人员违背国家法律赋予其的职责和义务，情节严重的行为。按照《邮政法》第 6 条、第 20 条的规定，邮政企业应当为用户提供迅速、准确、安全、方便的服务；邮政企业寄递邮件，应当符合国务院邮政管理部门规定的寄递时限和服务规范。邮政工作人员不履行其职责，不遵守上述规定，即为不负责任的表现。如果行为人出

重点解读	于泄愤、报复而故意延误投递邮件，也是邮政工作人员对其职责不负责任的表现，至于何谓严重，则应主要结合其造成的危害后果来认定。“延误投递邮件”，是指邮政工作人员对应当按期投递的邮件，有条件投递而故意拖延、耽误邮件的分发、递送，不按照国务院邮政主管部门规定的时限投交邮件。至于延误时间的长短，法律没有规定，只要行为人没有按规定时间投递邮件的，即属延误。如果行为人虽然没有及时、迅速地投递邮件，但并没有超出规定所允许的期限，即使客观上造成重大损失的，也不构成本罪。发生延误投递的时间可以是在分拣投递、押送、收发等任何一个环节中，这里的“延误”不同于隐匿不投的情形，前者是投递但超出规定的时间，后者则是直接加以藏匿而不投递。如果行为人故意隐匿不投的，则构成私自隐匿邮件、电报罪。本罪属于不作为犯，即行为人有条件、有义务将邮件按时投送而故意延误的行为。如果行为人遭遇不可抗力或意外事件延误投递邮件的不构成本罪。 延误投递邮件的行为必须是发生了使公共财产、国家和人民利益遭受重大损失的结果，才构成犯罪。
法律适用	《最高人民检察院、公安部关于公安机关管辖的刑事案件立案追诉标准的规定（一）》第45条

99　泄露不应公开的案件信息罪

刑法规定	第 308 条之一第 1 款 司法工作人员、辩护人、诉讼代理人或者其他诉讼参与人，泄露依法不公开审理的案件中不应当公开的信息，造成信息公开传播或者其他严重后果的，处三年以下有期徒刑、拘役或者管制，并处或者单处罚金。
立案标准	司法工作人员、辩护人、诉讼代理人或者其他诉讼参与人，泄露依法不公开审理的案件中不应当公开的信息，造成信息公开传播或者其他严重后果的，应予立案。
重点解读	（1）泄露依法不公开审理的案件中不应当公开的信息。所谓“泄露”是指让不特定或者多数人知晓不应公开的信息。“依法不公开审理的案件”，根据《宪法》第 130 条之规定，人民法院审理案件，除法律规定的特别情况外，一律公开进行。公开审判包括对群众公开，允许群众到法庭旁听审理，也包括对新闻媒体公开，允许新闻媒体公开披露和报道案件审理的情况。不公开审理是公开审判原则的例外，应当由法律明确规定。“不应当公开的信息”，主要有以下几类：涉及国家秘密的案件、涉及个人隐私的案件、未成年人犯罪的案件、涉及商业秘密的案件。这类信息公开以后可能会对国家安全和利益、当事人的个人隐私、商业秘密造成损害，以及对涉案的未成年人身心健康造成不利影响。需要注意的是，对于依法不公开审理的案件

重点解读

中不应当公开的信息，司法工作人员、辩护人、诉讼代理人或者其他诉讼参与人，在判决作出后仍然不能泄露这些信息。也就是说司法工作人员、辩护人、诉讼代理人或者其他诉讼参与人，一经接触这些不应当公开的信息，即负有相应的保密义务，不得随意泄露。

（2）造成信息公开传播或者其他严重后果的行为。信息的公开传播是对不公开审理制度所保护法益的侵害。“造成信息公开传播”，是指信息在一定数量的公众中大范围传播。“其他严重后果”是指除了信息泄露所造成的对国家司法秩序的破坏以外，还有对当事人财产权益、人格尊严和身心健康等合法权益的侵害。

（3）本罪的主体为特殊主体，即依法不公开审理案件中的司法工作人员、辩护人、诉讼代理人或者其他诉讼参与人，即参与不公开审理的案件诉讼活动，知悉不应当公开的案件信息的人。“司法工作人员”，是指有侦查、检察、审判、监管职责的工作人员。“辩护人”，是指在刑事诉讼中接受被追诉一方委托或者受人民法院指定，帮助犯罪嫌疑人、被告人行使辩护权以维护其合法权益的人。“诉讼代理人”，是指接受当事人的委托，在法律规定内或者当事人授予的权限范围内代为参加诉讼和提供法律帮助的人。“其他诉讼参与人”，是指当事人以外的根据案件情况和诉讼需要参加到诉讼中来的诉讼参与人。

（4）本罪在主观方面表现为故意，即行为人明知泄露依法不公开审理的案件中不应当公开的信息，会造成信息公开传播或者其他严重后果，并且希望或者放任这种危害结果的发生。

法律适用

（1）《中华人民共和国刑事诉讼法》第188条、第285条

（2）《中华人民共和国行政诉讼法》第54条

100 披露、报道不应公开的案件信息罪

刑法规定	第 308 条之一第 3 款 公开披露、报道第一款规定的案件信息，情节严重的，依照第一款的规定处罚。
立案标准	司法工作人员、辩护人、诉讼代理人或者其他诉讼参与人，公开披露、报道依法不公开审理的案件中不应当公开的信息，情节严重的，应予立案。
重点解读	有的个人和媒体、网站等单位，虽然不是泄露不公开审理的案件信息的行为人，但通过各种渠道获得不公开审理的案件信息后，公开披露、报道，甚至大肆炒作，有的还造成严重后果，对司法秩序和有关当事人的合法权益造成严重损害。这种行为与泄露不公开审理的案件信息具有同样的社会危害性，应当追究刑事责任。“公开披露”是指通过各种途径向他人和公众发布有关案件信息。“报道”主要是指报刊、广播、电视、网站等媒体向公众公开传播有关案件信息。“情节严重”，主要是指造成信息大量公开传播、为公众所知悉，给司法秩序和当事人合法权益造成严重损害，以及其他与此类似的严重后果。
法律适用	（1）《中华人民共和国刑事诉讼法》第 188 条、第 285 条 （2）《中华人民共和国行政诉讼法》第 54 条

101 接送不合格兵员罪

刑法规定	第 374 条 在征兵工作中徇私舞弊，接送不合格兵员，情节严重的，处三年以下有期徒刑或者拘役；造成特别严重后果的，处三年以上七年以下有期徒刑。
立案标准	在征兵工作中徇私舞弊，接送不合格兵员，涉嫌下列情形之一的，应予立案追诉： （1）接送不合格特种条件兵员 1 名以上，或者普通兵员 3 名以上的； （2）发生在战时的； （3）造成严重后果的； （4）其他情节严重的情形。
重点解读	本罪的犯罪主体是特殊主体，即负责接送新兵的工作人员，包括军队中负责征兵工作的人员，也包括地方负责征召、审查和向部队输送兵员工作的人员以及在征兵工作中承担相关职责的医务人员等。 行为人主观上是故意犯罪，即行为人明知兵员的政治条件、年龄条件、身体条件或者其他条件不符合征兵要求，仍然故意将不合格的兵员接送到部队。行为人的动机可能是多样的，如收受钱财、照顾亲友等。

重点解读	行为人客观上具有在征兵工作中，徇私舞弊，接送不合格兵员的行为。这里的“征兵”，是指国家依照国防法、兵役法、征兵工作条例等规定，征集中国人民解放军和中国人民武装警察部队现役的兵员。“徇私舞弊”，主要是指徇私情，如看在是老同学、老同事、老部下、老上级或亲属朋友的面子，或是收受贿赂而徇私等。“接送”按照部队和地方征兵工作人员的职责，包括“接”和“送”两种情形。“接”是指部队有关人员将新兵接收到部队。“送”是指地方有关部门工作人员将兵员送至部队。“接送”的具体环节包括兵役登记、体格检查、政治审查、审定新兵、交接新兵等。“不合格兵员”是指不符合法律法规规定的新兵征集条件的兵员。
法律适用	《最高人民检察院、公安部关于公安机关管辖的刑事案件立案追诉标准的规定（一）》第 93 条

附　　录

中华人民共和国监察法（节录）

（2018年3月20日第十三届全国人民代表大会第一次会议通过　2018年3月20日中华人民共和国主席令第3号公布　自公布之日起施行）

第十一条　监察委员会依照本法和有关法律规定履行监督、调查、处置职责：

（一）对公职人员开展廉政教育，对其依法履职、秉公用权、廉洁从政从业以及道德操守情况进行监督检查；

（二）对涉嫌贪污贿赂、滥用职权、玩忽职守、权力寻租、利益输送、徇私舞弊以及浪费国家资财等职务违法和职务犯罪进行调查；

（三）对违法的公职人员依法作出政务处分决定；对履行职责不力、失职失责的领导人员进行问责；对涉嫌职务犯罪的，将调查结果移送人民检察院依法审查、提起公诉；向监察对象所在单位提出监察建议。

中华人民共和国监察法实施条例（节录）

（2021年7月20日国家监察委员会全体会议决定　2021年9月20日中华人民共和国国家监察委员会公告第1号公布　自2021年9月20日起施行）

第二十六条　监察机关依法调查涉嫌贪污贿赂犯罪，包括贪污罪，挪用公款罪，受贿罪，单位受贿罪，利用影响力受贿罪，行贿罪，对有影响力的人行贿罪，对单位行贿罪，介绍贿赂罪，单位行贿罪，巨额财产来源不明罪，隐瞒境外存款罪，私分国有资产罪，私分罚没财物罪，以及公职人员在行使公权力过程中实施的职务侵占罪，挪用资金罪，对外国公职人员、国际公共组织官员行贿罪，非国家工作人员受贿罪和相关联的对非国家工作人员行贿罪。

第二十七条 监察机关依法调查公职人员涉嫌滥用职权犯罪，包括滥用职权罪，国有公司、企业、事业单位人员滥用职权罪，滥用管理公司、证券职权罪，食品、药品监管渎职罪，故意泄露国家秘密罪，报复陷害罪，阻碍解救被拐卖、绑架妇女、儿童罪，帮助犯罪分子逃避处罚罪，违法发放林木采伐许可证罪，办理偷越国（边）境人员出入境证件罪，放行偷越国（边）境人员罪，挪用特定款物罪，非法剥夺公民宗教信仰自由罪，侵犯少数民族风俗习惯罪，打击报复会计、统计人员罪，以及司法工作人员以外的公职人员利用职权实施的非法拘禁罪、虐待被监管人罪、非法搜查罪。

第二十八条 监察机关依法调查公职人员涉嫌玩忽职守犯罪，包括玩忽职守罪，国有公司、企业、事业单位人员失职罪，签订、履行合同失职被骗罪，国家机关工作人员签订、履行合同失职被骗罪，环境监管失职罪，传染病防治失职罪，商检失职罪，动植物检疫失职罪，不解救被拐卖、绑架妇女、儿童罪，失职造成珍贵文物损毁、流失罪，过失泄露国家秘密罪。

第二十九条 监察机关依法调查公职人员涉嫌徇私舞弊犯罪，包括徇私舞弊低价折股、出售国有资产罪，非法批准征收、征用、占用土地罪，非法低价出让国有土地使用权罪，非法经营同类营业罪，为亲友非法牟利罪，枉法仲裁罪，徇私舞弊发售发票、抵扣税款、出口退税罪，商检徇私舞弊罪，动植物检疫徇私舞弊罪，放纵走私罪，放纵制售伪劣商品犯罪行为罪，招收公务员、学生徇私舞弊罪，徇私舞弊不移交刑事案件罪，违法提供出口退税凭证罪，徇私舞弊不征、少征税款罪。

第三十条 监察机关依法调查公职人员在行使公权力过程中涉及的重大责任事故犯罪，包括重大责任事故罪，教育设施重大安全事故罪，消防责任事故罪，重大劳动安全事故罪，强令、组织他人违章冒险作业罪，危险作业罪，不报、谎报安全事故罪，铁路运营安全事故罪，重大飞行事故罪，大型群众性活动重大安全事故罪，危险物品肇事罪，工程重大安全事故罪。

第三十一条 监察机关依法调查公职人员在行使公权力过程中涉及的其他犯罪，包括破坏选举罪，背信损害上市公司利益罪，金融工作人员购买假币、以假币换取货币罪，利用未公开信息交易罪，诱骗投资者买卖证券、期货合约罪，背信运用受托财产罪，违法运用资金罪，违法发放贷款罪，吸收客户资金不入账罪，违规出具金融票证罪，对违法票据承兑、付款、保证罪，非法转让、倒卖土地使用权罪，私自开拆、隐匿、毁弃邮件、电报罪，故意延误投递邮件罪，泄露不应公开的案件信息罪，披露、报道不应公开的案件信息罪，接送不合格兵员罪。

第五十二条 监察机关必要时可以依法调查司法工作人员利用职权实施的涉嫌非法拘禁、刑讯逼供、非法搜查等侵犯公民权利、损害司法公正的犯罪，并在立案后及时通报同级人民检察院。

监察机关在调查司法工作人员涉嫌贪污贿赂等职务犯罪中，可以对其涉嫌的前款规定的犯罪一并调查，并及时通报同级人民检察院。人民检察院在办理直接受理侦查的案件中，发现犯罪嫌疑人同时涉嫌监察机关管辖的其他职务犯罪，经沟通全案移送监察机关管辖的，监察机关应当依法进行调查。

最高人民法院、最高人民检察院关于办理贪污贿赂刑事案件适用法律若干问题的解释

（2016 年 4 月 18 日　法释〔2016〕9 号）

为依法惩治贪污贿赂犯罪活动，根据刑法有关规定，现就办理贪污贿赂刑事案件适用法律的若干问题解释如下：

第一条　贪污或者受贿数额在三万元以上不满二十万元的，应当认定为刑法第三百八十三条第一款规定的"数额较大"，依法判处三年以下有期徒刑或者拘役，并处罚金。

贪污数额在一万元以上不满三万元，具有下列情形之一的，应当认定为刑法第三百八十三条第一款规定的"其他较重情节"，依法判处三年以下有期徒刑或者拘役，并处罚金：

（一）贪污救灾、抢险、防汛、优抚、扶贫、移民、救济、防疫、社会捐助等特定款物的；

（二）曾因贪污、受贿、挪用公款受过党纪、行政处分的；

（三）曾因故意犯罪受过刑事追究的；

（四）赃款赃物用于非法活动的；

（五）拒不交待赃款赃物去向或者拒不配合追缴工作，致使无法追缴的；

（六）造成恶劣影响或者其他严重后果的。

受贿数额在一万元以上不满三万元，具有前款第二项至第六项规定的情形之一，或者具有下列情形之一的，应当认定为刑法第三百八十三条第一款规定的"其他较重情节"，依法判处三年以下有

期徒刑或者拘役，并处罚金：

（一）多次索贿的；

（二）为他人谋取不正当利益，致使公共财产、国家和人民利益遭受损失的；

（三）为他人谋取职务提拔、调整的。

第二条 贪污或者受贿数额在二十万元以上不满三百万元的，应当认定为刑法第三百八十三条第一款规定的“数额巨大”，依法判处三年以上十年以下有期徒刑，并处罚金或者没收财产。

贪污数额在十万元以上不满二十万元，具有本解释第一条第二款规定的情形之一的，应当认定为刑法第三百八十三条第一款规定的“其他严重情节”，依法判处三年以上十年以下有期徒刑，并处罚金或者没收财产。

受贿数额在十万元以上不满二十万元，具有本解释第一条第三款规定的情形之一的，应当认定为刑法第三百八十三条第一款规定的“其他严重情节”，依法判处三年以上十年以下有期徒刑，并处罚金或者没收财产。

第三条 贪污或者受贿数额在三百万元以上的，应当认定为刑法第三百八十三条第一款规定的“数额特别巨大”，依法判处十年以上有期徒刑、无期徒刑或者死刑，并处罚金或者没收财产。

贪污数额在一百五十万元以上不满三百万元，具有本解释第一条第二款规定的情形之一的，应当认定为刑法第三百八十三条第一款规定的“其他特别严重情节”，依法判处十年以上有期徒刑、无期徒刑或者死刑，并处罚金或者没收财产。

受贿数额在一百五十万元以上不满三百万元，具有本解释第一条第三款规定的情形之一的，应当认定为刑法第三百八十三条第一款规定的“其他特别严重情节”，依法判处十年以上有期徒刑、无期徒刑或者死刑，并处罚金或者没收财产。

第四条 贪污、受贿数额特别巨大，犯罪情节特别严重、社会影响特别恶劣、给国家和人民利益造成特别重大损失的，可以判处死刑。

符合前款规定的情形，但具有自首，立功，如实供述自己罪行、真诚悔罪、积极退赃，或者避免、减少损害结果的发生等情节，不是必须立即执行的，可以判处死刑缓期二年执行。

符合第一款规定情形的，根据犯罪情节等情况可以判处死刑缓期二年执行，同时裁判决定在其死刑缓期执行二年期满依法减为无期徒刑后，终身监禁，不得减刑、假释。

第五条 挪用公款归个人使用，进行非法活动，数额在三万元以上的，应当依照刑法第三百八十四条的规定以挪用公款罪追究刑事责任；数额在三百万元以上的，应当认定为刑法第三百八十四条第一款规定的“数额巨大”。具有下列情形之一的，应当认定为刑法第三百八十四条第一款规定的“情节严重”：

（一）挪用公款数额在一百万元以上的；

（二）挪用救灾、抢险、防汛、优抚、扶贫、移民、救济特定款物，数额在五十万元以上不满一百万元的；

（三）挪用公款不退还，数额在五十万元以上不满一百万元的；

（四）其他严重的情节。

第六条 挪用公款归个人使用，进行营利活动或者超过三个月未还，数额在五万元以上的，应当认定为刑法第三百八十四条第一款规定的“数额较大”；数额在五百万元以上的，应当认定为刑法第三百八十四条第一款规定的“数额巨大”。具有下列情形之一的，应当认定为刑法第三百八十四条第一款规定的“情节严重”：

（一）挪用公款数额在二百万元以上的；

（二）挪用救灾、抢险、防汛、优抚、扶贫、移民、救济特定款物，数额在一百万元以上不满二百万元的；

（三）挪用公款不退还，数额在一百万元以上不满二百万元的；

（四）其他严重的情节。

第七条 为谋取不正当利益，向国家工作人员行贿，数额在三万元以上的，应当依照刑法第三百九十条的规定以行贿罪追究刑事责任。

行贿数额在一万元以上不满三万元，具有下列情形之一的，应当依照刑法第三百九十条的规定以行贿罪追究刑事责任：

（一）向三人以上行贿的；

（二）将违法所得用于行贿的；

（三）通过行贿谋取职务提拔、调整的；

（四）向负有食品、药品、安全生产、环境保护等监督管理职责的国家工作人员行贿，实施非法活动的；

（五）向司法工作人员行贿，影响司法公正的；

（六）造成经济损失数额在五十万元以上不满一百万元的。

第八条 犯行贿罪，具有下列情形之一的，应当认定为刑法第三百九十条第一款规定的“情节严重”：

（一）行贿数额在一百万元以上不满五百万元的；

（二）行贿数额在五十万元以上不满一百万元，并具有本解释第七条第二款第一项至第五项规定的情形之一的；

（三）其他严重的情节。

为谋取不正当利益，向国家工作人员行贿，造成经济损失数额在一百万元以上不满五百万元的，应当认定为刑法第三百九十条第一款规定的“使国家利益遭受重大损失”。

第九条 犯行贿罪，具有下列情形之一的，应当认定为刑法第三百九十条第一款规定的“情节特别严重”：

（一）行贿数额在五百万元以上的；

（二）行贿数额在二百五十万元以上不满五百万元，并具有本解释第七条第二款第一项至第五项规定的情形之一的；

（三）其他特别严重的情节。

为谋取不正当利益，向国家工作人员行贿，造成经济损失数额在五百万元以上的，应当认定为刑法第三百九十条第一款规定的“使国家利益遭受特别重大损失”。

第十条 刑法第三百八十八条之一规定的利用影响力受贿罪的定罪量刑适用标准，参照本解释关于受贿罪的规定执行。

刑法第三百九十条之一规定的对有影响力的人行贿罪的定罪量刑适用标准，参照本解释关于行贿罪的规定执行。

单位对有影响力的人行贿数额在二十万元以上的，应当依照刑法第三百九十条之一的规定以对有影响力的人行贿罪追究刑事责任。

第十一条 刑法第一百六十三条规定的非国家工作人员受贿罪、第二百七十一条规定的职务侵占罪中的“数额较大”“数额巨大”的数额起点，按照本解释关于受贿罪、贪污罪相对应的数额标准规定的二倍、五倍执行。

刑法第二百七十二条规定的挪用资金罪中的“数额较大”“数额巨大”以及“进行非法活动”情形的数额起点，按照本解释关于挪用公款罪“数额较大”“情节严重”以及“进行非法活动”的数额标准规定的二倍执行。

刑法第一百六十四条第一款规定的对非国家工作人员行贿罪中的

“数额较大”“数额巨大”的数额起点，按照本解释第七条、第八条第一款关于行贿罪的数额标准规定的二倍执行。

第十二条　贿赂犯罪中的“财物”，包括货币、物品和财产性利益。财产性利益包括可以折算为货币的物质利益如房屋装修、债务免除等，以及需要支付货币的其他利益如会员服务、旅游等。后者的犯罪数额，以实际支付或者应当支付的数额计算。

第十三条　具有下列情形之一的，应当认定为“为他人谋取利益”，构成犯罪的，应当依照刑法关于受贿犯罪的规定定罪处罚：

（一）实际或者承诺为他人谋取利益的；

（二）明知他人有具体请托事项的；

（三）履职时未被请托，但事后基于该履职事由收受他人财物的。

国家工作人员索取、收受具有上下级关系的下属或者具有行政管理关系的被管理人员的财物价值三万元以上，可能影响职权行使的，视为承诺为他人谋取利益。

第十四条　根据行贿犯罪的事实、情节，可能被判处三年有期徒刑以下刑罚的，可以认定为刑法第三百九十条第二款规定的“犯罪较轻”。

根据犯罪的事实、情节，已经或者可能被判处十年有期徒刑以上刑罚的，或者案件在本省、自治区、直辖市或者全国范围内有较大影响的，可以认定为刑法第三百九十条第二款规定的“重大案件”。

具有下列情形之一的，可以认定为刑法第三百九十条第二款规定的“对侦破重大案件起关键作用”：

（一）主动交待办案机关未掌握的重大案件线索的；

（二）主动交待的犯罪线索不属于重大案件的线索，但该线索对于重大案件侦破有重要作用的；

（三）主动交待行贿事实，对于重大案件的证据收集有重要作用的；

（四）主动交待行贿事实，对于重大案件的追逃、追赃有重要作用的。

第十五条 对多次受贿未经处理的，累计计算受贿数额。

国家工作人员利用职务上的便利为请托人谋取利益前后多次收受请托人财物，受请托之前收受的财物数额在一万元以上的，应当一并计入受贿数额。

第十六条 国家工作人员出于贪污、受贿的故意，非法占有公共财物、收受他人财物之后，将赃款赃物用于单位公务支出或者社会捐赠的，不影响贪污罪、受贿罪的认定，但量刑时可以酌情考虑。

特定关系人索取、收受他人财物，国家工作人员知道后未退还或者上交的，应当认定国家工作人员具有受贿故意。

第十七条 国家工作人员利用职务上的便利，收受他人财物，为他人谋取利益，同时构成受贿罪和刑法分则第三章第三节、第九章规定的渎职犯罪的，除刑法另有规定外，以受贿罪和渎职犯罪数罪并罚。

第十八条 贪污贿赂犯罪分子违法所得的一切财物，应当依照刑法第六十四条的规定予以追缴或者责令退赔，对被害人的合法财产应当及时返还。对尚未追缴到案或者尚未足额退赔的违法所得，应当继续追缴或者责令退赔。

第十九条 对贪污罪、受贿罪判处三年以下有期徒刑或者拘役的，应当并处十万元以上五十万元以下的罚金；判处三年以上十年以下有期徒刑的，应当并处二十万元以上犯罪数额二倍以下的罚金或者没收财产；判处十年以上有期徒刑或者无期徒刑的，应当并处五十万元以上犯罪数额二倍以下的罚金或者没收财产。

对刑法规定并处罚金的其他贪污贿赂犯罪，应当在十万元以上犯罪数额二倍以下判处罚金。

第二十条 本解释自2016年4月18日起施行。最高人民法院、最高人民检察院此前发布的司法解释与本解释不一致的，以本解释为准。

最高人民法院关于审理挪用公款案件具体应用法律若干问题的解释

（1998年4月29日 法释〔1998〕9号）

为依法惩处挪用公款犯罪，根据刑法的有关规定，现对办理挪用公款案件具体应用法律的若干问题解释如下：

第一条 刑法第三百八十四条规定的“挪用公款归个人使用”，包括挪用者本人使用或者给他人使用。

挪用公款给私有公司、私有企业使用的，属于挪用公款归个人使用。

第二条 对挪用公款罪，应区分三种不同情况予以认定：

（一）挪用公款归个人使用，数额较大、超过三个月未还的，构成挪用公款罪。

挪用正在生息或者需要支付利息的公款归个人使用，数额较大，超过三个月但在案发前全部归还本金的，可以从轻处罚或者免除处罚。给国家、集体造成的利息损失应予追缴。挪用公款数额巨大，超过三个月，案发前全部归还的，可以酌情从轻处罚。

（二）挪用公款数额较大，归个人进行营利活动的，构成挪用公款罪，不受挪用时间和是否归还的限制。在案发前部分或者全部归还本息的，可以从轻处罚；情节轻微的，可以免除处罚。

挪用公款存入银行、用于集资、购买股票、国债等，属于挪用公款进行营利活动。所获取的利息、收益等违法所得，应当追缴，但不计入挪用公款的数额。

（三）挪用公款归个人使用，进行赌博、走私等非法活动的，构成挪用公款罪，不受“数额较大”和挪用时间的限制。

挪用公款给他人使用，不知道使用人用公款进行营利活动或者用于非法活动，数额较大、超过三个月未还的，构成挪用公款罪；明知使用人用于营利活动或者非法活动的，应当认定为挪用人挪用公款进行营利活动或者非法活动。

第三条 挪用公款归个人使用，“数额较大、进行营利活动的”，或者“数额较大、超过三个月未还的”，以挪用公款一万元至三万元为“数额较大”的起点，以挪用公款十五万元至二十万元为“数额巨大”的起点。挪用公款“情节严重”，是指挪用公款数额巨大，或者数额虽未达到巨大，但挪用公款手段恶劣；多次挪用公款；因挪用公款严重影响生产、经营，造成严重损失等情形。

“挪用公款归个人使用，进行非法活动的”，以挪用公款五千元至一万元为追究刑事责任的数额起点。挪用公款五万元至十万元以上的，属于挪用公款归个人使用，进行非法活动“情节严重”的情形之一。挪用公款归个人使用，进行非法活动，情节严重的其他情形，按照本条第一款的规定执行。

各高级人民法院可以根据本地实际情况，按照本解释规定的数额幅度，确定本地区执行的具体数额标准，并报最高人民法院备案。

挪用救灾、抢险、防汛、优抚、扶贫、移民、救济款物归个人使用的数额标准，参照挪用公款归个人使用进行非法活动的数额标准。

第四条 多次挪用公款不还，挪用公款数额累计计算；多次挪用公款，并以后次挪用的公款归还前次挪用的公款，挪用公款数额以案发时未还的实际数额认定。

第五条 “挪用公款数额巨大不退还的”，是指挪用公款数额巨大，因客观原因在一审宣判前不能退还的。

第六条 携带挪用的公款潜逃的，依照刑法第三百八十二条、第三百八十三条的规定定罪处罚。

第七条 因挪用公款索取、收受贿赂构成犯罪的，依照数罪并罚的规定处罚。

挪用公款进行非法活动构成其他犯罪的，依照数罪并罚的规定处罚。

第八条 挪用公款给他人使用，使用人与挪用人共谋，指使或者参与策划取得挪用款的，以挪用公款罪的共犯定罪处罚。

最高人民法院、最高人民检察院关于办理受贿刑事案件适用法律若干问题的意见

（2007 年 7 月 8 日　法发〔2007〕22 号）

为依法惩治受贿犯罪活动，根据刑法有关规定，现就办理受贿刑事案件具体适用法律若干问题，提出以下意见：

一、关于以交易形式收受贿赂问题

国家工作人员利用职务上的便利为请托人谋取利益，以下列交易形式收受请托人财物的，以受贿论处：

（1）以明显低于市场的价格向请托人购买房屋、汽车等物品的；

（2）以明显高于市场的价格向请托人出售房屋、汽车等物品的；

（3）以其他交易形式非法收受请托人财物的。

受贿数额按照交易时当地市场价格与实际支付价格的差额计算。

前款所列市场价格包括商品经营者事先设定的不针对特定人的最低优惠价格。根据商品经营者事先设定的各种优惠交易条件，以优惠价格购买商品的，不属于受贿。

二、关于收受干股问题

干股是指未出资而获得的股份。国家工作人员利用职务上的便利为请托人谋取利益，收受请托人提供的干股的，以受贿论处。进行了股权转让登记，或者相关证据证明股份发生了实际转让的，受贿数额按转让行为时股份价值计算，所分红利按受贿孳息处理。股份未实际转让，以股份分红名义获取利益的，实际获利数额应当认定为受贿数额。

三、关于以开办公司等合作投资名义收受贿赂问题

国家工作人员利用职务上的便利为请托人谋取利益，由请托人出资，"合作"开办公司或者进行其他"合作"投资的，以受贿论处。受贿数额为请托人给国家工作人员的出资额。

国家工作人员利用职务上的便利为请托人谋取利益，以合作开办公司或者其他合作投资的名义获取"利润"，没有实际出资和参与管理、经营的，以受贿论处。

四、关于以委托请托人投资证券、期货或者其他委托理财的名义收受贿赂问题

国家工作人员利用职务上的便利为请托人谋取利益，以委托请托人投资证券、期货或者其他委托理财的名义，未实际出资而获取"收益"，或者虽然实际出资，但获取"收益"明显高于出资应得收益的，

以受贿论处。受贿数额，前一情形，以“收益”额计算；后一情形，以“收益”额与出资应得收益额的差额计算。

五、关于以赌博形式收受贿赂的认定问题

根据《最高人民法院、最高人民检察院关于办理赌博刑事案件具体应用法律若干问题的解释》第七条规定，国家工作人员利用职务上的便利为请托人谋取利益，通过赌博方式收受请托人财物的，构成受贿。

实践中应注意区分贿赂与赌博活动、娱乐活动的界限。具体认定时，主要应当结合以下因素进行判断：（1）赌博的背景、场合、时间、次数；（2）赌资来源；（3）其他赌博参与者有无事先通谋；（4）输赢钱物的具体情况和金额大小。

六、关于特定关系人“挂名”领取薪酬问题

国家工作人员利用职务上的便利为请托人谋取利益，要求或者接受请托人以给特定关系人安排工作为名，使特定关系人不实际工作却获取所谓薪酬的，以受贿论处。

七、关于由特定关系人收受贿赂问题

国家工作人员利用职务上的便利为请托人谋取利益，授意请托人以本意见所列形式，将有关财物给予特定关系人的，以受贿论处。

特定关系人与国家工作人员通谋，共同实施前款行为的，对特定关系人以受贿罪的共犯论处。特定关系人以外的其他人与国家工作人员通谋，由国家工作人员利用职务上的便利为请托人谋取利益，收受请托人财物后双方共同占有的，以受贿罪的共犯论处。

八、关于收受贿赂物品未办理权属变更问题

国家工作人员利用职务上的便利为请托人谋取利益，收受请托人房屋、汽车等物品，未变更权属登记或者借用他人名义办理权属变更

登记的，不影响受贿的认定。

认定以房屋、汽车等物品为对象的受贿，应注意与借用的区分。具体认定时，除双方交代或者书面协议之外，主要应当结合以下因素进行判断:（1）有无借用的合理事由；（2）是否实际使用；（3）借用时间的长短；（4）有无归还的条件；（5）有无归还的意思表示及行为。

九、关于收受财物后退还或者上交问题

国家工作人员收受请托人财物后及时退还或者上交的，不是受贿。

国家工作人员受贿后，因自身或者与其受贿有关联的人、事被查处，为掩饰犯罪而退还或者上交的，不影响认定受贿罪。

十、关于在职时为请托人谋利，离职后收受财物问题

国家工作人员利用职务上的便利为请托人谋取利益之前或者之后，约定在其离职后收受请托人财物，并在离职后收受的，以受贿论处。

国家工作人员利用职务上的便利为请托人谋取利益，离职前后连续收受请托人财物的，离职前后收受部分均应计入受贿数额。

十一、关于“特定关系人”的范围

本意见所称“特定关系人”，是指与国家工作人员有近亲属、情妇（夫）以及其他共同利益关系的人。

十二、关于正确贯彻宽严相济刑事政策的问题

依照本意见办理受贿刑事案件，要根据刑法关于受贿罪的有关规定和受贿罪权钱交易的本质特征，准确区分罪与非罪、此罪与彼罪的界限，惩处少数，教育多数。在从严惩处受贿犯罪的同时，对于具有自首、立功等情节的，依法从轻、减轻或者免除处罚。

最高人民检察院关于人民检察院直接受理立案侦查案件立案标准的规定（试行）

（1999年9月16日　高检发释字〔1999〕2号）

根据《中华人民共和国刑法》、《中华人民共和国刑事诉讼法》和其他法律的有关规定，对人民检察院直接受理立案侦查案件的立案标准规定如下：

一、贪污贿赂犯罪案件

（一）贪污案（第382条、第383条，第183条第2款，第271条第2款，第394条）

贪污罪是指国家工作人员利用职务上的便利，侵吞、窃取、骗取或者以其他手段非法占有公共财物的行为。

“利用职务上的便利”是指利用职务上主管、管理、经手公共财物的权力及方便条件。

受国家机关、国有公司、企业、事业单位、人民团体委托管理、经营国有财产的人员，利用职务上的便利，侵吞、窃取、骗取或者以其他手段非法占有国有财物的，以贪污罪追究其刑事责任。

“受委托管理、经营国有财产”是指因承包、租赁、聘用等而管理、经营国有财产。

国有保险公司的工作人员和国有保险公司委派到非国有保险公司从事公务的人员利用职务上的便利，故意编造未曾发生的保险事故进行虚假理赔，骗取保险金归自己所有的，以贪污罪追究刑事责任。

国有公司、企业或者其他国有单位中从事公务的人员和国有公司、企业或者其他国有单位委派到非国有公司、企业以及其他非国有单位从事公务的人员，利用职务上的便利，将本单位财物非法占为己有的，以贪污罪追究刑事责任。

国家工作人员在国内公务活动或者对外交往中接受礼物，依照国家规定应当交公而不交公，数额较大的，以贪污罪追究刑事责任。

涉嫌下列情形之一的，应予立案：

1. 个人贪污数额在5000元以上的；

2. 个人贪污数额不满5000元，但具有贪污救灾、抢险、防汛、防疫、优抚、扶贫、移民、救济款物及募捐款物、赃款赃物、罚没款物、暂扣款物，以及贪污手段恶劣、毁灭证据、转移赃物等情节的。

（二）挪用公款案（第384条，第185条第2款，第272条第2款）

挪用公款罪是指国家工作人员利用职务上的便利，挪用公款归个人使用，进行非法活动的，或者挪用公款数额较大、进行营利活动的，或者挪用公款数额较大、超过3个月未还的行为。

国有金融机构工作人员和国有金融机构委派到非国有金融机构从事公务的人员，利用职务上的便利，挪用本单位或者客户资金的，以挪用公款罪追究刑事责任。

国有公司、企业或者其他国有单位中从事公务的人员和国有公司、企业或者其他国有单位委派到非国有公司、企业以及其他单位从事公务的人员，利用职务上的便利，挪用本单位资金归个人使用或者借贷给他人，数额较大，超过3个月未还的，或者虽未超过3个月，但数额较大，进行营利活动的，或者进行非法活动的，以挪用公款罪追究刑事责任。

涉嫌下列情形之一的，应予立案：

1. 挪用公款归个人使用，数额在5000元至1万元以上，进行非法活动的；

2. 挪用公款数额在1万元至3万元以上，归个人进行营利活动的；

3. 挪用公款归个人使用，数额在1万元至3万元以上，超过3个月未还的。

各省级人民检察院可以根据本地实际情况，在上述数额幅度内，确定本地区执行的具体数额标准，并报最高人民检察院备案。

“挪用公款归个人使用”，既包括挪用者本人使用，也包括给他人使用。

多次挪用公款不还的，挪用公款数额累计计算；多次挪用公款并以后次挪用的公款归还前次挪用的公款，挪用公款数额以案发时未还的数额认定。

挪用公款给其他个人使用的案件，使用人与挪用人共谋，指使或者参与策划取得挪用款的，对使用人以挪用公款罪的共犯追究刑事责任。

（三）受贿案（第385条、第386条，第388条，第163条第3款，第184条第2款）

受贿罪是指国家工作人员利用职务上的便利，索取他人财物的，或者非法收受他人财物，为他人谋取利益的行为。

“利用职务上的便利”，是指利用本人职务范围内的权力，即自己职务上主管、负责或者承办某项公共事务的职权及其所形成的便利条件。

索取他人财物的，不论是否“为他人谋取利益”，均可构成受贿罪。非法收受他人财物的，必须同时具备“为他人谋取利益”的条件，才能构成受贿罪。但是为他人谋取的利益是否正当，为他人谋取的利益是否实现，不影响受贿罪的认定。

国家工作人员在经济往来中，违反国家规定，收受各种名义的回扣、手续费，归个人所有的，以受贿罪追究刑事责任。

国有公司、企业中从事公务的人员和国有公司、企业委派到非国有公司、企业从事公务的人员利用职务上的便利，索取他人财物或者非法收受他人财物，为他人谋取利益，或者在经济往来中，违反国家规定，收受各种名义的回扣、手续费，归个人所有的，以受贿罪追究刑事责任。

国有金融机构工作人员和国有金融机构委派到非国有金融机构从事公务的人员在金融业务活动中索取他人财物或者非法收受他人财物，为他人谋取利益的，或者违反国家规定，收受各种名义的回扣、手续费归个人所有的，以受贿罪追究刑事责任。

国家工作人员利用本人职权或者地位形成的便利条件，通过其他国家工作人员职务上的行为，为请托人谋取不正当利益，索取请托人财物或者收受请托人财物的，以受贿罪追究刑事责任。

涉嫌下列情形之一的，应予立案：

1. 个人受贿数额在 5000 元以上的；

2. 个人受贿数额不满 5000 元，但具有下列情形之一的：

（1）因受贿行为而使国家或者社会利益遭受重大损失的；

（2）故意刁难、要挟有关单位、个人，造成恶劣影响的；

（3）强行索取财物的。

（四）单位受贿案（第 387 条）

单位受贿罪是指国家机关、国有公司、企业、事业单位、人民团体，索取、非法收受他人财物，为他人谋取利益，情节严重的行为。

索取他人财物或者非法收受他人财物，必须同时具备为他人谋取利益的条件，且是情节严重的行为，才能构成单位受贿罪。

国家机关、国有公司、企业、事业单位、人民团体，在经济往来中，在账外暗中收受各种名义的回扣、手续费的，以单位受贿罪追究刑事责任。

涉嫌下列情形之一的，应予立案：

1. 单位受贿数额在 10 万元以上的；

2. 单位受贿数额不满 10 万元，但具有下列情形之一的：

（1）故意刁难、要挟有关单位、个人，造成恶劣影响的；

（2）强行索取财物的；

（3）致使国家或者社会利益遭受重大损失的。

（五）行贿案（第 389 条、第 390 条）

行贿罪是指为谋取不正当利益，给予国家工作人员以财物的行为。

在经济往来中，违反国家规定，给予国家工作人员以财物，数额较大的，或者违反国家规定，给予国家工作人员以各种名义的回扣、手续费的，以行贿罪追究刑事责任。

涉嫌下列情形之一的，应予立案：

1. 行贿数额在 1 万元以上的；

2. 行贿数额不满 1 万元，但具有下列情形之一的：

（1）为谋取非法利益而行贿的；

（2）向 3 人以上行贿的；

（3）向党政领导、司法工作人员、行政执法人员行贿的；

（4）致使国家或者社会利益遭受重大损失的。

因被勒索给予国家工作人员以财物，已获得不正当利益的，以行贿罪追究刑事责任。

（六）对单位行贿案（第391条）

对单位行贿罪是指为谋取不正当利益，给予国家机关、国有公司、企业、事业单位、人民团体以财物，或者在经济往来中，违反国家规定，给予上述单位各种名义的回扣、手续费的行为。

涉嫌下列情形之一的，应予立案：

1. 个人行贿数额在10万元以上、单位行贿数额在20万元以上的；

2. 个人行贿数额不满10万元、单位行贿数额在10万元以上不满20万元，但具有下列情形之一的：

（1）为谋取非法利益而行贿的；

（2）向3个以上单位行贿的；

（3）向党政机关、司法机关、行政执法机关行贿的；

（4）致使国家或者社会利益遭受重大损失的。

（七）介绍贿赂案（第392条）

介绍贿赂罪是指向国家工作人员介绍贿赂，情节严重的行为。

“介绍贿赂”是指在行贿人与受贿人之间沟通关系、撮合条件，使贿赂行为得以实现的行为。

涉嫌下列情形之一的，应予立案：

1. 介绍个人向国家工作人员行贿，数额在2万元以上的；介绍单位向国家工作人员行贿，数额在20万元以上的；

2. 介绍贿赂数额不满上述标准，但具有下列情形之一的：

（1）为使行贿人获取非法利益而介绍贿赂的；

（2）3次以上或者为3人以上介绍贿赂的；

（3）向党政领导、司法工作人员、行政执法人员介绍贿赂的；

（4）致使国家或者社会利益遭受重大损失的。

（八）单位行贿案（第 393 条）

单位行贿罪是指公司、企业、事业单位、机关、团体为谋取不正当利益而行贿，或者违反国家规定，给予国家工作人员以回扣、手续费，情节严重的行为。

涉嫌下列情形之一的，应予立案：

1. 单位行贿数额在 20 万元以上的；

2. 单位为谋取不正当利益而行贿，数额在 10 万元以上不满 20 万元，但具有下列情形之一的：

（1）为谋取非法利益而行贿的；

（2）向 3 人以上行贿的；

（3）向党政领导、司法工作人员、行政执法人员行贿的；

（4）致使国家或者社会利益遭受重大损失的。

因行贿取得的违法所得归个人所有的，依照本规定关于个人行贿的规定立案，追究其刑事责任。

（九）巨额财产来源不明案（第 395 条第 1 款）

巨额财产来源不明罪是指国家工作人员的财产或者支出明显超出合法收入，差额巨大，而本人又不能说明其来源是合法的行为。

涉嫌巨额财产来源不明，数额在 30 万元以上的，应予立案。

（十）隐瞒境外存款案（第 395 条第 2 款）

隐瞒境外存款罪是指国家工作人员违反国家规定，故意隐瞒不报在境外的存款，数额较大的行为。

涉嫌隐瞒境外存款，折合人民币数额在 30 万元以上的，应予立案。

（十一）私分国有资产案（第 396 条第 1 款）

私分国有资产罪是指国家机关、国有公司、企业、事业单位、人民团体，违反国家规定，以单位名义将国有资产集体私分给个人，数额较大的行为。

涉嫌私分国有资产，累计数额在10万元以上的，应予立案。

（十二）私分罚没财物案（第396条第2款）

私分罚没财物罪是指司法机关、行政执法机关违反国家规定，将应当上缴国家的罚没财物，以单位名义集体私分给个人的行为。

涉嫌私分罚没财物，累计数额在10万元以上，应予立案。

二、渎职犯罪案件

（一）滥用职权案（第397条）

滥用职权罪是指国家机关工作人员超越职权，违法决定、处理其无权决定、处理的事项，或者违反规定处理公务，致使公共财产、国家和人民利益遭受重大损失的行为。

涉嫌下列情形之一的，应予立案：

1. 造成死亡1人以上，或者重伤2人以上，或者轻伤5人以上的；
2. 造成直接经济损失20万元以上的；
3. 造成有关公司、企业等单位停产、严重亏损、破产的；
4. 严重损害国家声誉，或者造成恶劣社会影响的；
5. 其他致使公共财产、国家和人民利益遭受重大损失的情形；
6. 徇私舞弊，具有上述情形之一的。

（二）玩忽职守案（第397条）

玩忽职守罪是指国家机关工作人员严重不负责任，不履行或者不认真履行职责，致使公共财产、国家和人民利益遭受重大损失的行为。

涉嫌下列情形之一的，应予立案：

1. 造成死亡1人以上，或者重伤3人以上，或者轻伤10人以上的；
2. 造成直接经济损失30万元以上的，或者直接经济损失不满30

万元，但间接经济损失超过 100 万元的；

3. 徇私舞弊，造成直接经济损失 20 万元以上的；

4. 造成有关公司、企业等单位停产、严重亏损、破产的；

5. 严重损害国家声誉，或者造成恶劣社会影响的；

6. 海关、外汇管理部门的工作人员严重不负责任，造成巨额外汇被骗或者逃汇的；

7. 其他致使公共财产、国家和人民利益遭受重大损失的情形；

8. 徇私舞弊，具有上述情形之一的。

（三）故意泄露国家秘密案（第 398 条）

故意泄露国家秘密罪是指国家机关工作人员或者非国家机关工作人员违反保守国家秘密法，故意使国家秘密被不应知悉者知悉，或者故意使国家秘密超出了限定的接触范围，情节严重的行为。

国家机关工作人员涉嫌故意泄露国家秘密行为，具有下列情形之一的，应予立案：

1. 泄露绝密级或机密级国家秘密的；

2. 泄露秘密级国家秘密 3 项以上的；

3. 向公众散布、传播国家秘密的；

4. 泄露国家秘密已造成严重危害后果的；

5. 利用职权指使或者强迫他人违反国家保守秘密法的规定泄露国家秘密的；

6. 以牟取私利为目的泄露国家秘密的；

7. 其他情节严重的情形。

非国家机关工作人员涉嫌故意泄露国家秘密犯罪行为的立案标准参照上述标准执行。

（四）过失泄露国家秘密案（第 398 条）

过失泄露国家秘密罪是指国家机关工作人员或者非国家机关工作人员违反保守国家秘密法，过失泄露国家秘密，或者遗失秘密文件，致使国家秘密被不应知悉者知悉或者超出了限定的接触范围，情节严重的行为。

国家机关工作人员涉嫌过失泄露国家秘密行为，具有下列情形之一的，应予立案：

1. 泄露绝密级国家秘密的；

2. 泄露机密级国家秘密 3 项以上的；

3. 泄露秘密级国家秘密 3 项以上，造成严重危害后果的；

4. 泄露国家秘密或者遗失秘密文件不如实提供有关情况的；

5. 其他情节严重的情形。

非国家机关工作人员涉嫌过失泄露国家秘密犯罪行为的立案标准参照上述标准执行。

（五）枉法追诉、裁判案（第 399 条）

枉法追诉、裁判罪是指司法工作人员徇私枉法、徇情枉法，对明知是无罪的人而使他受追诉、对明知是有罪的人而故意包庇不使他受追诉，或者在刑事审判活动中故意违背事实和法律作枉法裁判的行为。

涉嫌下列情形之一的，应予立案：

1. 对明知是无罪的人，采取伪造、隐匿、毁灭证据或者其他隐瞒事实、违背法律的手段，以追究刑事责任为目的进行立案、侦查（含采取强制措施）、起诉、审判的；

2. 对明知是有罪的人，即对明知有犯罪事实需要追究刑事责任的人，采取伪造、隐匿、毁灭证据或者其他隐瞒事实、违背法律的手段，故意包庇使其不受立案、侦查（含采取强制措施）、起诉、审判的；

3. 在立案后，故意违背事实和法律，应该采取强制措施而不采取强制措施，或者虽然采取强制措施，但无正当理由中断侦查或者超过法定期限不采取任何措施，实际放任不管，以及违法撤销、变更强制措施，致使犯罪嫌疑人、被告人实际脱离司法机关侦控的；

4. 在刑事审判活动中故意违背事实和法律，作出枉法判决、裁定，即有罪判无罪、无罪判有罪，或者重罪轻判、轻罪重判的；

5. 其他枉法追诉、不追诉、枉法裁判行为。

（六）民事、行政枉法裁判案（第 399 条）

民事、行政枉法裁判罪是指审判人员在民事、行政审判活动中，故意违背事实和法律作枉法裁判，情节严重的行为。

涉嫌下列情形之一的，应予立案：

1. 枉法裁判，致使公民财产损失或者法人或者其他组织财产损失重大的；

2. 枉法裁判，引起当事人及其亲属自杀、伤残、精神失常的；

3. 伪造有关材料、证据，制造假案枉法裁判的；

4. 串通当事人制造伪证，毁灭证据或者篡改庭审笔录而枉法裁判的；

5. 其他情节严重的情形。

（七）私放在押人员案（第 400 条第 1 款）

私放在押人员罪是指司法工作人员私放在押（包括在羁押场所和押解途中）的犯罪嫌疑人、被告人或者罪犯的行为。

涉嫌下列情形之一的，应予立案：

1. 私自将在押的犯罪嫌疑人、被告人、罪犯放走，或者授意、指使、强迫他人将在押的犯罪嫌疑人、被告人、罪犯放走的；

2. 伪造、变造有关法律文书，以使在押的犯罪嫌疑人、被告人、罪犯脱逃的；

3. 为在押的犯罪嫌疑人、被告人、罪犯通风报信、提供条件，帮助其脱逃的；

4. 其他私放在押的犯罪嫌疑人、被告人、罪犯的行为。

（八）失职致使在押人员脱逃案（第 400 条第 2 款）

失职致使在押人员脱逃罪是指司法工作人员由于严重不负责任，不履行或者不认真履行职责，致使在押的犯罪嫌疑人、被告人、罪犯脱逃，造成严重后果的行为。

涉嫌下列情形之一的，应予立案：

1. 致使依法可能判处或者已经判处 10 年以上有期徒刑、无期徒刑、死刑的犯罪嫌疑人、被告人、罪犯脱逃的；

2.3 次以上致使犯罪嫌疑人、被告人、罪犯脱逃，或者一次致使 3 名以上犯罪嫌疑人、被告人、罪犯脱逃的；

3. 犯罪嫌疑人、被告人、罪犯脱逃以后，打击报复控告人、检举人、被害人、证人和司法工作人员等，或者继续犯罪，危害社会的；

4. 其他致使在押的犯罪嫌疑人、被告人、罪犯脱逃，造成严重后果的行为。

（九）徇私舞弊减刑、假释、暂予监外执行案（第 401 条）

徇私舞弊减刑、假释、暂予监外执行罪是指司法工作人员徇私舞弊，对不符合减刑、假释、暂予监外执行条件的罪犯予以减刑、假释、暂予监外执行的行为。

涉嫌下列情形之一的，应予立案：

1. 刑罚执行机关的工作人员对不符合减刑、假释、暂予监外执行条件的罪犯，捏造事实，伪造材料，违法报请减刑、假释、暂予监外执行的；

2. 人民法院和监狱管理机关以及公安机关的工作人员为徇私情、私利，对不符合减刑、假释、暂予监外执行条件的罪犯的减刑、假释、暂予监外执行申请，违法裁定、决定减刑、假释、暂予监外执行的；

3. 不具有报请、裁定或决定减刑、假释、暂予监外执行权的司法工作人员利用职务上的便利，徇私情、私利，伪造有关材料，导致不符合减刑、假释、暂予监外执行条件的罪犯被减刑、假释、暂予监外执行的；

4. 其他违法减刑、假释、暂予监外执行的行为。

（十）徇私舞弊不移交刑事案件案（第402条）

徇私舞弊不移交刑事案件罪是指行政执法人员，徇私情、私利，伪造材料，隐瞒情况，弄虚作假，对依法应当移交司法机关追究刑事责任的刑事案件，不移交司法机关处理，情节严重的行为。

涉嫌下列情形之一的，应予立案：

1. 对依法可能判处3年以上有期徒刑、无期徒刑、死刑的犯罪案件不移交的；

2.3次以上不移交犯罪案件，或者一次不移交犯罪案件涉及3名以上犯罪嫌疑人的；

3. 司法机关发现并提出意见后，无正当理由仍然不予移交的；

4. 以罚代刑，放纵犯罪嫌疑人，致使犯罪嫌疑人继续进行违法犯罪活动的；

5. 行政执法部门主管领导阻止移交的；

6. 隐瞒、毁灭证据，伪造材料，改变刑事案件性质的；

7. 直接负责的主管人员和其他直接责任人员为牟取本单位私利而不移交刑事案件，情节严重的；

8. 其他情节严重的情形。

（十一）滥用管理公司、证券职权案（第403条）

滥用管理公司、证券职权罪是指工商行政管理、人民银行、证券管理等国家有关主管部门的工作人员徇私舞弊，滥用职权，对不符合法律规定条件的公司设立、登记申请或者股票、债券发行、上市申请予以批准或者登记，致使公共财产、国家和人民利益遭受重大损失的行为，以及上级部门、当地政府强令登记机关及其工作人员实施上述行为的行为。

涉嫌下列情形之一的，应予立案：

1. 工商管理部门的工作人员对不符合法律规定条件的公司设立、登记申请，违法予以批准、登记，严重扰乱市场秩序的；

2. 金融证券管理机构工作人员对不符合法律规定条件的股票、债券发行、上市申请，违法予以批准，严重损害公众利益，或者严重扰乱金融秩序的；

3. 工商管理部门、金融证券管理机构的工作人员对不符合法律规定条件的公司设立、登记申请或者股票、债券发行、上市申请违法予以批准或者登记，致使犯罪行为得逞的；

4. 上级部门强令登记机关及其工作人员实施徇私舞弊，滥用职权，对不符合法律规定条件的公司设立、登记申请或者股票、债券发行、上市申请予以批准或者登记，致使公共财产、国家或者人民利益遭受重大损失的；

5. 其他致使公共财产、国家和人民利益遭受重大损失的情形。

（十二）徇私舞弊不征、少征税款案（第404条）

徇私舞弊不征、少征税款罪是指税务机关工作人员徇私舞弊，不征、少征应征税款，致使国家税收遭受重大损失的行为。

涉嫌下列情形之一的，应予立案：

1. 为徇私情、私利，违反规定，对应当征收的税款擅自决定停征、减征或者免征，或者伪造材料，隐瞒情况，弄虚作假，不征、少征应征税款，致使国家税收损失累计达10万元以上的；

2. 徇私舞弊不征、少征应征税款不满10万元，但具有索取或者收受贿赂或者其他恶劣情节的。

（十三）徇私舞弊发售发票、抵扣税款、出口退税案（第405条第1款）

徇私舞弊发售发票、抵扣税款、出口退税罪是指税务机关工作人员违反法律、行政法规的规定，在办理发售发票、抵扣税款、出口退税工作中徇私舞弊，致使国家利益遭受重大损失的行为。

涉嫌下列情形之一的，应予立案：

1. 为徇私情、私利，违反法律、行政法规的规定，伪造材料，隐瞒情况，弄虚作假，对不应发售的发票予以发售，对不应抵扣的税款予以抵扣，对不应给予出口退税的给予退税，或者擅自决定发售不应发售的发票、抵扣不应抵扣的税款、给予出口退税，致使国家税收损失累计达10万元以上的；

2. 徇私舞弊，致使国家税收损失累计不满10万元，但具有索取、收受贿赂或者其他恶劣情节的。

（十四）违法提供出口退税凭证案（第405条第2款）

违法提供出口退税凭证罪是指海关、商检、外汇管理等国家机关工作人员违反国家规定，在提供出口货物报关单、出口收汇核销单等出口退税凭证的工作中徇私舞弊，致使国家利益遭受重大损失的行为。

涉嫌下列情形之一的，应予立案：

1. 为徇私情、私利，违反国家规定，伪造材料，隐瞒情况，弄虚作假，提供不真实的出口货物报关单、出口收汇核销单等出口退税凭证，致使国家税收损失累计达 10 万元以上的；

2. 徇私舞弊，致使国家税收损失累计不满 10 万元，但具有索取、收受贿赂或者其他恶劣情节的。

（十五）国家机关工作人员签订、履行合同失职被骗案（第 406 条）

国家机关工作人员签订、履行合同失职被骗罪是指国家机关工作人员在签订、履行合同过程中，因严重不负责任，不履行或者不认真履行职责被诈骗，致使国家利益遭受重大损失的行为。

涉嫌下列情形之一的，应予立案：

1. 造成直接经济损失 30 万元以上的；

2. 其他致使国家利益遭受重大损失的情形。

（十六）违法发放林木采伐许可证案（第 407 条）

违法发放林木采伐许可证罪是指林业主管部门的工作人员违反森林法的规定，超过批准的年采伐限额发放林木采伐许可证或者违反规定滥发林木采伐许可证，情节严重，致使森林遭受严重破坏的行为。

涉嫌下列情形之一的，应予立案：

1. 发放林木采伐许可证允许采伐数量累计超过批准的年采伐限额，导致林木被伐数量超过 10 立方米的；

2. 滥发林木采伐许可证，导致林木被滥伐 20 立方米以上的；

3. 滥发林木采伐许可证，导致珍贵树木被滥伐的；

4. 批准采伐国家禁止采伐的林木，情节恶劣的；

5. 其他情节严重，致使森林遭受严重破坏的情形。

（十七）环境监管失职案（第 408 条）

环境监管失职罪是指负有环境保护监督管理职责的国家机关工作

人员严重不负责任，不履行或不认真履行环境保护监管职责导致发生重大环境污染事故，致使公私财产遭受重大损失或者造成人身伤亡的严重后果的行为。

涉嫌下列情形之一的，应予立案：

1. 造成直接经济损失 30 万元以上的；

2. 造成人员死亡 1 人以上，或者重伤 3 人以上，或者轻伤 10 人以上的；

3. 使一定区域内的居民的身心健康受到严重危害的；

4. 其他致使公私财产遭受重大损失或者造成人身伤亡严重后果的情形。

（十八）传染病防治失职案（第 409 条）

传染病防治失职罪是指从事传染病防治的政府卫生行政部门的工作人员严重不负责任，不履行或者不认真履行传染病防治监管职责导致传染病传播或者流行，情节严重的行为。

涉嫌下列情形之一的，应予立案：

1. 导致甲类传染病传播的；

2. 导致乙类、丙类传染病流行的；

3. 因传染病传播或者流行，造成人员死亡或者残疾的；

4. 因传染病传播或者流行，严重影响正常的生产、生活秩序的；

5. 其他情节严重的情形。

（十九）非法批准征用、占用土地案（第 410 条）

非法批准征用、占用土地罪是指国家机关工作人员徇私舞弊，违反土地管理法规，滥用职权，非法批准征用、占用土地，情节严重的行为。

涉嫌下列情形之一的，应予立案：

1. 一次性非法批准征用、占用基本农田 0.67 公顷（10 亩）以上，或者其他耕地 2 公顷（30 亩）以上，或者其他土地 3.33 公顷（50 亩）以上的；

2. 12 个月内非法批准征用、占用土地累计达到上述标准的；

3. 非法批准征用、占用土地数量虽未达到上述标准，但接近上述标准且导致被非法批准征用、占用的土地或者植被遭到严重破坏，或者造成有关单位、个人直接经济损失 20 万元以上的；

4. 非法批准征用、占用土地，影响群众生产、生活，引起纠纷，造成恶劣影响或者其他严重后果的。

（二十）非法低价出让国有土地使用权案（第 410 条）

非法低价出让国有土地使用权罪是指国家机关工作人员徇私舞弊，违反土地管理法规，滥用职权，非法低价出让国有土地使用权，情节严重的行为。

涉嫌下列情形之一的，应予立案：

1. 非法低价（包括无偿）出让国有土地使用权 2 公顷（30 亩）以上，并且价格低于规定的最低价格的 60% 的；

2. 非法低价出让国有土地使用权的数量虽未达到上述标准，但造成国有土地资产流失价值 20 万元以上或者植被遭到严重破坏的；

3. 非法低价出让国有土地使用权，影响群众生产、生活，引起纠纷，造成恶劣影响或者其他严重后果的。

（二十一）放纵走私案（第 411 条）

放纵走私罪是指海关工作人员徇私舞弊，放纵走私，情节严重的行为。

涉嫌下列情形之一的，应予立案：

1. 放纵走私犯罪的；

2. 因放纵走私致使国家应收税额损失累计达10万元以上的；

3.3次以上放纵走私行为或者一次放纵3起以上走私行为的；

4. 因收受贿赂而放纵走私的。

（二十二）商检徇私舞弊案（第412条第1款）

商检徇私舞弊罪是指国家商检部门、商检机构的工作人员徇私舞弊，伪造检验结果的行为。

国家商检部门、商检机构的工作人员涉嫌在商品检验过程中，为徇私情、私利，对报检的商品采取伪造、变造的手段对商检的单证、印章、标志、封识、质量认证标志等作虚假的证明或者出具不真实的结论，包括将送检的合格商品检验为不合格，或者将不合格检验为合格等行为的，应予立案。

（二十三）商检失职案（第412条第2款）

商检失职罪是国家商检部门、商检机构的工作人员严重不负责任，对应当检验的物品不检验，或者延误检验出证、错误出证，致使国家利益遭受重大损失的行为。

涉嫌下列情形之一的，应予立案：

1. 因不检验或者延误检验出证、错误出证，致使依法进出口商品不能进口或者出口，导致合同、订单被取消，或者外商向我方索赔或影响我方向外商索赔，直接经济损失达30万元以上的；

2. 因不检验或者延误检验出证、错误出证，致使不合格商品进口或者出口，严重损害国家和人民利益的；

3.3次以上不检验或者延误检验出证、错误出证，严重影响国家对外经贸关系或者国家声誉的。

（二十四）动植物检疫徇私舞弊案（第413条第1款）

动植物检疫徇私舞弊罪是指国家检验检疫部门及检验检疫机构中

从事动植物检疫工作的人员徇私舞弊，伪造检疫结果的行为。

国家检验检疫部门及检验检疫机构中从事动植物检疫工作的人员涉嫌在动植物检疫过程中，为徇私情、私利，采取伪造、变造的手段对检疫的单证、印章、标志、封识等作虚假的证明或出具不真实的结论，包括将合格检为不合格，或者将不合格检为合格等行为的，应予立案。

（二十五）动植物检疫失职案（第413条第2款）

动植物检疫失职罪是指国家检验检疫部门及检验检疫机构中从事动植物检疫工作的人员严重不负责任，对应当检疫的检疫物不检疫，或者延误检疫出证、错误出证，致使国家利益遭受重大损失的行为。

涉嫌下列情形之一的，应予立案：

1. 因不检疫，或者延误检疫出证、错误出证，致使依法进出口的动植物不能进口或者出口，导致合同、订单被取消，或者外商向我方索赔或影响我方向外商索赔，直接经济损失达30万元以上的；

2. 因不检疫，或者延误检疫出证、错误出证，导致重大疫情发生、传播或者流行的；

3. 因不检疫或者延误检疫出证、错误出证，导致疫情发生，造成人员死亡或者残疾的；

4.3次以上不检疫，或者延误检疫出证、错误出证，严重影响国家对外经贸关系和国家声誉的。

（二十六）放纵制售伪劣商品犯罪行为案（第414条）

放纵制售伪劣商品犯罪行为罪是指对生产、销售伪劣商品犯罪行为负有追究责任的国家工商行政管理、质量技术监督等机关工作人员徇私舞弊，不履行法律规定的追究职责，情节严重的行为。

涉嫌下列情形之一的，应予立案：

1. 放纵制售假药，有毒、有害食品犯罪行为的；

2. 放纵依法可能判处 3 年有期徒刑以上刑罚的生产、销售、伪劣商品犯罪行为的；

3. 对生产、销售伪劣商品犯罪行为不履行追究职责，致使生产、销售伪劣商品犯罪行为得以继续的；

4. 对生产、销售伪劣商品犯罪行为不履行追究职责，致使国家和人民利益遭受重大损失或者造成恶劣影响的；

5.3 次以上不履行追究职责，或者对 3 个以上有生产、销售伪劣商品犯罪行为的单位或者个人不履行追究职责的。

（二十七）办理偷越国（边）境人员出入境证件案（第 415 条）

办理偷越国（边）境人员出入境证件罪是指负责办理护照、签证以及其他出入境证件的国家机关工作人员对明知是企图偷越国（边）境的人员，予以办理出入境证件的行为。

负责办理护照、签证以及其他出入境证件的国家机关工作人员涉嫌在办理护照、签证以及其他出入境证件的过程中，对明知是企图偷越国（边）境的人员而予以办理出入境证件的，应予立案。

（二十八）放行偷越国（边）境人员案（第 415 条）

放行偷越国（边）境人员罪是指边防、海关等国家机关工作人员对明知是偷越国（边）境的人员予以放行的行为。

边防、海关等国家机关工作人员涉嫌在履行职务过程中，对明知是偷越国（边）境的人员而予以放行的，应予立案。

（二十九）不解救被拐卖、绑架妇女、儿童案（第 416 条第 1 款）

不解救被拐卖、绑架妇女、儿童罪是指对被拐卖、绑架的妇女、儿童负有解救职责的公安、司法等国家机关工作人员接到被拐卖、绑架的妇女、儿童及其家属的解救要求或者接到其他人的举报，而对被拐卖、绑架的妇女、儿童不进行解救，造成严重后果的行为。

涉嫌下列情形之一的，应予立案：

1. 因不进行解救，导致被拐卖、绑架的妇女、儿童及其亲属伤残、死亡、精神失常的；

2. 因不进行解救，导致被拐卖、绑架的妇女、儿童被转移、隐匿、转卖，不能及时解救的；

3. 3次以上或者对3名以上被拐卖、绑架的妇女、儿童不进行解救的；

4. 对被拐卖、绑架的妇女、儿童不进行解救，造成恶劣社会影响的。

（三十）阻碍解救被拐卖、绑架妇女、儿童案（第416条第2款）

阻碍解救被拐卖、绑架妇女、儿童罪是指对被拐卖、绑架的妇女、儿童负有解救职责的公安、司法等国家机关工作人员利用职务阻碍解救被拐卖、绑架的妇女、儿童的行为。

涉嫌下列情形之一的，应予立案：

1. 利用职权，禁止、阻止或者妨碍有关部门、人员解救被拐卖、绑架的妇女、儿童的；

2. 利用职务上的便利，向拐卖、绑架者或者收买者通风报信，妨碍解救工作正常进行的；

3. 其他利用职务阻碍解救被拐卖、绑架的妇女、儿童的行为。

（三十一）帮助犯罪分子逃避处罚案（第417条）

帮助犯罪分子逃避处罚罪是指有查禁犯罪活动职责的司法及公安、国家安全、海关、税务等国家机关的工作人员向犯罪分子通风报信、提供便利，帮助犯罪分子逃避处罚的行为。

涉嫌下列情形之一的，应予立案：

1. 为使犯罪分子逃避处罚，向犯罪分子及其亲属泄漏有关部门查禁犯罪活动的部署、人员、措施、时间、地点等情况的；

2. 为使犯罪分子逃避处罚，向犯罪分子及其亲属提供交通工具、通讯设备、隐藏处所等便利条件的；

3. 为使犯罪分子逃避处罚，向犯罪分子及其亲属泄漏案情，帮助、指示其隐匿、毁灭、伪造证据及串供、翻供的；

4. 其他向犯罪分子通风报信、提供便利，帮助犯罪分子逃避处罚的行为。

（三十二）招收公务员、学生徇私舞弊案（第 418 条）

招收公务员、学生徇私舞弊罪是指国家机关工作人员在招收公务员、省级以上教育行政部门组织招收的学生工作中徇私舞弊，情节严重的行为。

涉嫌下列情形之一的，应予立案：

1. 徇私情、私利，利用职务便利，伪造、变造人事、户口档案、考试成绩等，弄虚作假招收公务员、学生的；

2. 徇私情、私利，3 次以上招收或者一次招收 3 名以上不合格的公务员、学生的；

3. 因招收不合格的公务员、学生，导致被排挤的合格人员或者其亲属精神失常或者自杀的；

4. 因徇私舞弊招收公务员、学生，导致该项招收工作重新进行的；

5. 招收不合格的公务员、学生，造成恶劣社会影响的。

（三十三）失职造成珍贵文物损毁、流失案（第 419 条）

失职造成珍贵文物损毁、流失罪是指国家机关工作人员严重不负责任，造成珍贵文物损毁或者流失，后果严重的行为。

涉嫌下列情形之一的，应予立案：

1. 导致国家一、二、三级文物损毁或者流失的；

2. 导致全国重点文物保护单位或者省级文物保护单位损毁的；

3. 其他后果严重的情形。

三、国家机关工作人员利用职权实施的侵犯公民人身权利、民主权利犯罪案件

（一）国家机关工作人员利用职权实施的非法拘禁案（第 238 条）

非法拘禁罪是指以拘禁或者其他强制方法非法剥夺他人人身自由的行为。

国家机关工作人员涉嫌利用职权非法拘禁，具有下列情形之一的，应予立案：

1. 非法拘禁持续时间超过 24 小时的；

2.3 次以上非法拘禁他人，或者一次非法拘禁 3 人以上的；

3. 非法拘禁他人，并实施捆绑、殴打、侮辱等行为的；

4. 非法拘禁，致人伤残、死亡、精神失常的；

5. 为索取债务非法扣押、拘禁他人，具有上述情形之一的；

6. 司法工作人员对明知是无辜的人而非法拘禁的。

（二）国家机关工作人员利用职权实施的非法搜查案（第 245 条）

非法搜查罪是指非法搜查他人身体、住宅的行为。

国家机关工作人员涉嫌利用职权非法搜查，具有下列情形之一的，应予立案：

1. 非法搜查他人身体、住宅，手段恶劣的；

2. 非法搜查引起被搜查人精神失常、自杀或者造成财物严重损坏的；

3. 司法工作人员对明知是与涉嫌犯罪无关的人身、场所非法搜查的；

4.3 次以上或者对 3 人（户）以上进行非法搜查的。

（三）刑讯逼供案（第 247 条）

刑讯逼供罪是指司法工作人员对犯罪嫌疑人、被告人使用肉刑或者变相肉刑逼取口供的行为。

涉嫌下列情形之一的，应予立案：

1. 手段残忍、影响恶劣的；

2. 致人自杀或者精神失常的；

3. 造成冤、假、错案的；

4.3 次以上或者对 3 人以上进行刑讯逼供的；

5. 授意、指使、强迫他人刑讯逼供的。

（四）暴力取证案（第 247 条）

暴力取证罪是指司法工作人员以暴力逼取证人证言、被害人陈述的行为。

涉嫌下列情形之一的，应予立案：

1. 手段残忍、影响恶劣的；

2. 致人自杀或者精神失常的；

3. 造成冤、假、错案的；

4.3 次以上或者对 3 人以上进行暴力取证的；

5. 授意、指使、强迫他人暴力取证的。

（五）虐待被监管人案（第 248 条）

虐待被监管人罪是指监狱、拘留所、看守所、拘役所、劳教所等监管机构的监管人员对被监管人进行殴打或者体罚虐待，情节严重的行为。

涉嫌下列情形之一的，应予立案：

1. 造成被监管人轻伤的；

2. 致使被监管人自杀、精神失常或其他严重后果的；

3. 对被监管人3人以上或3次以上实施殴打、体罚虐待的；

4. 手段残忍、影响恶劣的；

5. 指使被监管人殴打、体罚虐待其他被监管人，具有上述情形之一的。

（六）报复陷害案（第254条）

报复陷害罪是指国家机关工作人员滥用职权、假公济私，对控告人、申诉人、批评人、举报人实行打击报复、陷害的行为。

涉嫌下列情形之一的，应予立案：

1. 致使被害人的人身权利、民主权利或者其他合法权利受到严重损害的；

2. 致人精神失常或者自杀的；

3. 手段恶劣、后果严重的。

（七）国家机关工作人员利用职权实施的破坏选举案（第256条）

破坏选举罪是指在选举各级人民代表大会代表和国家机关领导人员时，以暴力、威胁、欺骗、贿赂、伪造选举文件、虚报选举票数或者编造选举结果等手段破坏选举或者妨害选民和代表自由行使选举权和被选举权，情节严重的行为。

国家机关工作人员涉嫌利用职权破坏选举，具有下列情形之一的，应予立案：

1. 以暴力、威胁、欺骗、贿赂等手段，妨害选民、各级人民代表大会代表自由行使选举权和被选举权，致使选举无法正常进行或者选举结果不真实的；

2. 以暴力破坏选举场所或者选举设备，致使选举无法正常进行的；

3. 伪造选举文件，虚报选举票数，产生不真实的选举结果或者强行宣布合法选举无效、非法选举有效的；

4. 聚众冲击选举场所或者故意扰乱选举会场秩序，使选举工作无法进行的。

四、附则

（一）本规定中每个罪案名称后所注明的法律条款系《中华人民共和国刑法》的有关条款。

（二）本规定中有关犯罪数额“不满”，是指接近该数额且已达到该数额的 80% 以上。

（三）本规定中的“直接经济损失”，是指与行为有直接因果关系而造成的财产损毁、减少的实际价值。“间接经济损失”，是指由直接经济损失引起和牵连的其他损失，包括失去的在正常情况下可能获得的利益和为恢复正常的管理活动或者挽回所造成的损失所支付的各种开支、费用等。

（四）本规定中有关挪用公款罪案中的“非法活动”，既包括犯罪活动，也包括其他违法活动。

（五）本规定中有关贿赂罪案中的“谋取不正当利益”，是指谋取违反法律、法规、国家政策和国务院各部门规章规定的利益，以及谋取违反法律、法规、国家政策和国务院各部门规章规定的帮助或者方便条件。

（六）本规定中有关私分国有资产罪案中的“国有资产”，是指国家依法取得和认定的，或者国家以各种形式对企业投资和投资收益、国家向行政事业单位拨款等形成的资产。

（七）本规定自公布之日起施行。本规定发布前有关人民检察院直接受理立案侦查案件的立案标准，与本规定有重复或者不一致的，适用本规定。

最高人民法院、最高人民检察院关于办理行贿刑事案件具体应用法律若干问题的解释

（2012年12月26日　法释〔2012〕22号）

为依法惩治行贿犯罪活动，根据刑法有关规定，现就办理行贿刑事案件具体应用法律的若干问题解释如下：

第一条　为谋取不正当利益，向国家工作人员行贿，数额在一万元以上的，应当依照刑法第三百九十条的规定追究刑事责任。

第二条　因行贿谋取不正当利益，具有下列情形之一的，应当认定为刑法第三百九十条第一款规定的“情节严重”：

（一）行贿数额在二十万元以上不满一百万元的；

（二）行贿数额在十万元以上不满二十万元，并具有下列情形之一的：

1. 向三人以上行贿的；

2. 将违法所得用于行贿的；

3. 为实施违法犯罪活动，向负有食品、药品、安全生产、环境保护等监督管理职责的国家工作人员行贿，严重危害民生、侵犯公众生命财产安全的；

4. 向行政执法机关、司法机关的国家工作人员行贿，影响行政执法和司法公正的；

（三）其他情节严重的情形。

第三条　因行贿谋取不正当利益，造成直接经济损失数额在一百万元以上的，应当认定为刑法第三百九十条第一款规定的“使国

家利益遭受重大损失”。

第四条 因行贿谋取不正当利益，具有下列情形之一的，应当认定为刑法第三百九十条第一款规定的“情节特别严重”：

（一）行贿数额在一百万元以上的；

（二）行贿数额在五十万元以上不满一百万元，并具有下列情形之一的：

1. 向三人以上行贿的；

2. 将违法所得用于行贿的；

3. 为实施违法犯罪活动，向负有食品、药品、安全生产、环境保护等监督管理职责的国家工作人员行贿，严重危害民生、侵犯公众生命财产安全的；

4. 向行政执法机关、司法机关的国家工作人员行贿，影响行政执法和司法公正的；

（三）造成直接经济损失数额在五百万元以上的；

（四）其他情节特别严重的情形。

第五条 多次行贿未经处理的，按照累计行贿数额处罚。

第六条 行贿人谋取不正当利益的行为构成犯罪的，应当与行贿犯罪实行数罪并罚。

第七条 因行贿人在被追诉前主动交待行贿行为而破获相关受贿案件的，对行贿人不适用刑法第六十八条关于立功的规定，依照刑法第三百九十条第二款的规定，可以减轻或者免除处罚。

单位行贿的，在被追诉前，单位集体决定或者单位负责人决定主动交待单位行贿行为的，依照刑法第三百九十条第二款的规定，对单位及相关责任人员可以减轻处罚或者免除处罚；受委托直接办理单位行贿事项的直接责任人员在被追诉前主动交待自己知道的单位行贿行为的，对该直接责任人员可以依照刑法第三百九十条第二款的规定减轻处罚或者免除处罚。

第八条 行贿人被追诉后如实供述自己罪行的，依照刑法第六十七条第三款的规定，可以从轻处罚；因其如实供述自己罪行，避免特别严重后果发生的，可以减轻处罚。

第九条 行贿人揭发受贿人与其行贿无关的其他犯罪行为，查证属实的，依照刑法第六十八条关于立功的规定，可以从轻、减轻或者免除处罚。

第十条 实施行贿犯罪，具有下列情形之一的，一般不适用缓刑和免予刑事处罚：

（一）向三人以上行贿的；

（二）因行贿受过行政处罚或者刑事处罚的；

（三）为实施违法犯罪活动而行贿的；

（四）造成严重危害后果的；

（五）其他不适用缓刑和免予刑事处罚的情形。

具有刑法第三百九十条第二款规定的情形的，不受前款规定的限制。

第十一条 行贿犯罪取得的不正当财产性利益应当依照刑法第六十四条的规定予以追缴、责令退赔或者返还被害人。

因行贿犯罪取得财产性利益以外的经营资格、资质或者职务晋升等其他不正当利益，建议有关部门依照相关规定予以处理。

第十二条 行贿犯罪中的“谋取不正当利益”，是指行贿人谋取的利益违反法律、法规、规章、政策规定，或者要求国家工作人员违反法律、法规、规章、政策、行业规范的规定，为自己提供帮助或者方便条件。

违背公平、公正原则，在经济、组织人事管理等活动中，谋取竞争优势的，应当认定为“谋取不正当利益”。

第十三条 刑法第三百九十条第二款规定的“被追诉前”，是指检察机关对行贿人的行贿行为刑事立案前。

最高人民检察院关于行贿罪立案标准的规定

（2000年12月22日公布 自公布之日起施行）

一、行贿案（刑法第三百八十九条、第三百九十条）

行贿罪是指为谋取不正当利益，给予国家工作人员以财物的行为。

在经济往来中，违反国家规定，给予国家工作人员以财物，数额较大的，或者违反国家规定，给予国家工作人员以各种名义的回扣、手续费的，以行贿罪追究刑事责任。

涉嫌下列情形之一的，应予立案：

1. 行贿数额在一万元以上的；

2. 行贿数额不满一万元，但具有下列情形之一的：

（1）为谋取非法利益而行贿的；

（2）向三人以上行贿的；

（3）向党政领导、司法工作人员、行政执法人员行贿的；

（4）致使国家或者社会利益遭受重大损失的。

因被勒索给予国家工作人员以财物，已获得不正当利益的，以行贿罪追究刑事责任。

二、对单位行贿案（刑法第三百九十一条）

对单位行贿罪是指为谋取不正当利益，给予国家机关、国有公司、企业、事业单位、人民团体以财物，或者在经济往来中，违反国家规定，给予上述单位各种名义的回扣、手续费的行为。

涉嫌下列情形之一的，应予立案：

1. 个人行贿数额在十万元以上、单位行贿数额在二十万元以上的；

2. 个人行贿数额不满十万元、单位行贿数额在十万元以上不满二十万元，但具有下列情形之一的：

（1）为谋取非法利益而行贿的；

（2）向三个以上单位行贿的；

（3）向党政机关、司法机关、行政执法机关行贿的；

（4）致使国家或者社会利益遭受重大损失的。

三、单位行贿案（刑法第三百九十三条）

单位行贿罪是指公司、企业、事业单位、机关、团体为谋取不正当利益而行贿，或者违反国家规定，给予国家工作人员以回扣、手续费，情节严重的行为。

涉嫌下列情形之一的，应予立案：

1. 单位行贿数额在二十万元以上的；

2. 单位为谋取不正当利益而行贿，数额在十万元以上不满二十万元，但具有下列情形之一的：

（1）为谋取非法利益而行贿的；

（2）向三人以上行贿的；

（3）向党政领导、司法工作人员、行政执法人员行贿的；

（4）致使国家或者社会利益遭受重大损失的。

因行贿取得的违法所得归个人所有的，依照本规定关于个人行贿的规定立案，追究其刑事责任。

最高人民检察院、公安部关于公安机关管辖的刑事案件立案追诉标准的规定（二）

（2022年4月6日公布　自2022年5月15日起施行）

第一条　〔帮助恐怖活动案（刑法第一百二十条之一第一款）〕资助恐怖活动组织、实施恐怖活动的个人的，或者资助恐怖活动培训的，应予立案追诉。

第二条　〔走私假币案（刑法第一百五十一条第一款）〕走私伪造的货币，涉嫌下列情形之一的，应予立案追诉：

（一）总面额在二千元以上或者币量在二百张（枚）以上的；

（二）总面额在一千元以上或者币量在一百张（枚）以上，二年内因走私假币受过行政处罚，又走私假币的；

（三）其他走私假币应予追究刑事责任的情形。

第三条　〔虚报注册资本案（刑法第一百五十八条）〕申请公司登记使用虚假证明文件或者采取其他欺诈手段虚报注册资本，欺骗公司登记主管部门，取得公司登记，涉嫌下列情形之一的，应予立案追诉：

（一）法定注册资本最低限额在六百万元以下，虚报数额占其应缴出资数额百分之六十以上的；

（二）法定注册资本最低限额超过六百万元，虚报数额占其应缴出资数额百分之三十以上的；

（三）造成投资者或者其他债权人直接经济损失累计数额在五十万元以上的；

（四）虽未达到上述数额标准，但具有下列情形之一的：

1. 二年内因虚报注册资本受过二次以上行政处罚，又虚报注册资本的；

2. 向公司登记主管人员行贿的；

3. 为进行违法活动而注册的。

（五）其他后果严重或者有其他严重情节的情形。

本条只适用于依法实行注册资本实缴登记制的公司。

第四条 〔虚假出资、抽逃出资案（刑法第一百五十九条）〕公司发起人、股东违反公司法的规定未交付货币、实物或者未转移财产权，虚假出资，或者在公司成立后又抽逃其出资，涉嫌下列情形之一的，应予立案追诉：

（一）法定注册资本最低限额在六百万元以下，虚假出资、抽逃出资数额占其应缴出资数额百分之六十以上的；

（二）法定注册资本最低限额超过六百万元，虚假出资、抽逃出资数额占其应缴出资数额百分之三十以上的；

（三）造成公司、股东、债权人的直接经济损失累计数额在五十万元以上的；

（四）虽未达到上述数额标准，但具有下列情形之一的：

1. 致使公司资不抵债或者无法正常经营的；

2. 公司发起人、股东合谋虚假出资、抽逃出资的；

3. 二年内因虚假出资、抽逃出资受过二次以上行政处罚，又虚假出资、抽逃出资的；

4. 利用虚假出资、抽逃出资所得资金进行违法活动的。

（五）其他后果严重或者有其他严重情节的情形。

本条只适用于依法实行注册资本实缴登记制的公司。

第五条 〔欺诈发行证券案(刑法第一百六十条)〕在招股说明书、认股书、公司、企业债券募集办法等发行文件中隐瞒重要事实或者编造重大虚假内容，发行股票或者公司、企业债券、存托凭证或者国务院依法认定的其他证券，涉嫌下列情形之一的，应予立案追诉：

（一）非法募集资金金额在一千万元以上的；

（二）虚增或者虚减资产达到当期资产总额百分之三十以上的；

（三）虚增或者虚减营业收入达到当期营业收入总额百分之三十以上的；

（四）虚增或者虚减利润达到当期利润总额百分之三十以上的；

（五）隐瞒或者编造的重大诉讼、仲裁、担保、关联交易或者其他重大事项所涉及的数额或者连续十二个月的累计数额达到最近一期披露的净资产百分之五十以上的；

（六）造成投资者直接经济损失数额累计在一百万元以上的；

（七）为欺诈发行证券而伪造、变造国家机关公文、有效证明文件或者相关凭证、单据的；

（八）为欺诈发行证券向负有金融监督管理职责的单位或者人员行贿的；

（九）募集的资金全部或者主要用于违法犯罪活动的；

（十）其他后果严重或者有其他严重情节的情形。

第六条 〔违规披露、不披露重要信息案(刑法第一百六十一条)〕依法负有信息披露义务的公司、企业向股东和社会公众提供虚假的或者隐瞒重要事实的财务会计报告，或者对依法应当披露的其他重要信息不按照规定披露，涉嫌下列情形之一的，应予立案追诉：

（一）造成股东、债权人或者其他人直接经济损失数额累计在一百万元以上的；

（二）虚增或者虚减资产达到当期披露的资产总额百分之三十以上的；

（三）虚增或者虚减营业收入达到当期披露的营业收入总额百分之三十以上的；

（四）虚增或者虚减利润达到当期披露的利润总额百分之三十以上的；

（五）未按照规定披露的重大诉讼、仲裁、担保、关联交易或者其他重大事项所涉及的数额或者连续十二个月的累计数额达到最近一期披露的净资产百分之五十以上的；

（六）致使不符合发行条件的公司、企业骗取发行核准或者注册并且上市交易的；

（七）致使公司、企业发行的股票或者公司、企业债券、存托凭证或者国务院依法认定的其他证券被终止上市交易的；

（八）在公司财务会计报告中将亏损披露为盈利，或者将盈利披露为亏损的；

（九）多次提供虚假的或者隐瞒重要事实的财务会计报告，或者多次对依法应当披露的其他重要信息不按照规定披露的；

（十）其他严重损害股东、债权人或者其他人利益，或者有其他严重情节的情形。

第七条 〔妨害清算案（刑法第一百六十二条）〕公司、企业进行清算时，隐匿财产，对资产负债表或者财产清单作虚伪记载或者在未清偿债务前分配公司、企业财产，涉嫌下列情形之一的，应予立案追诉：

（一）隐匿财产价值在五十万元以上的；

（二）对资产负债表或者财产清单作虚伪记载涉及金额在五十万

元以上的；

（三）在未清偿债务前分配公司、企业财产价值在五十万元以上的；

（四）造成债权人或者其他人直接经济损失数额累计在十万元以上的；

（五）虽未达到上述数额标准，但应清偿的职工的工资、社会保险费用和法定补偿金得不到及时清偿，造成恶劣社会影响的；

（六）其他严重损害债权人或者其他人利益的情形。

第八条 〔隐匿、故意销毁会计凭证、会计帐簿、财务会计报告案（刑法第一百六十二条之一）〕 隐匿或者故意销毁依法应当保存的会计凭证、会计帐簿、财务会计报告，涉嫌下列情形之一的，应予立案追诉：

（一）隐匿、故意销毁的会计凭证、会计帐簿、财务会计报告涉及金额在五十万元以上的；

（二）依法应当向监察机关、司法机关、行政机关、有关主管部门等提供而隐匿、故意销毁或者拒不交出会计凭证、会计帐簿、财务会计报告的；

（三）其他情节严重的情形。

第九条 〔虚假破产案（刑法第一百六十二条之二）〕 公司、企业通过隐匿财产、承担虚构的债务或者以其他方法转移、处分财产，实施虚假破产，涉嫌下列情形之一的，应予立案追诉：

（一）隐匿财产价值在五十万元以上的；

（二）承担虚构的债务涉及金额在五十万元以上的；

（三）以其他方法转移、处分财产价值在五十万元以上的；

（四）造成债权人或者其他人直接经济损失数额累计在十万元以

上的；

（五）虽未达到上述数额标准，但应清偿的职工的工资、社会保险费用和法定补偿金得不到及时清偿，造成恶劣社会影响的；

（六）其他严重损害债权人或者其他人利益的情形。

第十条 〔非国家工作人员受贿案（刑法第一百六十三条）〕公司、企业或者其他单位的工作人员利用职务上的便利，索取他人财物或者非法收受他人财物，为他人谋取利益，或者在经济往来中，利用职务上的便利，违反国家规定，收受各种名义的回扣、手续费，归个人所有，数额在三万元以上的，应予立案追诉。

第十一条 〔对非国家工作人员行贿案（刑法第一百六十四条第一款）〕为谋取不正当利益，给予公司、企业或者其他单位的工作人员以财物，个人行贿数额在三万元以上的，单位行贿数额在二十万元以上的，应予立案追诉。

第十二条 〔对外国公职人员、国际公共组织官员行贿案（刑法第一百六十四条第二款）〕为谋取不正当商业利益，给予外国公职人员或者国际公共组织官员以财物，个人行贿数额在三万元以上的，单位行贿数额在二十万元以上的，应予立案追诉。

第十三条 〔背信损害上市公司利益案（刑法第一百六十九条之一）〕上市公司的董事、监事、高级管理人员违背对公司的忠实义务，利用职务便利，操纵上市公司从事损害上市公司利益的行为，以及上市公司的控股股东或者实际控制人，指使上市公司董事、监事、高级管理人员实施损害上市公司利益的行为，涉嫌下列情形之一的，应予立案追诉：

（一）无偿向其他单位或者个人提供资金、商品、服务或者其他资产，致使上市公司直接经济损失数额在一百五十万元以上的；

（二）以明显不公平的条件，提供或者接受资金、商品、服务或者其他资产，致使上市公司直接经济损失数额在一百五十万元以上的；

（三）向明显不具有清偿能力的单位或者个人提供资金、商品、服务或者其他资产，致使上市公司直接经济损失数额在一百五十万元以上的；

（四）为明显不具有清偿能力的单位或者个人提供担保，或者无正当理由为其他单位或者个人提供担保，致使上市公司直接经济损失数额在一百五十万元以上的；

（五）无正当理由放弃债权、承担债务，致使上市公司直接经济损失数额在一百五十万元以上的；

（六）致使公司、企业发行的股票或者公司、企业债券、存托凭证或者国务院依法认定的其他证券被终止上市交易的；

（七）其他致使上市公司利益遭受重大损失的情形。

第十四条 〔伪造货币案（刑法第一百七十条）〕伪造货币，涉嫌下列情形之一的，应予立案追诉：

（一）总面额在二千元以上或者币量在二百张（枚）以上的；

（二）总面额在一千元以上或者币量在一百张（枚）以上，二年内因伪造货币受过行政处罚，又伪造货币的；

（三）制造货币版样或者为他人伪造货币提供版样的；

（四）其他伪造货币应予追究刑事责任的情形。

第十五条 〔出售、购买、运输假币案（刑法第一百七十一条第一款）〕出售、购买伪造的货币或者明知是伪造的货币而运输，涉嫌下列情形之一的，应予立案追诉：

（一）总面额在四千元以上或者币量在四百张（枚）以上的；

（二）总面额在二千元以上或者币量在二百张（枚）以上，二年内因出售、购买、运输假币受过行政处罚，又出售、购买、运输假币的；

（三）其他出售、购买、运输假币应予追究刑事责任的情形。

在出售假币时被抓获的，除现场查获的假币应认定为出售假币的数额外，现场之外在行为人住所或者其他藏匿地查获的假币，也应认定为出售假币的数额。

第十六条 〔金融工作人员购买假币、以假币换取货币案（刑法第一百七十一条第二款）〕 银行或者其他金融机构的工作人员购买伪造的货币或者利用职务上的便利，以伪造的货币换取货币，总面额在二千元以上或者币量在二百张（枚）以上的，应予立案追诉。

第十七条 〔持有、使用假币案（刑法第一百七十二条）〕 明知是伪造的货币而持有、使用，涉嫌下列情形之一的，应予立案追诉：

（一）总面额在四千元以上或者币量在四百张（枚）以上的；

（二）总面额在二千元以上或者币量在二百张（枚）以上，二年内因持有、使用假币受过行政处罚，又持有、使用假币的；

（三）其他持有、使用假币应予追究刑事责任的情形。

第十八条 〔变造货币案（刑法第一百七十三条）〕 变造货币，涉嫌下列情形之一的，应予立案追诉：

（一）总面额在二千元以上或者币量在二百张（枚）以上的；

（二）总面额在一千元以上或者币量在一百张（枚）以上，二年内因变造货币受过行政处罚，又变造货币的；

（三）其他变造货币应予追究刑事责任的情形。

第十九条 〔擅自设立金融机构案（刑法第一百七十四条第一款）〕 未经国家有关主管部门批准，擅自设立金融机构，涉嫌下列情形之一的，应予立案追诉：

（一）擅自设立商业银行、证券交易所、期货交易所、证券公司、期货公司、保险公司或者其他金融机构的；

（二）擅自设立金融机构筹备组织的。

第二十条〔伪造、变造、转让金融机构经营许可证、批准文件案（刑法第一百七十四条第二款）〕伪造、变造、转让商业银行、证券交易所、期货交易所、证券公司、期货公司、保险公司或者其他金融机构的经营许可证或者批准文件的，应予立案追诉。

第二十一条〔高利转贷案（刑法第一百七十五条）〕以转贷牟利为目的，套取金融机构信贷资金高利转贷他人，违法所得数额在五十万元以上的，应予立案追诉。

第二十二条〔骗取贷款、票据承兑、金融票证案（刑法第一百七十五条之一）〕以欺骗手段取得银行或者其他金融机构贷款、票据承兑、信用证、保函等，给银行或者其他金融机构造成直接经济损失数额在五十万元以上的，应予立案追诉。

第二十三条〔非法吸收公众存款案（刑法第一百七十六条）〕非法吸收公众存款或者变相吸收公众存款，扰乱金融秩序，涉嫌下列情形之一的，应予立案追诉：

（一）非法吸收或者变相吸收公众存款数额在一百万元以上的；

（二）非法吸收或者变相吸收公众存款对象一百五十人以上的；

（三）非法吸收或者变相吸收公众存款，给集资参与人造成直接经济损失数额在五十万元以上的；

非法吸收或者变相吸收公众存款数额在五十万元以上或者给集资参与人造成直接经济损失数额在二十五万元以上，同时涉嫌下列情形之一的，应予立案追诉：

（一）因非法集资受过刑事追究的；

（二）二年内因非法集资受过行政处罚的；

（三）造成恶劣社会影响或者其他严重后果的。

第二十四条 〔伪造、变造金融票证案（刑法第一百七十七条）〕 伪造、变造金融票证，涉嫌下列情形之一的，应予立案追诉：

（一）伪造、变造汇票、本票、支票，或者伪造、变造委托收款凭证、汇款凭证、银行存单等其他银行结算凭证，或者伪造、变造信用证或者附随的单据、文件，总面额在一万元以上或者数量在十张以上的；

（二）伪造信用卡一张以上，或者伪造空白信用卡十张以上的。

第二十五条 〔妨害信用卡管理案（刑法第一百七十七条之一第一款）〕 妨害信用卡管理，涉嫌下列情形之一的，应予立案追诉：

（一）明知是伪造的信用卡而持有、运输的；

（二）明知是伪造的空白信用卡而持有、运输，数量累计在十张以上的；

（三）非法持有他人信用卡，数量累计在五张以上的；

（四）使用虚假的身份证明骗领信用卡的；

（五）出售、购买、为他人提供伪造的信用卡或者以虚假的身份证明骗领的信用卡的。

违背他人意愿，使用其居民身份证、军官证、士兵证、港澳居民往来内地通行证、台湾居民来往大陆通行证、护照等身份证明申领信用卡的，或者使用伪造、变造的身份证明申领信用卡的，应当认定为“使用虚假的身份证明骗领信用卡”。

第二十六条 〔窃取、收买、非法提供信用卡信息案（刑法第一百七十七条之一第二款）〕 窃取、收买或者非法提供他人信用卡信息资料，足以伪造可进行交易的信用卡，或者足以使他人以信用卡持卡人名义进行交易，涉及信用卡一张以上的，应予立案追诉。

第二十七条〔伪造、变造国家有价证券案（刑法第一百七十八条第一款）〕伪造、变造国库券或者国家发行的其他有价证券，总面额在二千元以上的，应予立案追诉。

第二十八条〔伪造、变造股票、公司、企业债券案（刑法第一百七十八条第二款）〕伪造、变造股票或者公司、企业债券，总面额在三万元以上的，应予立案追诉。

第二十九条〔擅自发行股票、公司、企业债券案（刑法第一百七十九条）〕未经国家有关主管部门批准或者注册，擅自发行股票或者公司、企业债券，涉嫌下列情形之一的，应予立案追诉：

（一）非法募集资金金额在一百万元以上的；

（二）造成投资者直接经济损失数额累计在五十万元以上的；

（三）募集的资金全部或者主要用于违法犯罪活动的；

（四）其他后果严重或者有其他严重情节的情形。

本条规定的“擅自发行股票或者公司、企业债券”，是指向社会不特定对象发行、以转让股权等方式变相发行股票或者公司、企业债券，或者向特定对象发行、变相发行股票或者公司、企业债券累计超过二百人的行为。

第三十条〔内幕交易、泄露内幕信息案（刑法第一百八十条第一款）〕证券、期货交易内幕信息的知情人员、单位或者非法获取证券、期货交易内幕信息的人员、单位，在涉及证券的发行，证券、期货交易或者其他对证券、期货交易价格有重大影响的信息尚未公开前，买入或者卖出该证券，或者从事与该内幕信息有关的期货交易，或者泄露该信息，或者明示、暗示他人从事上述交易活动，涉嫌下列情形之一的，应予立案追诉：

（一）获利或者避免损失数额在五十万元以上的；

（二）证券交易成交额在二百万元以上的；

（三）期货交易占用保证金数额在一百万元以上的；

（四）二年内三次以上实施内幕交易、泄露内幕信息行为的；

（五）明示、暗示三人以上从事与内幕信息相关的证券、期货交易活动的；

（六）具有其他严重情节的。

内幕交易获利或者避免损失数额在二十五万元以上，或者证券交易成交额在一百万元以上，或者期货交易占用保证金数额在五十万元以上，同时涉嫌下列情形之一的，应予立案追诉：

（一）证券法规定的证券交易内幕信息的知情人实施或者与他人共同实施内幕交易行为的；

（二）以出售或者变相出售内幕信息等方式，明示、暗示他人从事与该内幕信息相关的交易活动的；

（三）因证券、期货犯罪行为受过刑事追究的；

（四）二年内因证券、期货违法行为受过行政处罚的；

（五）造成其他严重后果的。

第三十一条〔利用未公开信息交易案（刑法第一百八十条第四款）〕证券交易所、期货交易所、证券公司、期货公司、基金管理公司、商业银行、保险公司等金融机构的从业人员以及有关监管部门或者行业协会的工作人员，利用因职务便利获取的内幕信息以外的其他未公开的信息，违反规定，从事与该信息相关的证券、期货交易活动，或者明示、暗示他人从事相关交易活动，涉嫌下列情形之一的，应予立案追诉：

（一）获利或者避免损失数额在一百万元以上的；

（二）二年内三次以上利用未公开信息交易的；

（三）明示、暗示三人以上从事相关交易活动的；

（四）具有其他严重情节的。

利用未公开信息交易，获利或者避免损失数额在五十万元以上，或者证券交易成交额在五百万元以上，或者期货交易占用保证金数额在一百万元以上，同时涉嫌下列情形之一的，应予立案追诉：

（一）以出售或者变相出售未公开信息等方式，明示、暗示他人从事相关交易活动的；

（二）因证券、期货犯罪行为受过刑事追究的；

（三）二年内因证券、期货违法行为受过行政处罚的；

（四）造成其他严重后果的。

第三十二条〔编造并传播证券、期货交易虚假信息案（刑法第一百八十一条第一款）〕编造并且传播影响证券、期货交易的虚假信息，扰乱证券、期货交易市场，涉嫌下列情形之一的，应予立案追诉：

（一）获利或者避免损失数额在五万元以上的；

（二）造成投资者直接经济损失数额在五十万元以上的；

（三）虽未达到上述数额标准，但多次编造并且传播影响证券、期货交易的虚假信息的；

（四）致使交易价格或者交易量异常波动的；

（五）造成其他严重后果的。

第三十三条〔诱骗投资者买卖证券、期货合约案（刑法第一百八十一条第二款）〕证券交易所、期货交易所、证券公司、期货公司的从业人员，证券业协会、期货业协会或者证券期货监督管理部门的工作人员，故意提供虚假信息或者伪造、变造、销毁交易记录，诱骗投资者买卖证券、期货合约，涉嫌下列情形之一的，应予立案追诉：

（一）获利或者避免损失数额在五万元以上的；

（二）造成投资者直接经济损失数额在五十万元以上的；

（三）虽未达到上述数额标准，但多次诱骗投资者买卖证券、期货合约的；

（四）致使交易价格或者交易量异常波动的；

（五）造成其他严重后果的。

第三十四条〔操纵证券、期货市场案（刑法第一百八十二条）〕 操纵证券、期货市场，影响证券、期货交易价格或者证券、期货交易量，涉嫌下列情形之一的，应予立案追诉：

（一）持有或者实际控制证券的流通股份数量达到该证券的实际流通股份总量百分之十以上，实施刑法第一百八十二条第一款第一项操纵证券市场行为，连续十个交易日的累计成交量达到同期该证券总成交量百分之二十以上的；

（二）实施刑法第一百八十二条第一款第二项、第三项操纵证券市场行为，连续十个交易日的累计成交量达到同期该证券总成交量百分之二十以上的；

（三）利用虚假或者不确定的重大信息，诱导投资者进行证券交易，行为人进行相关证券交易的成交额在一千万元以上的；

（四）对证券、证券发行人公开作出评价、预测或者投资建议，同时进行反向证券交易，证券交易成交额在一千万元以上的；

（五）通过策划、实施资产收购或者重组、投资新业务、股权转让、上市公司收购等虚假重大事项，误导投资者作出投资决策，并进行相关交易或者谋取相关利益，证券交易成交额在一千万元以上的；

（六）通过控制发行人、上市公司信息的生成或者控制信息披露的内容、时点、节奏，误导投资者作出投资决策，并进行相关交易或者谋取相关利益，证券交易成交额在一千万元以上的；

（七）实施刑法第一百八十二条第一款第一项操纵期货市场行为，实际控制的帐户合并持仓连续十个交易日的最高值超过期货交易所限仓标准的二倍，累计成交量达到同期该期货合约总成交量百分之二十以上，且期货交易占用保证金数额在五百万元以上的；

（八）通过囤积现货，影响特定期货品种市场行情，并进行相关期货交易，实际控制的帐户合并持仓连续十个交易日的最高值超过期货交易所限仓标准的二倍，累计成交量达到同期该期货合约总成交量百分之二十以上，且期货交易占用保证金数额在五百万元以上的；

（九）实施刑法第一百八十二条第一款第二项、第三项操纵期货市场行为，实际控制的帐户连续十个交易日的累计成交量达到同期该期货合约总成交量百分之二十以上，且期货交易占用保证金数额在五百万元以上的；

（十）利用虚假或者不确定的重大信息，诱导投资者进行期货交易，行为人进行相关期货交易，实际控制的帐户连续十个交易日的累计成交量达到同期该期货合约总成交量百分之二十以上，且期货交易占用保证金数额在五百万元以上的；

（十一）对期货交易标的公开作出评价、预测或者投资建议，同时进行相关期货交易，实际控制的帐户连续十个交易日的累计成交量达到同期该期货合约总成交量的百分之二十以上，且期货交易占用保证金数额在五百万元以上的；

（十二）不以成交为目的，频繁或者大量申报买入、卖出证券、期货合约并撤销申报，当日累计撤回申报量达到同期该证券、期货合约总申报量百分之五十以上，且证券撤回申报额在一千万元以上、撤回申报的期货合约占用保证金数额在五百万元以上的；

（十三）实施操纵证券、期货市场行为，获利或者避免损失数额在一百万元以上的。

操纵证券、期货市场，影响证券、期货交易价格或者证券、期货交易量，获利或者避免损失数额在五十万元以上，同时涉嫌下列情形之一的，应予立案追诉：

（一）发行人、上市公司及其董事、监事、高级管理人员、控股股东或者实际控制人实施操纵证券、期货市场行为的；

（二）收购人、重大资产重组的交易对方及其董事、监事、高级管理人员、控股股东或者实际控制人实施操纵证券、期货市场行为的；

（三）行为人明知操纵证券、期货市场行为被有关部门调查，仍继续实施的；

（四）因操纵证券、期货市场行为受过刑事追究的；

（五）二年内因操纵证券、期货市场行为受过行政处罚的；

（六）在市场出现重大异常波动等特定时段操纵证券、期货市场的；

（七）造成其他严重后果的。

对于在全国中小企业股份转让系统中实施操纵证券市场行为，社会危害性大，严重破坏公平公正的市场秩序的，比照本条的规定执行，但本条第一款第一项和第二项除外。

第三十五条〔背信运用受托财产案（刑法第一百八十五条之一第一款）〕商业银行、证券交易所、期货交易所、证券公司、期货公司、保险公司或者其他金融机构，违背受托义务，擅自运用客户资金或者其他委托、信托的财产，涉嫌下列情形之一的，应予立案追诉：

（一）擅自运用客户资金或者其他委托、信托的财产数额在三十万元以上的；

（二）虽未达到上述数额标准，但多次擅自运用客户资金或者其他委托、信托的财产，或者擅自运用多个客户资金或者其他委托、信托的财产的；

（三）其他情节严重的情形。

第三十六条〔违法运用资金案（刑法第一百八十五条之一第二款）〕社会保障基金管理机构、住房公积金管理机构等公众资金管理机构，以及保险公司、保险资产管理公司、证券投资基金管理公司，违反国家规定运用资金，涉嫌下列情形之一的，应予立案追诉：

（一）违反国家规定运用资金数额在三十万元以上的；

（二）虽未达到上述数额标准，但多次违反国家规定运用资金的；

（三）其他情节严重的情形。

第三十七条〔违法发放贷款案（刑法第一百八十六条）〕银行或者其他金融机构及其工作人员违反国家规定发放贷款，涉嫌下列情形之一的，应予立案追诉：

（一）违法发放贷款，数额在二百万元以上的；

（二）违法发放贷款，造成直接经济损失数额在五十万元以上的。

第三十八条〔吸收客户资金不入帐案（刑法第一百八十七条）〕银行或者其他金融机构及其工作人员吸收客户资金不入帐，涉嫌下列情形之一的，应予立案追诉：

（一）吸收客户资金不入帐，数额在二百万元以上的；

（二）吸收客户资金不入帐，造成直接经济损失数额在五十万元以上的。

第三十九条〔违规出具金融票证案（刑法第一百八十八条）〕银

行或者其他金融机构及其工作人员违反规定，为他人出具信用证或者其他保函、票据、存单、资信证明，涉嫌下列情形之一的，应予立案追诉：

（一）违反规定为他人出具信用证或者其他保函、票据、存单、资信证明，数额在二百万元以上的；

（二）违反规定为他人出具信用证或者其他保函、票据、存单、资信证明，造成直接经济损失数额在五十万元以上的；

（三）多次违规出具信用证或者其他保函、票据、存单、资信证明的；

（四）接受贿赂违规出具信用证或者其他保函、票据、存单、资信证明的；

（五）其他情节严重的情形。

第四十条〔对违法票据承兑、付款、保证案（刑法第一百八十九条）〕银行或者其他金融机构及其工作人员在票据业务中，对违反票据法规定的票据予以承兑、付款或者保证，造成直接经济损失数额在五十万元以上的，应予立案追诉。

第四十一条〔逃汇案（刑法第一百九十条）〕公司、企业或者其他单位，违反国家规定，擅自将外汇存放境外，或者将境内的外汇非法转移到境外，单笔在二百万美元以上或者累计数额在五百万美元以上的，应予立案追诉。

第四十二条〔骗购外汇案《全国人民代表大会常务委员会关于惩治骗购外汇、逃汇和非法买卖外汇犯罪的决定》第一条）〕骗购外汇，数额在五十万美元以上的，应予立案追诉。

第四十三条〔洗钱案（刑法第一百九十一条）〕为掩饰、隐瞒毒品犯罪、黑社会性质的组织犯罪、恐怖活动犯罪、走私犯罪、贪污贿赂犯罪、破坏金融管理秩序犯罪、金融诈骗犯罪的所得及其产生的收益的来源和性质，涉嫌下列情形之一的，应予立案追诉：

（一）提供资金帐户的；

（二）将财产转换为现金、金融票据、有价证券的；

（三）通过转帐或者其他支付结算方式转移资金的；

（四）跨境转移资产的；

（五）以其他方法掩饰、隐瞒犯罪所得及其收益的来源和性质的。

第四十四条 〔集资诈骗案（刑法第一百九十二条）〕以非法占有为目的，使用诈骗方法非法集资，数额在十万元以上的，应予立案追诉。

第四十五条 〔贷款诈骗案（刑法第一百九十三条）〕以非法占有为目的，诈骗银行或者其他金融机构的贷款，数额在五万元以上的，应予立案追诉。

第四十六条 〔票据诈骗案（刑法第一百九十四条第一款）〕进行金融票据诈骗活动，数额在五万元以上的，应予立案追诉。

第四十七条 〔金融凭证诈骗案（刑法第一百九十四条第二款）〕使用伪造、变造的委托收款凭证、汇款凭证、银行存单等其他银行结算凭证进行诈骗活动，数额在五万元以上的，应予立案追诉。

第四十八条 〔信用证诈骗案（刑法第一百九十五条）〕进行信用证诈骗活动，涉嫌下列情形之一的，应予立案追诉：

（一）使用伪造、变造的信用证或者附随的单据、文件的；

（二）使用作废的信用证的；

（三）骗取信用证的；

（四）以其他方法进行信用证诈骗活动的。

第四十九条 〔信用卡诈骗案（刑法第一百九十六条）〕进行信用

卡诈骗活动，涉嫌下列情形之一的，应予立案追诉：

（一）使用伪造的信用卡、以虚假的身份证明骗领的信用卡、作废的信用卡或者冒用他人信用卡，进行诈骗活动，数额在五千元以上的；

（二）恶意透支，数额在五万元以上的。

本条规定的“恶意透支”，是指持卡人以非法占有为目的，超过规定限额或者规定期限透支，经发卡银行两次有效催收后超过三个月仍不归还的。

恶意透支的数额，是指公安机关刑事立案时尚未归还的实际透支的本金数额，不包括利息、复利、滞纳金、手续费等发卡银行收取的费用。归还或者支付的数额，应当认定为归还实际透支的本金。

恶意透支，数额在五万元以上不满五十万元的，在提起公诉前全部归还或者具有其他情节轻微情形的，可以不起诉。但是，因信用卡诈骗受过二次以上处罚的除外。

第五十条 〔有价证券诈骗案（刑法第一百九十七条）〕使用伪造、变造的国库券或者国家发行的其他有价证券进行诈骗活动，数额在五万元以上的，应予立案追诉。

第五十一条 〔保险诈骗案（刑法第一百九十八条）〕进行保险诈骗活动，数额在五万元以上的，应予立案追诉。

第五十二条 〔逃税案（刑法第二百零一条）〕逃避缴纳税款，涉嫌下列情形之一的，应予立案追诉：

（一）纳税人采取欺骗、隐瞒手段进行虚假纳税申报或者不申报，逃避缴纳税款，数额在十万元以上并且占各税种应纳税总额百分之十以上，经税务机关依法下达追缴通知后，不补缴应纳税款、不缴纳滞纳金或者不接受行政处罚的；

（二）纳税人五年内因逃避缴纳税款受过刑事处罚或者被税务机关给予二次以上行政处罚，又逃避缴纳税款，数额在十万元以上并且占各税种应纳税总额百分之十以上的；

（三）扣缴义务人采取欺骗、隐瞒手段，不缴或者少缴已扣、已收税款，数额在十万元以上的。

纳税人在公安机关立案后再补缴应纳税款、缴纳滞纳金或者接受行政处罚的，不影响刑事责任的追究。

第五十三条 〔抗税案（刑法第二百零二条）〕以暴力、威胁方法拒不缴纳税款，涉嫌下列情形之一的，应予立案追诉：

（一）造成税务工作人员轻微伤以上的；

（二）以给税务工作人员及其亲友的生命、健康、财产等造成损害为威胁，抗拒缴纳税款的；

（三）聚众抗拒缴纳税款的；

（四）以其他暴力、威胁方法拒不缴纳税款的。

第五十四条 〔逃避追缴欠税案（刑法第二百零三条）〕纳税人欠缴应纳税款，采取转移或者隐匿财产的手段，致使税务机关无法追缴欠缴的税款，数额在一万元以上的，应予立案追诉。

第五十五条 〔骗取出口退税案（刑法第二百零四条）〕以假报出口或者其他欺骗手段，骗取国家出口退税款，数额在十万元以上的，应予立案追诉。

第五十六条 〔虚开增值税专用发票、用于骗取出口退税、抵扣税款发票案（刑法第二百零五条）〕虚开增值税专用发票或者虚开用于骗取出口退税、抵扣税款的其他发票，虚开的税款数额在十万元以上或者造成国家税款损失数额在五万元以上的，应予立案追诉。

第五十七条 〔虚开发票案（刑法第二百零五条之一）〕虚开刑法

第二百零五条规定以外的其他发票，涉嫌下列情形之一的，应予立案追诉：

（一）虚开发票金额累计在五十万元以上的；

（二）虚开发票一百份以上且票面金额在三十万元以上的；

（三）五年内因虚开发票受过刑事处罚或者二次以上行政处罚，又虚开发票，数额达到第一、二项标准百分之六十以上的。

第五十八条〔伪造、出售伪造的增值税专用发票案（刑法第二百零六条）〕伪造或者出售伪造的增值税专用发票，涉嫌下列情形之一的，应予立案追诉：

（一）票面税额累计在十万元以上的；

（二）伪造或者出售伪造的增值税专用发票十份以上且票面税额在六万元以上的；

（三）非法获利数额在一万元以上的。

第五十九条〔非法出售增值税专用发票案（刑法第二百零七条）〕非法出售增值税专用发票，涉嫌下列情形之一的，应予立案追诉：

（一）票面税额累计在十万元以上的；

（二）非法出售增值税专用发票十份以上且票面税额在六万元以上的；

（三）非法获利数额在一万元以上的。

第六十条〔非法购买增值税专用发票、购买伪造的增值税专用发票案（刑法第二百零八条第一款）〕非法购买增值税专用发票或者购买伪造的增值税专用发票，涉嫌下列情形之一的，应予立案追诉：

（一）非法购买增值税专用发票或者购买伪造的增值税专用发票二十份以上且票面税额在十万元以上的；

（二）票面税额累计在二十万元以上的。

第六十一条 〔非法制造、出售非法制造的用于骗取出口退税、抵扣税款发票案（刑法第二百零九条第一款）〕伪造、擅自制造或者出售伪造、擅自制造的用于骗取出口退税、抵扣税款的其他发票，涉嫌下列情形之一的，应予立案追诉：

（一）票面可以退税、抵扣税额累计在十万元以上的；

（二）伪造、擅自制造或者出售伪造、擅自制造的发票十份以上且票面可以退税、抵扣税额在六万元以上的；

（三）非法获利数额在一万元以上的。

第六十二条 〔非法制造、出售非法制造的发票案（刑法第二百零九条第二款）〕伪造、擅自制造或者出售伪造、擅自制造的不具有骗取出口退税、抵扣税款功能的其他发票，涉嫌下列情形之一的，应予立案追诉：

（一）伪造、擅自制造或者出售伪造、擅自制造的不具有骗取出口退税、抵扣税款功能的其他发票一百份以上且票面金额累计在三十万元以上的；

（二）票面金额累计在五十万元以上的；

（三）非法获利数额在一万元以上的。

第六十三条 〔非法出售用于骗取出口退税、抵扣税款发票案（刑法第二百零九条第三款）〕非法出售可以用于骗取出口退税、抵扣税款的其他发票，涉嫌下列情形之一的，应予立案追诉：

（一）票面可以退税、抵扣税额累计在十万元以上的；

（二）非法出售用于骗取出口退税、抵扣税款的其他发票十份以上且票面可以退税、抵扣税额在六万元以上的；

（三）非法获利数额在一万元以上的。

第六十四条 〔非法出售发票案（刑法第二百零九条第四款）〕非法出售增值税专用发票、用于骗取出口退税、抵扣税款的其他发票以外的发票，涉嫌下列情形之一的，应予立案追诉：

（一）非法出售增值税专用发票、用于骗取出口退说、抵扣税款的其他发票以外的发票一百份以上且票面金额累计在三十万元以上的；

（二）票面金额累计在五十万元以上的；

（三）非法获利数额在一万元以上的。

第六十五条 〔持有伪造的发票案（刑法第二百一十条之一）〕明知是伪造的发票而持有，涉嫌下列情形之一的，应予立案追诉：

（一）持有伪造的增值税专用发票或者可以用于骗取出口退税、抵扣税款的其他发票五十份以上且票面税额累计在二十五万元以上的；

（二）持有伪造的增值税专用发票或者可以用于骗取出口退税、抵扣税款的其他发票票面税额累计在五十万元以上的；

（三）持有伪造的第一项规定以外的其他发票一百份以上且票面金额在五十万元以上的；

（四）持有伪造的第一项规定以外的其他发票票面金额累计在一百万元以上的。

第六十六条 〔损害商业信誉、商品声誉案（刑法第二百二十一条）〕捏造并散布虚伪事实，损害他人的商业信誉、商品声誉，涉嫌下列情形之一的，应予立案追诉：

（一）给他人造成直接经济损失数额在五十万元以上的；

（二）虽未达到上述数额标准，但造成公司、企业等单位停业、停产六个月以上，或者破产的；

（三）其他给他人造成重大损失或者有其他严重情节的情形。

第六十七条 〔虚假广告案（刑法第二百二十二条）〕广告主、广告经营者、广告发布者违反国家规定，利用广告对商品或者服务作虚假宣传，涉嫌下列情形之一的，应予立案追诉：

（一）违法所得数额在十万元以上的；

（二）假借预防、控制突发事件、传染病防治的名义，利用广告作虚假宣传，致使多人上当受骗，违法所得数额在三万元以上的；

（三）利用广告对食品、药品作虚假宣传，违法所得数额在三万元以上的；

（四）虽未达到上述数额标准，但二年内因利用广告作虚假宣传受过二次以上行政处罚，又利用广告作虚假宣传的；

（五）造成严重危害后果或者恶劣社会影响的；

（六）其他情节严重的情形。

第六十八条 〔串通投标案（刑法第二百二十三条）〕投标人相互串通投标报价，或者投标人与招标人串通投标，涉嫌下列情形之一的，应予立案追诉：

（一）损害招标人、投标人或者国家、集体、公民的合法利益，造成直接经济损失数额在五十万元以上的；

（二）违法所得数额在二十万元以上的；

（三）中标项目金额在四百万元以上的；

（四）采取威胁、欺骗或者贿赂等非法手段的；

（五）虽未达到上述数额标准，但二年内因串通投标受过二次以上行政处罚，又串通投标的；

（六）其他情节严重的情形。

第六十九条 〔合同诈骗案（刑法第二百二十四条）〕以非法占有

为目的，在签订、履行合同过程中，骗取对方当事人财物，数额在二万元以上的，应予立案追诉。

第七十条 〔组织、领导传销活动案（刑法第二百二十四条之一）〕 组织、领导以推销商品、提供服务等经营活动为名，要求参加者以缴纳费用或者购买商品、服务等方式获得加入资格，并按照一定顺序组成层级，直接或者间接以发展人员的数量作为计酬或者返利依据，引诱、胁迫参加者继续发展他人参加，骗取财物，扰乱经济社会秩序的传销活动，涉嫌组织、领导的传销活动人员在三十人以上且层级在三级以上的，对组织者、领导者，应予立案追诉。

下列人员可以认定为传销活动的组织者、领导者：

（一）在传销活动中起发起、策划、操纵作用的人员；

（二）在传销活动中承担管理、协调等职责的人员；

（三）在传销活动中承担宣传、培训等职责的人员；

（四）因组织、领导传销活动受过刑事追究，或者一年内因组织、领导传销活动受过行政处罚，又直接或者间接发展参与传销活动人员在十五人以上且层级在三级以上的人员；

（五）其他对传销活动的实施、传销组织的建立、扩大等起关键作用的人员。

第七十一条 〔非法经营案（刑法第二百二十五条）〕 违反国家规定，进行非法经营活动，扰乱市场秩序，涉嫌下列情形之一的，应予立案追诉：

（一）违反国家烟草专卖管理法律法规，未经烟草专卖行政主管部门许可，无烟草专卖生产企业许可证、烟草专卖批发企业许可证、特种烟草专卖经营企业许可证、烟草专卖零售许可证等许可证明，非法经营烟草专卖品，具有下列情形之一的：

1. 非法经营数额在五万元以上，或者违法所得数额在二万元以上的；

2. 非法经营卷烟二十万支以上的；

3. 三年内因非法经营烟草专卖品受过二次以上行政处罚，又非法经营烟草专卖品且数额在三万元以上的。

（二）未经国家有关主管部门批准，非法经营证券、期货、保险业务，或者非法从事资金支付结算业务，具有下列情形之一的：

1. 非法经营证券、期货、保险业务，数额在一百万元以上，或者违法所得数额在十万元以上的；

2. 非法从事资金支付结算业务，数额在五百万元以上，或者违法所得数额在十万元以上的；

3. 非法从事资金支付结算业务，数额在二百五十万元以上不满五百万元，或者违法所得数额在五万元以上不满十万元，且具有下列情形之一的：

（1）因非法从事资金支付结算业务犯罪行为受过刑事追究的；

（2）二年内因非法从事资金支付结算业务违法行为受过行政处罚的；

（3）拒不交代涉案资金去向或者拒不配合追缴工作，致使赃款无法追缴的；

（4）造成其他严重后果的。

4. 使用销售点终端机具（POS 机）等方法，以虚构交易、虚开价格、现金退货等方式向信用卡持卡人直接支付现金，数额在一百万元以上的，或者造成金融机构资金二十万元以上逾期未还的，或者造成金融机构经济损失十万元以上的。

（三）实施倒买倒卖外汇或者变相买卖外汇等非法买卖外汇行为，

扰乱金融市场秩序，具有下列情形之一的：

1. 非法经营数额在五百万元以上的，或者违法所得数额在十万元以上的；

2. 非法经营数额在二百五十万元以上，或者违法所得数额在五万元以上，且具有下列情形之一的：

（1）因非法买卖外汇犯罪行为受过刑事追究的；

（2）二年内因非法买卖外汇违法行为受过行政处罚的；

（3）拒不交代涉案资金去向或者拒不配合追缴工作，致使赃款无法追缴的；

（4）造成其他严重后果的。

3. 公司、企业或者其他单位违反有关外贸代理业务的规定，采用非法手段，或者明知是伪造、变造的凭证、商业单据，为他人向外汇指定银行骗购外汇，数额在五百万美元以上或者违法所得数额在五十万元以上的；

4. 居间介绍骗购外汇，数额在一百万美元以上或者违法所得数额在十万元以上的。

（四）出版、印刷、复制、发行严重危害社会秩序和扰乱市场秩序的非法出版物，具有下列情形之一的：

1. 个人非法经营数额在五万元以上的，单位非法经营数额在十五万元以上的；

2. 个人违法所得数额在二万元以上的，单位违法所得数额在五万元以上的；

3. 个人非法经营报纸五千份或者期刊五千本或者图书二千册或者音像制品、电子出版物五百张（盒）以上的，单位非法经营报纸一万五千份或者期刊一万五千本或者图书五千册或者音像制品、电子出版物一千五百张（盒）以上的；

4. 虽未达到上述数额标准，但具有下列情形之一的：

（1）二年内因出版、印刷、复制、发行非法出版物受过二次以上行政处罚，又出版、印刷、复制、发行非法出版物的；

（2）因出版、印刷、复制、发行非法出版物造成恶劣社会影响或者其他严重后果的。

（五）非法从事出版物的出版、印刷、复制、发行业务，严重扰乱市场秩序，具有下列情形之一的：

1. 个人非法经营数额在十五万元以上的，单位非法经营数额在五十万元以上的；

2. 个人违法所得数额在五万元以上的，单位违法所得数额在十五万元以上的；

3. 个人非法经营报纸一万五千份或者期刊一万五千本或者图书五千册或者音像制品、电子出版物一千五百张（盒）以上的，单位非法经营报纸五万份或者期刊五万本或者图书一万五千册或者音像制品、电子出版物五千张（盒）以上的；

4. 虽未达到上述数额标准，二年内因非法从事出版物的出版、印刷、复制、发行业务受过二次以上行政处罚，又非法从事出版物的出版、印刷、复制、发行业务的。

（六）采取租用国际专线、私设转接设备或者其他方法，擅自经营国际电信业务或者涉港澳台电信业务进行营利活动，扰乱电信市场管理秩序，具有下列情形之一的：

1. 经营去话业务数额在一百万元以上的；

2. 经营来话业务造成电信资费损失数额在一百万元以上的；

3. 虽未达到上述数额标准，但具有下列情形之一的：

（1）二年内因非法经营国际电信业务或者涉港澳台电信业务行为受过二次以上行政处罚，又非法经营国际电信业务或者涉港澳台电信业务的；

（2）因非法经营国际电信业务或者涉港澳台电信业务行为造成其他严重后果的。

（七）以营利为目的，通过信息网络有偿提供删除信息服务，或者明知是虚假信息，通过信息网络有偿提供发布信息等服务，扰乱市场秩序，具有下列情形之一的：

1. 个人非法经营数额在五万元以上，或者违法所得数额在二万元以上的；

2. 单位非法经营数额在十五万元以上，或者违法所得数额在五万元以上的。

（八）非法生产、销售“黑广播”“伪基站”、无线电干扰器等无线电设备，具有下列情形之一的：

1. 非法生产、销售无线电设备三套以上的；

2. 非法经营数额在五万元以上的；

3. 虽未达到上述数额标准，但二年内因非法生产、销售无线电设备受过二次以上行政处罚，又非法生产、销售无线电设备的。

（九）以提供给他人开设赌场为目的，违反国家规定，非法生产、销售具有退币、退分、退钢珠等赌博功能的电子游戏设施设备或者其专用软件，具有下列情形之一的：

1. 个人非法经营数额在五万元以上，或者违法所得数额在一万元以上的；

2. 单位非法经营数额在五十万元以上，或者违法所得数额在十万元以上的；

3. 虽未达到上述数额标准，但二年内因非法生产、销售赌博机行为受过二次以上行政处罚，又进行同种非法经营行为的；

4. 其他情节严重的情形。

（十）实施下列危害食品安全行为，非法经营数额在十万元以上，或者违法所得数额在五万元以上的：

1. 以提供给他人生产、销售食品为目的，违反国家规定，生产、销售国家禁止用于食品生产、销售的非食品原料的；

2. 以提供给他人生产、销售食用农产品为目的，违反国家规定，生产、销售国家禁用农药、食品动物中禁止使用的药品及其他化合物等有毒、有害的非食品原料，或者生产、销售添加上述有毒、有害的非食品原料的农药、兽药、饲料、饲料添加剂、饲料原料的；

3. 违反国家规定，私设生猪屠宰厂（场），从事生猪屠宰、销售等经营活动的。

（十一）未经监管部门批准，或者超越经营范围，以营利为目的，以超过百分之三十六的实际年利率经常性地向社会不特定对象发放贷款，具有下列情形之一的：

1. 个人非法放贷数额累计在二百万元以上的，单位非法放贷数额累计在一千万元以上的；

2. 个人违法所得数额累计在八十万元以上的，单位违法所得数额累计在四百万元以上的；

3. 个人非法放贷对象累计在五十人以上的，单位非法放贷对象累计在一百五十人以上的；

4. 造成借款人或者其近亲属自杀、死亡或者精神失常等严重后果的。

5. 虽未达到上述数额标准，但具有下列情形之一的：

（1）二年内因实施非法放贷行为受过二次以上行政处罚的；

（2）以超过百分之七十二的实际年利率实施非法放贷行为十次以上的。

黑恶势力非法放贷的，按照第1、2、3项规定的相应数额、数量标准的百分之五十确定。同时具有第5项规定情形的，按照相应数额、数量标准的百分之四十确定。

（十二）从事其他非法经营活动，具有下列情形之一的：

1. 个人非法经营数额在五万元以上，或者违法所得数额在一万元以上的；

2. 单位非法经营数额在五十万元以上，或者违法所得数额在十万元以上的；

3. 虽未达到上述数额标准，但二年内因非法经营行为受过二次以上行政处罚，又从事同种非法经营行为的；

4. 其他情节严重的情形。

法律、司法解释对非法经营罪的立案追诉标准另有规定的，依照其规定。

第七十二条 〔非法转让、倒卖土地使用权案（刑法第二百二十八条）〕以牟利为目的，违反土地管理法规，非法转让、倒卖土地使用权，涉嫌下列情形之一的，应予立案追诉：

（一）非法转让、倒卖永久基本农田五亩以上的；

（二）非法转让、倒卖永久基本农田以外的耕地十亩以上的；

（三）非法转让、倒卖其他土地二十亩以上的；

（四）违法所得数额在五十万元以上的；

（五）虽未达到上述数额标准，但因非法转让、倒卖土地使用权受过行政处罚，又非法转让、倒卖土地的；

（六）其他情节严重的情形。

第七十三条 〔提供虚假证明文件案（刑法第二百二十九条第一款）〕承担资产评估、验资、验证、会计、审计、法律服务、保荐、安全评价、环境影响评价、环境监测等职责的中介组织的人员故意提供虚假证明文件，涉嫌下列情形之一的，应予立案追诉：

（一）给国家、公众或者其他投资者造成直接经济损失数额在五十万元以上的；

（二）违法所得数额在十万元以上的；

（三）虚假证明文件虚构数额在一百万元以上且占实际数额百分之三十以上的；

（四）虽未达到上述数额标准，但二年内因提供虚假证明文件受过二次以上行政处罚，又提供虚假证明文件的；

（五）其他情节严重的情形。

第七十四条 〔出具证明文件重大失实案（刑法第二百二十九条第三款）〕承担资产评估、验资、验证、会计、审计、法律服务、保荐、安全评价、环境影响评价、环境监测等职责的中介组织的人员严重不负责任，出具的证明文件有重大失实，涉嫌下列情形之一的，应予立案追诉：

（一）给国家、公众或者其他投资者造成直接经济损失数额在一百万元以上的；

（二）其他造成严重后果的情形。

第七十五条 〔逃避商检案（刑法第二百三十条）〕违反进出口商品检验法的规定，逃避商品检验，将必须经商检机构检验的进口商品未报经检验而擅自销售、使用，或者将必须经商检机构检验的出口商品未报经检验合格而擅自出口，涉嫌下列情形之一的，应予立案追诉：

（一）给国家、单位或者个人造成直接经济损失数额在五十万元以上的；

（二）逃避商检的进出口货物货值金额在三百万元以上的；

（三）导致病疫流行、灾害事故的；

（四）多次逃避商检的；

（五）引起国际经济贸易纠纷，严重影响国家对外贸易关系，或者严重损害国家声誉的；

（六）其他情节严重的情形。

第七十六条 〔职务侵占案（刑法第二百七十一条第一款）〕公司、企业或者其他单位的人员，利用职务上的便利，将本单位财物非法占为己有，数额在三万元以上的，应予立案追诉。

第七十七条 〔挪用资金案（刑法第二百七十二条第一款）〕公司、企业或者其他单位的工作人员，利用职务上的便利，挪用本单位资金归个人使用或者借贷给他人，涉嫌下列情形之一的，应予立案追诉：

（一）挪用本单位资金数额在五万元以上，超过三个月未还的；

（二）挪用本单位资金数额在五万元以上，进行营利活动的；

（三）挪用本单位资金数额在三万元以上，进行非法活动的。

具有下列情形之一的，属于本条规定的“归个人使用”：

（一）将本单位资金供本人、亲友或者其他自然人使用的；

（二）以个人名义将本单位资金供其他单位使用的；

（三）个人决定以单位名义将本单位资金供其他单位使用，谋取个人利益的。

第七十八条 〔虚假诉讼案（刑法第三百零七条之一）〕单独或者与他人恶意串通，以捏造的事实提起民事诉讼，涉嫌下列情形之一的，应予立案追诉：

（一）致使人民法院基于捏造的事实采取财产保全或者行为保全措施的；

（二）致使人民法院开庭审理，干扰正常司法活动的；

（三）致使人民法院基于捏造的事实作出裁判文书、制作财产分配方案，或者立案执行基于捏造的事实作出的仲裁裁决、公证债权文书的；

（四）多次以捏造的事实提起民事诉讼的；

（五）因以捏造的事实提起民事诉讼被采取民事诉讼强制措施或者受过刑事追究的；

（六）其他妨害司法秩序或者严重侵害他人合法权益的情形。

附 则

第七十九条 本规定中的“货币”是指在境内外正在流通的以下货币：

（一）人民币（含普通纪念币、贵金属纪念币）、港元、澳门元、新台币；

（二）其他国家及地区的法定货币。

贵金属纪念币的面额以中国人民银行授权中国金币总公司的初始发售价格为准。

第八十条 本规定中的“多次”，是指三次以上。

第八十一条 本规定中的“虽未达到上述数额标准”，是指接近上述数额标准且已达到该数额的百分之八十以上的。

第八十二条 对于预备犯、未遂犯、中止犯，需要追究刑事责任的，应予立案追诉。

第八十三条 本规定中的立案追诉标准，除法律、司法解释、本规定中另有规定的以外，适用于相应的单位犯罪。

第八十四条　本规定中的“以上”，包括本数。

第八十五条　本规定自2022年5月15日施行。《最高人民检察院、公安部关于公安机关管辖的刑事案件立案追诉标准的规定（二）》（公通字〔2010〕23号）和《最高人民检察院、公安部关于公安机关管辖的刑事案件立案追诉标准的规定（二）的补充规定》（公通字〔2011〕47号）同时废止。

最高人民法院、最高人民检察院关于办理渎职刑事案件适用法律若干问题的解释（一）

（2012年12月7日　法释〔2012〕18号）

为依法惩治渎职犯罪，根据刑法有关规定，现就办理渎职刑事案件适用法律的若干问题解释如下：

第一条　国家机关工作人员滥用职权或者玩忽职守，具有下列情形之一的，应当认定为刑法第三百九十七条规定的“致使公共财产、国家和人民利益遭受重大损失”：

（一）造成死亡1人以上，或者重伤3人以上，或者轻伤9人以上，或者重伤2人、轻伤3人以上，或者重伤1人、轻伤6人以上的；

（二）造成经济损失30万元以上的；

（三）造成恶劣社会影响的；

（四）其他致使公共财产、国家和人民利益遭受重大损失的情形。

具有下列情形之一的，应当认定为刑法第三百九十七条规定的“情节特别严重”：

（一）造成伤亡达到前款第（一）项规定人数3倍以上的；

（二）造成经济损失150万元以上的；

（三）造成前款规定的损失后果，不报、迟报、谎报或者授意、指使、强令他人不报、迟报、谎报事故情况，致使损失后果持续、扩大或者抢救工作延误的；

（四）造成特别恶劣社会影响的；

（五）其他特别严重的情节。

第二条 国家机关工作人员实施滥用职权或者玩忽职守犯罪行为，触犯刑法分则第九章第三百九十八条至第四百一十九条规定的，依照该规定定罪处罚。

国家机关工作人员滥用职权或者玩忽职守，因不具备徇私舞弊等情形，不符合刑法分则第九章第三百九十八条至第四百一十九条的规定，但依法构成第三百九十七条规定的犯罪的，以滥用职权罪或者玩忽职守罪定罪处罚。

第三条 国家机关工作人员实施渎职犯罪并收受贿赂，同时构成受贿罪的，除刑法另有规定外，以渎职犯罪和受贿罪数罪并罚。

第四条 国家机关工作人员实施渎职行为，放纵他人犯罪或者帮助他人逃避刑事处罚，构成犯罪的，依照渎职罪的规定定罪处罚。

国家机关工作人员与他人共谋，利用其职务行为帮助他人实施其他犯罪行为，同时构成渎职犯罪和共谋实施的其他犯罪共犯的，依照处罚较重的规定定罪处罚。

国家机关工作人员与他人共谋，既利用其职务行为帮助他人实施其他犯罪，又以非职务行为与他人共同实施该其他犯罪行为，同时构成渎职犯罪和其他犯罪的共犯的，依照数罪并罚的规定定罪处罚。

第五条 国家机关负责人员违法决定，或者指使、授意、强令其他国家机关工作人员违法履行职务或者不履行职务，构成刑法分则第九章规定的渎职犯罪的，应当依法追究刑事责任。

以“集体研究”形式实施的渎职犯罪，应当依照刑法分则第九章的规定追究国家机关负有责任的人员的刑事责任。对于具体执行人员，应当在综合认定其行为性质、是否提出反对意见、危害结果大小等情节的基础上决定是否追究刑事责任和应当判处的刑罚。

第六条 以危害结果为条件的渎职犯罪的追诉期限，从危害结果发生之日起计算；有数个危害结果的，从最后一个危害结果发生之日起计算。

第七条 依法或者受委托行使国家行政管理职权的公司、企业、事业单位的工作人员，在行使行政管理职权时滥用职权或者玩忽职守，构成犯罪的，应当依照《全国人民代表大会常务委员会关于〈中华人民共和国刑法〉第九章渎职罪主体适用问题的解释》的规定，适用渎职罪的规定追究刑事责任。

第八条 本解释规定的“经济损失”，是指渎职犯罪或者与渎职犯罪相关联的犯罪立案时已经实际造成的财产损失，包括为挽回渎职犯罪所造成损失而支付的各种开支、费用等。立案后至提起公诉前持续发生的经济损失，应一并计入渎职犯罪造成的经济损失。

债务人经法定程序被宣告破产，债务人潜逃、去向不明，或者因行为人的责任超过诉讼时效等，致使债权已经无法实现的，无法实现的债权部分应当认定为渎职犯罪的经济损失。

渎职犯罪或者与渎职犯罪相关联的犯罪立案后，犯罪分子及其亲友自行挽回的经济损失，司法机关或者犯罪分子所在单位及其上级主管部门挽回的经济损失，或者因客观原因减少的经济损失，不予扣减，但可以作为酌定从轻处罚的情节。

第九条　负有监督管理职责的国家机关工作人员滥用职权或者玩忽职守，致使不符合安全标准的食品、有毒有害食品、假药、劣药等流入社会，对人民群众生命、健康造成严重危害后果的，依照渎职罪的规定从严惩处。

第十条　最高人民法院、最高人民检察院此前发布的司法解释与本解释不一致的，以本解释为准。

最高人民检察院关于渎职侵权犯罪案件立案标准的规定

（2006年7月26日　高检发释字〔2006〕2号）

根据《中华人民共和国刑法》、《中华人民共和国刑事诉讼法》和其他法律的有关规定，对国家机关工作人员渎职和利用职权实施的侵犯公民人身权利、民主权利犯罪案件的立案标准规定如下：

一、渎职犯罪案件

（一）滥用职权案（第三百九十七条）

滥用职权罪是指国家机关工作人员超越职权，违法决定、处理其无权决定、处理的事项，或者违反规定处理公务，致使公共财产、国家和人民利益遭受重大损失的行为。

涉嫌下列情形之一的，应予立案：

1. 造成死亡1人以上，或者重伤2人以上，或者重伤1人、轻伤3人以上，或者轻伤5人以上的；

2. 导致10人以上严重中毒的；

3. 造成个人财产直接经济损失10万元以上，或者直接经济损失不满 10 万元，但间接经济损失 50 万元以上的；

4. 造成公共财产或者法人、其他组织财产直接经济损失 20 万元以上，或者直接经济损失不满 20 万元，但间接经济损失 100 万元以上的；

5. 虽未达到 3、4 两项数额标准，但 3、4 两项合计直接经济损失 20 万元以上，或者合计直接经济损失不满 20 万元，但合计间接经济损失 100 万元以上的；

6. 造成公司、企业等单位停业、停产 6 个月以上，或者破产的；

7. 弄虚作假，不报、缓报、谎报或者授意、指使、强令他人不报、缓报、谎报情况，导致重特大事故危害结果继续、扩大，或者致使抢救、调查、处理工作延误的；

8. 严重损害国家声誉，或者造成恶劣社会影响的；

9. 其他致使公共财产、国家和人民利益遭受重大损失的情形。

国家机关工作人员滥用职权，符合刑法第九章所规定的特殊渎职罪构成要件的，按照该特殊规定追究刑事责任；主体不符合刑法第九章所规定的特殊渎职罪的主体要件，但滥用职权涉嫌前款第 1 项至第 9 项规定情形之一的，按照刑法第三百九十七条的规定以滥用职权罪追究刑事责任。

（二）玩忽职守案（第三百九十七条）

玩忽职守罪是指国家机关工作人员严重不负责任，不履行或者不认真履行职责，致使公共财产、国家和人民利益遭受重大损失的行为。

涉嫌下列情形之一的，应予立案：

1. 造成死亡 1 人以上，或者重伤 3 人以上，或者重伤 2 人、轻伤 4 人以上，或者重伤 1 人、轻伤 7 人以上，或者轻伤 10 人以上的；

2. 导致 20 人以上严重中毒的；

3. 造成个人财产直接经济损失15万元以上，或者直接经济损失不满15万元，但间接经济损失75万元以上的；

4. 造成公共财产或者法人、其他组织财产直接经济损失30万元以上，或者直接经济损失不满30万元，但间接经济损失150万元以上的；

5. 虽未达到3、4两项数额标准，但3、4两项合计直接经济损失30万元以上，或者合计直接经济损失不满30万元，但合计间接经济损失150万元以上的；

6. 造成公司、企业等单位停业、停产1年以上，或者破产的；

7. 海关、外汇管理部门的工作人员严重不负责任，造成100万美元以上外汇被骗购或者逃汇1000万美元以上的；

8. 严重损害国家声誉，或者造成恶劣社会影响的；

9. 其他致使公共财产、国家和人民利益遭受重大损失的情形。

国家机关工作人员玩忽职守，符合刑法第九章所规定的特殊渎职罪构成要件的，按照该特殊规定追究刑事责任；主体不符合刑法第九章所规定的特殊渎职罪的主体要件，但玩忽职守涉嫌前款第1项至第9项规定情形之一的，按照刑法第三百九十七条的规定以玩忽职守罪追究刑事责任。

（三）故意泄露国家秘密案（第三百九十八条）

故意泄露国家秘密罪是指国家机关工作人员或者非国家机关工作人员违反保守国家秘密法，故意使国家秘密被不应知悉者知悉，或者故意使国家秘密超出了限定的接触范围，情节严重的行为。

涉嫌下列情形之一的，应予立案：

1. 泄露绝密级国家秘密1项（件）以上的；

2. 泄露机密级国家秘密2项（件）以上的；

3. 泄露秘密级国家秘密3项（件）以上的；

4. 向非境外机构、组织、人员泄露国家秘密，造成或者可能造成危害社会稳定、经济发展、国防安全或者其他严重危害后果的；

5. 通过口头、书面或者网络等方式向公众散布、传播国家秘密的；

6. 利用职权指使或者强迫他人违反国家保守秘密法的规定泄露国家秘密的；

7. 以牟取私利为目的泄露国家秘密的；

8. 其他情节严重的情形。

（四）过失泄露国家秘密案（第三百九十八条）

过失泄露国家秘密罪是指国家机关工作人员或者非国家机关工作人员违反保守国家秘密法，过失泄露国家秘密，或者遗失国家秘密载体，致使国家秘密被不应知悉者知悉或者超出了限定的接触范围，情节严重的行为。

涉嫌下列情形之一的，应予立案：

1. 泄露绝密级国家秘密1项（件）以上的；

2. 泄露机密级国家秘密3项（件）以上的；

3. 泄露秘密级国家秘密4项（件）以上的；

4. 违反保密规定，将涉及国家秘密的计算机或者计算机信息系统与互联网相连接，泄露国家秘密的；

5. 泄露国家秘密或者遗失国家秘密载体，隐瞒不报、不如实提供有关情况或者不采取补救措施的；

6. 其他情节严重的情形。

（五）徇私枉法案（第三百九十九条第一款）

徇私枉法罪是指司法工作人员徇私枉法、徇情枉法，对明知是无罪的人而使他受追诉、对明知是有罪的人而故意包庇不使他受追诉，或者在刑事审判活动中故意违背事实和法律作枉法裁判的行为。

涉嫌下列情形之一的，应予立案：

1. 对明知是没有犯罪事实或者其他依法不应当追究刑事责任的人，采取伪造、隐匿、毁灭证据或者其他隐瞒事实、违反法律的手段，以追究刑事责任为目的立案、侦查、起诉、审判的；

2. 对明知是有犯罪事实需要追究刑事责任的人，采取伪造、隐匿、毁灭证据或者其他隐瞒事实、违反法律的手段，故意包庇使其不受立案、侦查、起诉、审判的；

3. 采取伪造、隐匿、毁灭证据或者其他隐瞒事实、违反法律的手段，故意使罪重的人受较轻的追诉，或者使罪轻的人受较重的追诉的；

4. 在立案后，采取伪造、隐匿、毁灭证据或者其他隐瞒事实、违反法律的手段，应当采取强制措施而不采取强制措施，或者虽然采取强制措施，但中断侦查或者超过法定期限不采取任何措施，实际放任不管，以及违法撤销、变更强制措施，致使犯罪嫌疑人、被告人实际脱离司法机关侦控的；

5. 在刑事审判活动中故意违背事实和法律，作出枉法判决、裁定，即有罪判无罪、无罪判有罪，或者重罪轻判、轻罪重判的；

6. 其他徇私枉法应予追究刑事责任的情形。

（六）民事、行政枉法裁判案（第三百九十九条第二款）

民事、行政枉法裁判罪是指司法工作人员在民事、行政审判活动中，故意违背事实和法律作枉法裁判，情节严重的行为。

涉嫌下列情形之一的，应予立案：

1. 枉法裁判，致使当事人或者其近亲属自杀、自残造成重伤、死亡，或者精神失常的；

2. 枉法裁判，造成个人财产直接经济损失10万元以上，或者直接经济损失不满10万元，但间接经济损失50万元以上的；

3. 枉法裁判，造成法人或者其他组织财产直接经济损失20万元以上，或者直接经济损失不满20万元，但间接经济损失100万元以上的；

4. 伪造、变造有关材料、证据，制造假案枉法裁判的；

5. 串通当事人制造伪证，毁灭证据或者篡改庭审笔录而枉法裁判的；

6. 徇私情、私利，明知是伪造、变造的证据予以采信，或者故意对应当采信的证据不予采信，或者故意违反法定程序，或者故意错误适用法律而枉法裁判的；

7. 其他情节严重的情形。

（七）执行判决、裁定失职案（第三百九十九条第三款）

执行判决、裁定失职罪是指司法工作人员在执行判决、裁定活动中，严重不负责任，不依法采取诉讼保全措施、不履行法定执行职责，或者违法采取保全措施、强制执行措施，致使当事人或者其他人的利益遭受重大损失的行为。

涉嫌下列情形之一的，应予立案：

1. 致使当事人或者其近亲属自杀、自残造成重伤、死亡，或者精神失常的；

2. 造成个人财产直接经济损失15万元以上，或者直接经济损失不满15万元，但间接经济损失75万元以上的；

3. 造成法人或者其他组织财产直接经济损失30万元以上，或者直接经济损失不满30万元，但间接经济损失150万元以上的；

4. 造成公司、企业等单位停业、停产1年以上，或者破产的；

5. 其他致使当事人或者其他人的利益遭受重大损失的情形。

（八）执行判决、裁定滥用职权案（第三百九十九条第三款）

执行判决、裁定滥用职权罪是指司法工作人员在执行判决、裁定活动中，滥用职权，不依法采取诉讼保全措施、不履行法定执行职责，或者违法采取保全措施、强制执行措施，致使当事人或者其他人的利益遭受重大损失的行为。

涉嫌下列情形之一的，应予立案：

1. 致使当事人或者其近亲属自杀、自残造成重伤、死亡，或者精神失常的；

2. 造成个人财产直接经济损失 10 万元以上，或者直接经济损失不满 10 万元，但间接经济损失 50 万元以上的；

3. 造成法人或者其他组织财产直接经济损失 20 万元以上，或者直接经济损失不满 20 万元，但间接经济损失 100 万元以上的；

4. 造成公司、企业等单位停业、停产 6 个月以上，或者破产的；

5. 其他致使当事人或者其他人的利益遭受重大损失的情形。

（九）私放在押人员案（第四百条第一款）

私放在押人员罪是指司法工作人员私放在押（包括在羁押场所和押解途中）的犯罪嫌疑人、被告人或者罪犯的行为。

涉嫌下列情形之一的，应予立案：

1. 私自将在押的犯罪嫌疑人、被告人、罪犯放走，或者授意、指使、强迫他人将在押的犯罪嫌疑人、被告人、罪犯放走的；

2. 伪造、变造有关法律文书、证明材料，以使在押的犯罪嫌疑人、被告人、罪犯逃跑或者被释放的；

3. 为私放在押的犯罪嫌疑人、被告人、罪犯，故意向其通风报信、提供条件，致使该在押的犯罪嫌疑人、被告人、罪犯脱逃的；

4. 其他私放在押的犯罪嫌疑人、被告人、罪犯应予追究刑事责任的情形。

（十）失职致使在押人员脱逃案（第四百条第二款）

失职致使在押人员脱逃罪是指司法工作人员由于严重不负责任，不履行或者不认真履行职责，致使在押（包括在羁押场所和押解途中）的犯罪嫌疑人、被告人、罪犯脱逃，造成严重后果的行为。

涉嫌下列情形之一的，应予立案：

1. 致使依法可能判处或者已经判处十年以上有期徒刑、无期徒刑、死刑的犯罪嫌疑人、被告人、罪犯脱逃的；

2. 致使犯罪嫌疑人、被告人、罪犯脱逃 3 人次以上的；

3. 犯罪嫌疑人、被告人、罪犯脱逃以后，打击报复报案人、控告人、举报人、被害人、证人和司法工作人员等，或者继续犯罪的；

4. 其他致使在押的犯罪嫌疑人、被告人、罪犯脱逃，造成严重后果的情形。

（十一）徇私舞弊减刑、假释、暂予监外执行案（第四百零一条）

徇私舞弊减刑、假释、暂予监外执行罪是指司法工作人员徇私舞弊，对不符合减刑、假释、暂予监外执行条件的罪犯予以减刑、假释、暂予监外执行的行为。

涉嫌下列情形之一的，应予立案：

1. 刑罚执行机关的工作人员对不符合减刑、假释、暂予监外执行条件的罪犯，捏造事实，伪造材料，违法报请减刑、假释、暂予监外执行的；

2. 审判人员对不符合减刑、假释、暂予监外执行条件的罪犯，徇私舞弊，违法裁定减刑、假释或者违法决定暂予监外执行的；

3. 监狱管理机关、公安机关的工作人员对不符合暂予监外执行条件的罪犯，徇私舞弊，违法批准暂予监外执行的；

4. 不具有报请、裁定、决定或者批准减刑、假释、暂予监外执行权的司法工作人员利用职务上的便利，伪造有关材料，导致不符合减刑、假释、暂予监外执行条件的罪犯被减刑、假释、暂予监外执行的；

5. 其他徇私舞弊减刑、假释、暂予监外执行应予追究刑事责任的情形。

（十二）徇私舞弊不移交刑事案件案（第四百零二条）

徇私舞弊不移交刑事案件罪是指工商行政管理、税务、监察等行政执法人员，徇私舞弊，对依法应当移交司法机关追究刑事责任的案件不移交，情节严重的行为。

涉嫌下列情形之一的，应予立案：

1. 对依法可能判处三年以上有期徒刑、无期徒刑、死刑的犯罪案件不移交的；

2. 不移交刑事案件涉及 3 人次以上的；

3. 司法机关提出意见后，无正当理由仍然不予移交的；

4. 以罚代刑，放纵犯罪嫌疑人，致使犯罪嫌疑人继续进行违法犯罪活动的；

5. 行政执法部门主管领导阻止移交的；

6. 隐瞒、毁灭证据，伪造材料，改变刑事案件性质的；

7. 直接负责的主管人员和其他直接责任人员为牟取本单位私利而不移交刑事案件，情节严重的；

8. 其他情节严重的情形。

（十三）滥用管理公司、证券职权案（第四百零三条）

滥用管理公司、证券职权罪是指工商行政管理、证券管理等国家有关主管部门的工作人员徇私舞弊，滥用职权，对不符合法律规定条件的公司设立、登记申请或者股票、债券发行、上市申请予以批准或者登记，致使公共财产、国家和人民利益遭受重大损失的行为，以及上级部门、当地政府强令登记机关及其工作人员实施上述行为的行为。

涉嫌下列情形之一的，应予立案：

1. 造成直接经济损失 50 万元以上的；

2. 工商行政管理部门的工作人员对不符合法律规定条件的公司设立、登记申请，违法予以批准、登记，严重扰乱市场秩序的；

3. 金融证券管理机构工作人员对不符合法律规定条件的股票、债券发行、上市申请，违法予以批准，严重损害公众利益，或者严重扰乱金融秩序的；

4. 工商行政管理部门、金融证券管理机构的工作人员对不符合法律规定条件的公司设立、登记申请或者股票、债券发行、上市申请违法予以批准或者登记，致使犯罪行为得逞的；

5. 上级部门、当地政府直接负责的主管人员强令登记机关及其工作人员，对不符合法律规定条件的公司设立、登记申请或者股票、债券发行、上市申请予以批准或者登记，致使公共财产、国家或者人民利益遭受重大损失的；

6. 其他致使公共财产、国家和人民利益遭受重大损失的情形。

（十四）徇私舞弊不征、少征税款案（第四百零四条）

徇私舞弊不征、少征税款罪是指税务机关工作人员徇私舞弊，不征、少征应征税款，致使国家税收遭受重大损失的行为。

涉嫌下列情形之一的，应予立案：

1. 徇私舞弊不征、少征应征税款，致使国家税收损失累计达 10 万元以上的；

2. 上级主管部门工作人员指使税务机关工作人员徇私舞弊不征、少征应征税款，致使国家税收损失累计达 10 万元以上的；

3. 徇私舞弊不征、少征应征税款不满 10 万元，但具有索取或者收受贿赂或者其他恶劣情节的；

4. 其他致使国家税收遭受重大损失的情形。

（十五）徇私舞弊发售发票、抵扣税款、出口退税案（第四百零五条第一款）

徇私舞弊发售发票、抵扣税款、出口退税罪是指税务机关工作人员违反法律、行政法规的规定，在办理发售发票、抵扣税款、出口退税工作中徇私舞弊，致使国家利益遭受重大损失的行为。

涉嫌下列情形之一的，应予立案：

1. 徇私舞弊，致使国家税收损失累计达 10 万元以上的；

2. 徇私舞弊，致使国家税收损失累计不满 10 万元，但发售增值税专用发票 25 份以上或者其他发票 50 份以上或者增值税专用发票与其他发票合计 50 份以上，或者具有索取、收受贿赂或者其他恶劣情节的；

3. 其他致使国家利益遭受重大损失的情形。

（十六）违法提供出口退税凭证案（第四百零五条第二款）

违法提供出口退税凭证罪是指海关、外汇管理等国家机关工作人员违反国家规定，在提供出口货物报关单、出口收汇核销单等出口退税凭证的工作中徇私舞弊，致使国家利益遭受重大损失的行为。

涉嫌下列情形之一的，应予立案：

1. 徇私舞弊，致使国家税收损失累计达 10 万元以上的；

2. 徇私舞弊，致使国家税收损失累计不满 10 万元，但具有索取、收受贿赂或者其他恶劣情节的；

3. 其他致使国家利益遭受重大损失的情形。

（十七）国家机关工作人员签订、履行合同失职被骗案（第四百零六条）

国家机关工作人员签订、履行合同失职被骗罪是指国家机关工作人员在签订、履行合同过程中，因严重不负责任，不履行或者不认真履行职责被诈骗，致使国家利益遭受重大损失的行为。

涉嫌下列情形之一的，应予立案：

1. 造成直接经济损失 30 万元以上，或者直接经济损失不满 30 万元，但间接经济损失 150 万元以上的；

2. 其他致使国家利益遭受重大损失的情形。

（十八）违法发放林木采伐许可证案（第四百零七条）

违法发放林木采伐许可证罪是指林业主管部门的工作人员违反森林法的规定，超过批准的年采伐限额发放林木采伐许可证或者违反规定滥发林木采伐许可证，情节严重，致使森林遭受严重破坏的行为。

涉嫌下列情形之一的，应予立案：

1. 发放林木采伐许可证允许采伐数量累计超过批准的年采伐限额，导致林木被超限额采伐 10 立方米以上的；

2. 滥发林木采伐许可证，导致林木被滥伐 20 立方米以上，或者导致幼树被滥伐 1000 株以上的；

3. 滥发林木采伐许可证，导致防护林、特种用途林被滥伐 5 立方米以上，或者幼树被滥伐 200 株以上的；

4. 滥发林木采伐许可证，导致珍贵树木或者国家重点保护的其他树木被滥伐的；

5. 滥发林木采伐许可证，导致国家禁止采伐的林木被采伐的；

6. 其他情节严重，致使森林遭受严重破坏的情形。

林业主管部门工作人员之外的国家机关工作人员，违反森林法的规定，滥用职权或者玩忽职守，致使林木被滥伐40立方米以上或者幼树被滥伐2000株以上，或者致使防护林、特种用途林被滥伐10立方米以上或者幼树被滥伐400株以上，或者致使珍贵树木被采伐、毁坏4立方米或者4株以上，或者致使国家重点保护的其他植物被采伐、毁坏后果严重的，或者致使国家严禁采伐的林木被采伐、毁坏情节恶劣的，按照刑法第三百九十七条的规定以滥用职权罪或者玩忽职守罪追究刑事责任。

（十九）环境监管失职案（第四百零八条）

环境监管失职罪是指负有环境保护监督管理职责的国家机关工作人员严重不负责任，不履行或者不认真履行环境保护监管职责导致发生重大环境污染事故，致使公私财产遭受重大损失或者造成人身伤亡的严重后果的行为。

涉嫌下列情形之一的，应予立案：

1. 造成死亡1人以上，或者重伤3人以上，或者重伤2人、轻伤4人以上，或者重伤1人、轻伤7人以上，或者轻伤10人以上的；

2. 导致30人以上严重中毒的；

3. 造成个人财产直接经济损失15万元以上，或者直接经济损失不满15万元，但间接经济损失75万元以上的；

4. 造成公共财产、法人或者其他组织财产直接经济损失30万元以上，或者直接经济损失不满30万元，但间接经济损失150万元以上的；

5. 虽未达到3、4两项数额标准，但3、4两项合计直接经济损失30万元以上，或者合计直接经济损失不满30万元，但合计间接经济损失150万元以上的；

6. 造成基本农田或者防护林地、特种用途林地 10 亩以上，或者基本农田以外的耕地 50 亩以上，或者其他土地 70 亩以上被严重毁坏的；

7. 造成生活饮用水地表水源和地下水源严重污染的；

8. 其他致使公私财产遭受重大损失或者造成人身伤亡严重后果的情形。

（二十）传染病防治失职案（第四百零九条）

传染病防治失职罪是指从事传染病防治的政府卫生行政部门的工作人员严重不负责任，不履行或者不认真履行传染病防治监管职责，导致传染病传播或者流行，情节严重的行为。

涉嫌下列情形之一的，应予立案：

1. 导致甲类传染病传播的；

2. 导致乙类、丙类传染病流行的；

3. 因传染病传播或者流行，造成人员重伤或者死亡的；

4. 因传染病传播或者流行，严重影响正常的生产、生活秩序的；

5. 在国家对突发传染病疫情等灾害采取预防、控制措施后，对发生突发传染病疫情等灾害的地区或者突发传染病病人、病原携带者、疑似突发传染病病人，未按照预防、控制突发传染病疫情等灾害工作规范的要求做好防疫、检疫、隔离、防护、救治等工作，或者采取的预防、控制措施不当，造成传染范围扩大或者疫情、灾情加重的；

6. 在国家对突发传染病疫情等灾害采取预防、控制措施后，隐瞒、缓报、谎报或者授意、指使、强令他人隐瞒、缓报、谎报疫情、灾情，造成传染范围扩大或者疫情、灾情加重的；

7. 在国家对突发传染病疫情等灾害采取预防、控制措施后，拒不执行突发传染病疫情等灾害应急处理指挥机构的决定、命令，造成传染范围扩大或者疫情、灾情加重的；

8. 其他情节严重的情形。

（二十一）非法批准征用、占用土地案（第四百一十条）

非法批准征用、占用土地罪是指国家机关工作人员徇私舞弊，违反土地管理法、森林法、草原法等法律以及有关行政法规中关于土地管理的规定，滥用职权，非法批准征用、占用耕地、林地等农用地以及其他土地，情节严重的行为。

涉嫌下列情形之一的，应予立案：

1. 非法批准征用、占用基本农田 10 亩以上的；

2. 非法批准征用、占用基本农田以外的耕地 30 亩以上的；

3. 非法批准征用、占用其他土地 50 亩以上的；

4. 虽未达到上述数量标准，但造成有关单位、个人直接经济损失 30 万元以上，或者造成耕地大量毁坏或者植被遭到严重破坏的；

5. 非法批准征用、占用土地，影响群众生产、生活，引起纠纷，造成恶劣影响或者其他严重后果的；

6. 非法批准征用、占用防护林地、特种用途林地分别或者合计 10 亩以上的；

7. 非法批准征用、占用其他林地 20 亩以上的；

8. 非法批准征用、占用林地造成直接经济损失 30 万元以上，或者造成防护林地、特种用途林地分别或者合计 5 亩以上或者其他林地 10 亩以上毁坏的；

9. 其他情节严重的情形。

（二十二）非法低价出让国有土地使用权案（第四百一十条）

非法低价出让国有土地使用权罪是指国家机关工作人员徇私舞弊，违反土地管理法、森林法、草原法等法律以及有关行政法规中关于土地管理的规定，滥用职权，非法低价出让国有土地使用权，情节严重的行为。

涉嫌下列情形之一的，应予立案：

1. 非法低价出让国有土地30亩以上，并且出让价额低于国家规定的最低价额标准的百分之六十的；

2. 造成国有土地资产流失价额30万元以上的；

3. 非法低价出让国有土地使用权，影响群众生产、生活，引起纠纷，造成恶劣影响或者其他严重后果的；

4. 非法低价出让林地合计30亩以上，并且出让价额低于国家规定的最低价额标准的百分之六十的；

5. 造成国有资产流失30万元以上的；

6. 其他情节严重的情形。

（二十三）放纵走私案（第四百一十一条）

放纵走私罪是指海关工作人员徇私舞弊，放纵走私，情节严重的行为。

涉嫌下列情形之一的，应予立案：

1. 放纵走私犯罪的；

2. 因放纵走私致使国家应收税额损失累计达10万元以上的；

3. 放纵走私行为3起次以上的；

4. 放纵走私行为，具有索取或者收受贿赂情节的；

5. 其他情节严重的情形。

（二十四）商检徇私舞弊案（第四百一十二条第一款）

商检徇私舞弊罪是指出入境检验检疫机关、检验检疫机构工作人员徇私舞弊，伪造检验结果的行为。

涉嫌下列情形之一的，应予立案：

1. 采取伪造、变造的手段对报检的商品的单证、印章、标志、封识、质量认证标志等作虚假的证明或者出具不真实的证明结论的；

2. 将送检的合格商品检验为不合格，或者将不合格商品检验为合格的；

3. 对明知是不合格的商品，不检验而出具合格检验结果的；

4. 其他伪造检验结果应予追究刑事责任的情形。

（二十五）商检失职案（第四百一十二条第二款）

商检失职罪是指出入境检验检疫机关、检验检疫机构工作人员严重不负责任，对应当检验的物品不检验，或者延误检验出证、错误出证，致使国家利益遭受重大损失的行为。

涉嫌下列情形之一的，应予立案：

1. 致使不合格的食品、药品、医疗器械等商品出入境，严重危害生命健康的；

2. 造成个人财产直接经济损失 15 万元以上，或者直接经济损失不满 15 万元，但间接经济损失 75 万元以上的；

3. 造成公共财产、法人或者其他组织财产直接经济损失 30 万元以上，或者直接经济损失不满 30 万元，但间接经济损失 150 万元以上的；

4. 未经检验，出具合格检验结果，致使国家禁止进口的固体废物、液态废物和气态废物等进入境内的；

5. 不检验或者延误检验出证、错误出证，引起国际经济贸易纠纷，严重影响国家对外经贸关系，或者严重损害国家声誉的；

6. 其他致使国家利益遭受重大损失的情形。

（二十六）动植物检疫徇私舞弊案（第四百一十三条第一款）

动植物检疫徇私舞弊罪是指出入境检验检疫机关、检验检疫机构工作人员徇私舞弊，伪造检疫结果的行为。

涉嫌下列情形之一的，应予立案：

1. 采取伪造、变造的手段对检疫的单证、印章、标志、封识等作虚假的证明或者出具不真实的结论的；

2. 将送检的合格动植物检疫为不合格，或者将不合格动植物检疫为合格的；

3. 对明知是不合格的动植物，不检疫而出具合格检疫结果的；

4. 其他伪造检疫结果应予追究刑事责任的情形。

（二十七）动植物检疫失职案（第四百一十三条第二款）

动植物检疫失职罪是指出入境检验检疫机关、检验检疫机构工作人员严重不负责任，对应当检疫的检疫物不检疫，或者延误检疫出证、错误出证，致使国家利益遭受重大损失的行为。

涉嫌下列情形之一的，应予立案：

1. 导致疫情发生，造成人员重伤或者死亡的；

2. 导致重大疫情发生、传播或者流行的；

3. 造成个人财产直接经济损失15万元以上，或者直接经济损失不满15万元，但间接经济损失75万元以上的；

4. 造成公共财产或者法人、其他组织财产直接经济损失30万元以上，或者直接经济损失不满30万元，但间接经济损失150万元以上的；

5. 不检疫或者延误检疫出证、错误出证，引起国际经济贸易纠纷，严重影响国家对外经贸关系，或者严重损害国家声誉的；

6. 其他致使国家利益遭受重大损失的情形。

（二十八）放纵制售伪劣商品犯罪行为案（第四百一十四条）

放纵制售伪劣商品犯罪行为罪是指对生产、销售伪劣商品犯罪行为负有追究责任的国家机关工作人员徇私舞弊，不履行法律规定的追究职责，情节严重的行为。

涉嫌下列情形之一的，应予立案：

1. 放纵生产、销售假药或者有毒、有害食品犯罪行为的；

2. 放纵生产、销售伪劣农药、兽药、化肥、种子犯罪行为的；

3. 放纵依法可能判处三年有期徒刑以上刑罚的生产、销售伪劣商品犯罪行为的；

4. 对生产、销售伪劣商品犯罪行为不履行追究职责，致使生产、销售伪劣商品犯罪行为得以继续的；

5. 3 次以上不履行追究职责，或者对 3 个以上有生产、销售伪劣商品犯罪行为的单位或者个人不履行追究职责的；

6. 其他情节严重的情形。

（二十九）办理偷越国（边）境人员出入境证件案（第四百一十五条）

办理偷越国（边）境人员出入境证件罪是指负责办理护照、签证以及其他出入境证件的国家机关工作人员，对明知是企图偷越国（边）境的人员，予以办理出入境证件的行为。

负责办理护照、签证以及其他出入境证件的国家机关工作人员涉嫌在办理护照、签证以及其他出入境证件的过程中，对明知是企图偷越国（边）境的人员而予以办理出入境证件的，应予立案。

（三十）放行偷越国（边）境人员案（第四百一十五条）

放行偷越国（边）境人员罪是指边防、海关等国家机关工作人员，对明知是偷越国（边）境的人员予以放行的行为。

边防、海关等国家机关工作人员涉嫌在履行职务过程中，对明知是偷越国（边）境的人员而予以放行的，应予立案。

（三十一）不解救被拐卖、绑架妇女、儿童案（第四百一十六条第一款）

不解救被拐卖、绑架妇女、儿童罪是指对被拐卖、绑架的妇女、儿童负有解救职责的公安、司法等国家机关工作人员接到被拐卖、绑架的妇女、儿童及其家属的解救要求或者接到其他人的举报，而对被拐卖、绑架的妇女、儿童不进行解救，造成严重后果的行为。

涉嫌下列情形之一的，应予立案：

1. 导致被拐卖、绑架的妇女、儿童或者其家属重伤、死亡或者精神失常的；

2. 导致被拐卖、绑架的妇女、儿童被转移、隐匿、转卖，不能及时进行解救的；

3. 对被拐卖、绑架的妇女、儿童不进行解救3人次以上的；

4. 对被拐卖、绑架的妇女、儿童不进行解救，造成恶劣社会影响的；

5. 其他造成严重后果的情形。

（三十二）阻碍解救被拐卖、绑架妇女、儿童案（第四百一十六条第二款）

阻碍解救被拐卖、绑架妇女、儿童罪是指对被拐卖、绑架的妇女、儿童负有解救职责的公安、司法等国家机关工作人员利用职务阻碍解救被拐卖、绑架的妇女、儿童的行为。

涉嫌下列情形之一的，应予立案：

1. 利用职权，禁止、阻止或者妨碍有关部门、人员解救被拐卖、绑架的妇女、儿童的；

2. 利用职务上的便利，向拐卖、绑架者或者收买者通风报信，妨碍解救工作正常进行的；

3. 其他利用职务阻碍解救被拐卖、绑架的妇女、儿童应予追究刑事责任的情形。

（三十三）帮助犯罪分子逃避处罚案（第四百一十七条）

帮助犯罪分子逃避处罚罪是指有查禁犯罪活动职责的司法及公安、国家安全、海关、税务等国家机关工作人员，向犯罪分子通风报信、提供便利，帮助犯罪分子逃避处罚的行为。

涉嫌下列情形之一的，应予立案：

1. 向犯罪分子泄漏有关部门查禁犯罪活动的部署、人员、措施、时间、地点等情况的；

2. 向犯罪分子提供钱物、交通工具、通讯设备、隐藏处所等便利条件的；

3. 向犯罪分子泄漏案情的；

4. 帮助、示意犯罪分子隐匿、毁灭、伪造证据，或者串供、翻供的；

5. 其他帮助犯罪分子逃避处罚应予追究刑事责任的情形。

（三十四）招收公务员、学生徇私舞弊案（第四百一十八条）

招收公务员、学生徇私舞弊罪是指国家机关工作人员在招收公务员、省级以上教育行政部门组织招收的学生工作中徇私舞弊，情节严重的行为。

涉嫌下列情形之一的，应予立案：

1. 徇私舞弊，利用职务便利，伪造、变造人事、户口档案、考试成绩或者其他影响招收工作的有关资料，或者明知是伪造、变造的上述材料而予以认可的；

2. 徇私舞弊，利用职务便利，帮助 5 名以上考生作弊的；

3. 徇私舞弊招收不合格的公务员、学生 3 人次以上的；

4. 因徇私舞弊招收不合格的公务员、学生，导致被排挤的合格人员或者其近亲属自杀、自残造成重伤、死亡，或者精神失常的；

5. 因徇私舞弊招收公务员、学生，导致该项招收工作重新进行的；

6. 其他情节严重的情形。

（三十五）失职造成珍贵文物损毁、流失案（第四百一十九条）

失职造成珍贵文物损毁、流失罪是指文物行政部门、公安机关、工商行政管理部门、海关、城乡建设规划部门等国家机关工作人员严重不负责任，造成珍贵文物损毁或者流失，后果严重的行为。

涉嫌下列情形之一的，应予立案：

1. 导致国家一、二、三级珍贵文物损毁或者流失的；

2. 导致全国重点文物保护单位或者省、自治区、直辖市级文物保护单位损毁的；

3. 其他后果严重的情形。

二、国家机关工作人员利用职权实施的侵犯公民人身权利、民主权利犯罪案件

（一）国家机关工作人员利用职权实施的非法拘禁案（第二百三十八条）

非法拘禁罪是指以拘禁或者其他方法非法剥夺他人人身自由的行为。

国家机关工作人员利用职权非法拘禁，涉嫌下列情形之一的，应予立案：

1. 非法剥夺他人人身自由24小时以上的；

2. 非法剥夺他人人身自由，并使用械具或者捆绑等恶劣手段，或者实施殴打、侮辱、虐待行为的；

3. 非法拘禁，造成被拘禁人轻伤、重伤、死亡的；

4. 非法拘禁，情节严重，导致被拘禁人自杀、自残造成重伤、死亡，或者精神失常的；

5. 非法拘禁3人次以上的；

6. 司法工作人员对明知是没有违法犯罪事实的人而非法拘禁的；

7. 其他非法拘禁应予追究刑事责任的情形。

（二）国家机关工作人员利用职权实施的非法搜查案（第二百四十五条）

非法搜查罪是指非法搜查他人身体、住宅的行为。

国家机关工作人员利用职权非法搜查，涉嫌下列情形之一的，应予立案：

1. 非法搜查他人身体、住宅，并实施殴打、侮辱等行为的；

2. 非法搜查，情节严重，导致被搜查人或者其近亲属自杀、自残造成重伤、死亡，或者精神失常的；

3. 非法搜查，造成财物严重损坏的；

4. 非法搜查 3 人（户）次以上的；

5. 司法工作人员对明知是与涉嫌犯罪无关的人身、住宅非法搜查的；

6. 其他非法搜查应予追究刑事责任的情形。

（三）刑讯逼供案（第二百四十七条）

刑讯逼供罪是指司法工作人员对犯罪嫌疑人、被告人使用肉刑或者变相肉刑逼取口供的行为。

涉嫌下列情形之一的，应予立案：

1. 以殴打、捆绑、违法使用械具等恶劣手段逼取口供的；

2. 以较长时间冻、饿、晒、烤等手段逼取口供，严重损害犯罪嫌疑人、被告人身体健康的；

3. 刑讯逼供造成犯罪嫌疑人、被告人轻伤、重伤、死亡的；

4. 刑讯逼供，情节严重，导致犯罪嫌疑人、被告人自杀、自残造成重伤、死亡，或者精神失常的；

5. 刑讯逼供，造成错案的；

6. 刑讯逼供3人次以上的；

7. 纵容、授意、指使、强迫他人刑讯逼供，具有上述情形之一的；

8. 其他刑讯逼供应予追究刑事责任的情形。

（四）暴力取证案（第二百四十七条）

暴力取证罪是指司法工作人员以暴力逼取证人证言的行为。

涉嫌下列情形之一的，应予立案：

1. 以殴打、捆绑、违法使用械具等恶劣手段逼取证人证言的；

2. 暴力取证造成证人轻伤、重伤、死亡的；

3. 暴力取证，情节严重，导致证人自杀、自残造成重伤、死亡，或者精神失常的；

4. 暴力取证，造成错案的；

5. 暴力取证3人次以上的；

6. 纵容、授意、指使、强迫他人暴力取证，具有上述情形之一的；

7. 其他暴力取证应予追究刑事责任的情形。

（五）虐待被监管人案（第二百四十八条）

虐待被监管人罪是指监狱、拘留所、看守所、拘役所、劳教所等监管机构的监管人员对被监管人进行殴打或者体罚虐待，情节严重的行为。

涉嫌下列情形之一的，应予立案：

1. 以殴打、捆绑、违法使用械具等恶劣手段虐待被监管人的；

2. 以较长时间冻、饿、晒、烤等手段虐待被监管人，严重损害其身体健康的；

3. 虐待造成被监管人轻伤、重伤、死亡的；

4. 虐待被监管人，情节严重，导致被监管人自杀、自残造成重伤、死亡，或者精神失常的；

5. 殴打或者体罚虐待 3 人次以上的；

6. 指使被监管人殴打、体罚虐待其他被监管人，具有上述情形之一的；

7. 其他情节严重的情形。

（六）报复陷害案（第二百五十四条）

报复陷害罪是指国家机关工作人员滥用职权、假公济私，对控告人、申诉人、批评人、举报人实行报复陷害的行为。

涉嫌下列情形之一的，应予立案：

1. 报复陷害，情节严重，导致控告人、申诉人、批评人、举报人或者其近亲属自杀、自残造成重伤、死亡，或者精神失常的；

2. 致使控告人、申诉人、批评人、举报人或者其近亲属的其他合法权利受到严重损害的；

3. 其他报复陷害应予追究刑事责任的情形。

（七）国家机关工作人员利用职权实施的破坏选举案（第二百五十六条）

破坏选举罪是指在选举各级人民代表大会代表和国家机关领导人员时，以暴力、威胁、欺骗、贿赂、伪造选举文件、虚报选举票数或者编造选举结果等手段破坏选举或者妨害选民和代表自由行使选举权和被选举权，情节严重的行为。

国家机关工作人员利用职权破坏选举，涉嫌下列情形之一的，应予立案：

1. 以暴力、威胁、欺骗、贿赂等手段，妨害选民、各级人民代表大会代表自由行使选举权和被选举权，致使选举无法正常进行，或者选举无效，或者选举结果不真实的；

2. 以暴力破坏选举场所或者选举设备，致使选举无法正常进行的；

3. 伪造选民证、选票等选举文件，虚报选举票数，产生不真实的选举结果或者强行宣布合法选举无效、非法选举有效的；

4. 聚众冲击选举场所或者故意扰乱选举场所秩序，使选举工作无法进行的；

5. 其他情节严重的情形。

三、附则

（一）本规定中每个罪案名称后所注明的法律条款系《中华人民共和国刑法》的有关条款。

（二）本规定所称“以上”包括本数；有关犯罪数额“不满”，是指已达到该数额百分之八十以上的。

（三）本规定中的“国家机关工作人员”，是指在国家机关中从事公务的人员，包括在各级国家权力机关、行政机关、司法机关和军事机关中从事公务的人员。在依照法律、法规规定行使国家行政管理职权的组织中从事公务的人员，或者在受国家机关委托代表国家行使职权的组织中从事公务的人员，或者虽未列入国家机关人员编制但在国家机关中从事公务的人员，在代表国家机关行使职权时，视为国家机关工作人员。在乡（镇）以上中国共产党机关、人民政协机关中从事公务的人员，视为国家机关工作人员。

（四）本规定中的“直接经济损失”，是指与行为有直接因果关系而造成的财产损毁、减少的实际价值；“间接经济损失”，是指由直接经济损失引起和牵连的其他损失，包括失去的在正常情况下可以获得的利益和为恢复正常的管理活动或者挽回所造成的损失所支付的各种开支、费用等。

有下列情形之一的，虽然有债权存在，但已无法实现债权的，可以认定为已经造成了经济损失：（1）债务人已经法定程序被宣告破产，且无法清偿债务；（2）债务人潜逃，去向不明；（3）因行为人责任，致使超过诉讼时效；（4）有证据证明债权无法实现的其他情况。

直接经济损失和间接经济损失，是指立案时确已造成的经济损失。移送审查起诉前，犯罪嫌疑人及其亲友自行挽回的经济损失，以及由司法机关或者犯罪嫌疑人所在单位及其上级主管部门挽回的经济损失，不予扣减，但可作为对犯罪嫌疑人从轻处理的情节考虑。

（五）本规定中的“徇私舞弊”，是指国家机关工作人员为徇私情、私利，故意违背事实和法律，伪造材料，隐瞒情况，弄虚作假的行为。

（六）本规定自公布之日起施行。本规定发布前有关人民检察院直接受理立案侦查的国家机关工作人员渎职和利用职权实施的侵犯公民人身权利、民主权利犯罪案件的立案标准，与本规定有重复或者不一致的，适用本规定。

对于本规定施行前发生的国家机关工作人员渎职和利用职权实施的侵犯公民人身权利、民主权利犯罪案件，按照《最高人民法院、最高人民检察院关于适用刑事司法解释时间效力问题的规定》办理。

最高人民法院、最高人民检察院关于办理危害食品安全刑事案件适用法律若干问题的解释

（2021年12月30日　法释〔2021〕24号）

为依法惩治危害食品安全犯罪，保障人民群众身体健康、生命安全，根据《中华人民共和国刑法》《中华人民共和国刑事诉讼法》的有关规定，对办理此类刑事案件适用法律的若干问题解释如下：

第一条 生产、销售不符合食品安全标准的食品，具有下列情形之一的，应当认定为刑法第一百四十三条规定的“足以造成严重食物中毒事故或者其他严重食源性疾病”：

（一）含有严重超出标准限量的致病性微生物、农药残留、兽药残留、生物毒素、重金属等污染物质以及其他严重危害人体健康的物质的；

（二）属于病死、死因不明或者检验检疫不合格的畜、禽、兽、水产动物肉类及其制品的；

（三）属于国家为防控疾病等特殊需要明令禁止生产、销售的；

（四）特殊医学用途配方食品、专供婴幼儿的主辅食品营养成分严重不符合食品安全标准的；

（五）其他足以造成严重食物中毒事故或者严重食源性疾病的情形。

第二条 生产、销售不符合食品安全标准的食品，具有下列情形之一的，应当认定为刑法第一百四十三条规定的“对人体健康造成严重危害”：

（一）造成轻伤以上伤害的；

（二）造成轻度残疾或者中度残疾的；

（三）造成器官组织损伤导致一般功能障碍或者严重功能障碍的；

（四）造成十人以上严重食物中毒或者其他严重食源性疾病的；

（五）其他对人体健康造成严重危害的情形。

第三条 生产、销售不符合食品安全标准的食品，具有下列情形之一的，应当认定为刑法第一百四十三条规定的“其他严重情节”：

（一）生产、销售金额二十万元以上的；

（二）生产、销售金额十万元以上不满二十万元，不符合食品安全标准的食品数量较大或者生产、销售持续时间六个月以上的；

（三）生产、销售金额十万元以上不满二十万元，属于特殊医学用途配方食品、专供婴幼儿的主辅食品的；

（四）生产、销售金额十万元以上不满二十万元，且在中小学校园、托幼机构、养老机构及周边面向未成年人、老年人销售的；

（五）生产、销售金额十万元以上不满二十万元，曾因危害食品安全犯罪受过刑事处罚或者二年内因危害食品安全违法行为受过行政处罚的；

（六）其他情节严重的情形。

第四条 生产、销售不符合食品安全标准的食品，具有下列情形之一的，应当认定为刑法第一百四十三条规定的“后果特别严重”：

（一）致人死亡的；

（二）造成重度残疾以上的；

（三）造成三人以上重伤、中度残疾或者器官组织损伤导致严重功能障碍的；

（四）造成十人以上轻伤、五人以上轻度残疾或者器官组织损伤导致一般功能障碍的；

（五）造成三十人以上严重食物中毒或者其他严重食源性疾病的；

（六）其他特别严重的后果。

第五条 在食品生产、销售、运输、贮存等过程中，违反食品安全标准，超限量或者超范围滥用食品添加剂，足以造成严重食物中毒事故或者其他严重食源性疾病的，依照刑法第一百四十三条的规定以生产、销售不符合安全标准的食品罪定罪处罚。

在食用农产品种植、养殖、销售、运输、贮存等过程中，违反食品安全标准，超限量或者超范围滥用添加剂、农药、兽药等，足以造成严重食物中毒事故或者其他严重食源性疾病的，适用前款的规定定罪处罚。

第六条 生产、销售有毒、有害食品，具有本解释第二条规定情形之一的，应当认定为刑法第一百四十四条规定的“对人体健康造成严重危害”。

第七条 生产、销售有毒、有害食品，具有下列情形之一的，应当认定为刑法第一百四十四条规定的“其他严重情节”：

（一）生产、销售金额二十万元以上不满五十万元的；

（二）生产、销售金额十万元以上不满二十万元，有毒、有害食品数量较大或者生产、销售持续时间六个月以上的；

（三）生产、销售金额十万元以上不满二十万元，属于特殊医学用途配方食品、专供婴幼儿的主辅食品的；

（四）生产、销售金额十万元以上不满二十万元，且在中小学校园、托幼机构、养老机构及周边面向未成年人、老年人销售的；

（五）生产、销售金额十万元以上不满二十万元，曾因危害食品安全犯罪受过刑事处罚或者二年内因危害食品安全违法行为受过行政处罚的；

（六）有毒、有害的非食品原料毒害性强或者含量高的；

（七）其他情节严重的情形。

第八条 生产、销售有毒、有害食品，生产、销售金额五十万元以上，或者具有本解释第四条第二项至第六项规定的情形之一的，应当认定为刑法第一百四十四条规定的“其他特别严重情节”。

第九条 下列物质应当认定为刑法第一百四十四条规定的“有毒、有害的非食品原料”：

（一）因危害人体健康，被法律、法规禁止在食品生产经营活动中添加、使用的物质；

（二）因危害人体健康，被国务院有关部门列入《食品中可能违法添加的非食用物质名单》《保健食品中可能非法添加的物质名单》和国务院有关部门公告的禁用农药、《食品动物中禁止使用的药品及其他化合物清单》等名单上的物质；

（三）其他有毒、有害的物质。

第十条 刑法第一百四十四条规定的“明知”，应当综合行为人的认知能力、食品质量、进货或者销售的渠道及价格等主、客观因素进行认定。

具有下列情形之一的，可以认定为刑法第一百四十四条规定的“明知”，但存在相反证据并经查证属实的除外：

（一）长期从事相关食品、食用农产品生产、种植、养殖、销售、运输、贮存行业，不依法履行保障食品安全义务的；

（二）没有合法有效的购货凭证，且不能提供或者拒不提供销售的相关食品来源的；

（三）以明显低于市场价格进货或者销售且无合理原因的；

（四）在有关部门发出禁令或者食品安全预警的情况下继续销售的；

（五）因实施危害食品安全行为受过行政处罚或者刑事处罚，又实施同种行为的；

（六）其他足以认定行为人明知的情形。

第十一条 在食品生产、销售、运输、贮存等过程中，掺入有毒、有害的非食品原料，或者使用有毒、有害的非食品原料生产食品的，依照刑法第一百四十四条的规定以生产、销售有毒、有害食品罪定罪处罚。

在食用农产品种植、养殖、销售、运输、贮存等过程中，使用禁用农药、食品动物中禁止使用的药品及其他化合物等有毒、有害的非食品原料，适用前款的规定定罪处罚。

在保健食品或者其他食品中非法添加国家禁用药物等有毒、有害的非食品原料的，适用第一款的规定定罪处罚。

第十二条 在食品生产、销售、运输、贮存等过程中，使用不符合食品安全标准的食品包装材料、容器、洗涤剂、消毒剂，或者用于食品生产经营的工具、设备等，造成食品被污染，符合刑法第一百四十三条、第一百四十四条规定的，以生产、销售不符合安全标准的食品罪或者生产、销售有毒、有害食品罪定罪处罚。

第十三条 生产、销售不符合食品安全标准的食品，有毒、有害食品，符合刑法第一百四十三条、第一百四十四条规定的，以生产、销售不符合安全标准的食品罪或者生产、销售有毒、有害食品罪定罪处罚。同时构成其他犯罪的，依照处罚较重的规定定罪处罚。

生产、销售不符合食品安全标准的食品，无证据证明足以造成严重食物中毒事故或者其他严重食源性疾病，不构成生产、销售不符合安全标准的食品罪，但构成生产、销售伪劣产品罪，妨害动植物防疫、检疫罪等其他犯罪的，依照该其他犯罪定罪处罚。

第十四条 明知他人生产、销售不符合食品安全标准的食品，有毒、有害食品，具有下列情形之一的，以生产、销售不符合安全标准的食品罪或者生产、销售有毒、有害食品罪的共犯论处：

（一）提供资金、贷款、账号、发票、证明、许可证件的；

（二）提供生产、经营场所或者运输、贮存、保管、邮寄、销售渠道等便利条件的；

（三）提供生产技术或者食品原料、食品添加剂、食品相关产品或者有毒、有害的非食品原料的；

（四）提供广告宣传的；

（五）提供其他帮助行为的。

第十五条 生产、销售不符合食品安全标准的食品添加剂，用于食品的包装材料、容器、洗涤剂、消毒剂，或者用于食品生产经营的工具、设备等，符合刑法第一百四十条规定的，以生产、销售伪劣产品罪定罪处罚。

生产、销售用超过保质期的食品原料、超过保质期的食品、回收食品作为原料的食品，或者以更改生产日期、保质期、改换包装等方式销售超过保质期的食品、回收食品，适用前款的规定定罪处罚。

实施前两款行为，同时构成生产、销售不符合安全标准的食品罪，生产、销售不符合安全标准的产品罪等其他犯罪的，依照处罚较重的规定定罪处罚。

第十六条 以提供给他人生产、销售食品为目的，违反国家规定，生产、销售国家禁止用于食品生产、销售的非食品原料，情节严重的，依照刑法第二百二十五条的规定以非法经营罪定罪处罚。

以提供给他人生产、销售食用农产品为目的，违反国家规定，生产、销售国家禁用农药、食品动物中禁止使用的药品及其他化合物等有毒、有害的非食品原料，或者生产、销售添加上述有毒、有害的非食品原料的农药、兽药、饲料、饲料添加剂、饲料原料，情节严重的，依照前款的规定定罪处罚。

第十七条 违反国家规定，私设生猪屠宰厂（场），从事生猪屠宰、销售等经营活动，情节严重的，依照刑法第二百二十五条的规定以非法经营罪定罪处罚。

在畜禽屠宰相关环节，对畜禽使用食品动物中禁止使用的药品及其他化合物等有毒、有害的非食品原料，依照刑法第一百四十四条的规定以生产、销售有毒、有害食品罪定罪处罚；对畜禽注水或者注入其他物质，足以造成严重食物中毒事故或者其他严重食源性疾病的，依照刑法第一百四十三条的规定以生产、销售不符合安全标准的食品罪定罪处罚；虽不足以造成严重食物中毒事故或者其他严重食源性疾病，但符合刑法第一百四十条规定的，以生产、销售伪劣产品罪定罪处罚。

第十八条 实施本解释规定的非法经营行为，非法经营数额在十万元以上，或者违法所得数额在五万元以上的，应当认定为刑法第二百二十五条规定的“情节严重”；非法经营数额在五十万元以上，或者违法所得数额在二十五万元以上的，应当认定为刑法第二百二十五条规定的“情节特别严重”。

实施本解释规定的非法经营行为，同时构成生产、销售伪劣产品罪，生产、销售不符合安全标准的食品罪，生产、销售有毒、有害食品罪，生产、销售伪劣农药、兽药罪等其他犯罪的，依照处罚较重的规定定罪处罚。

第十九条 违反国家规定，利用广告对保健食品或者其他食品作虚假宣传，符合刑法第二百二十二条规定的，以虚假广告罪定罪处罚；以非法占有为目的，利用销售保健食品或者其他食品诈骗财物，符合刑法第二百六十六条规定的，以诈骗罪定罪处罚。同时构成生产、销售伪劣产品罪等其他犯罪的，依照处罚较重的规定定罪处罚。

第二十条 负有食品安全监督管理职责的国家机关工作人员，滥用职权或者玩忽职守，构成食品监管渎职罪，同时构成徇私舞弊不移交刑事案件罪、商检徇私舞弊罪、动植物检疫徇私舞弊罪、放纵制售伪劣商品犯罪行为罪等其他渎职犯罪的，依照处罚较重的规定定罪处罚。

负有食品安全监督管理职责的国家机关工作人员滥用职权或者玩忽职守，不构成食品监管渎职罪，但构成前款规定的其他渎职犯罪的，依照该其他犯罪定罪处罚。

负有食品安全监督管理职责的国家机关工作人员与他人共谋，利用其职务行为帮助他人实施危害食品安全犯罪行为，同时构成渎职犯罪和危害食品安全犯罪共犯的，依照处罚较重的规定定罪从重处罚。

第二十一条 犯生产、销售不符合安全标准的食品罪，生产、销售有毒、有害食品罪，一般应当依法判处生产、销售金额二倍以上的罚金。

共同犯罪的，对各共同犯罪人合计判处的罚金一般应当在生产、销售金额的二倍以上。

第二十二条 对实施本解释规定之犯罪的犯罪分子，应当依照刑法规定的条件，严格适用缓刑、免予刑事处罚。对于依法适用缓刑的，可以根据犯罪情况，同时宣告禁止令。

对于被不起诉或者免予刑事处罚的行为人，需要给予行政处罚、政务处分或者其他处分的，依法移送有关主管机关处理。

第二十三条 单位实施本解释规定的犯罪的，对单位判处罚金，并对直接负责的主管人员和其他直接责任人员，依照本解释规定的定罪量刑标准处罚。

第二十四条 “足以造成严重食物中毒事故或者其他严重食源性疾病”“有毒、有害的非食品原料”等专门性问题难以确定的，司法机关可以依据鉴定意见、检验报告、地市级以上相关行政主管部门组织出具的书面意见，结合其他证据作出认定。必要时，专门性问题由省级以上相关行政主管部门组织出具书面意见。

第二十五条 本解释所称“二年内”，以第一次违法行为受到行政处罚的生效之日与又实施相应行为之日的时间间隔计算确定。

第二十六条 本解释自2022年1月1日起施行。本解释公布实施后，《最高人民法院、最高人民检察院关于办理危害食品安全刑事案件适用法律若干问题的解释》（法释〔2013〕12号）同时废止；之前发布的司法解释与本解释不一致的，以本解释为准。

最高人民法院、最高人民检察院关于办理环境污染刑事案件适用法律若干问题的解释（节录）

（2016年12月23日 法释〔2016〕29号）

第一条 实施刑法第三百三十八条规定的行为，具有下列情形之一的，应当认定为“严重污染环境”：

（一）在饮用水水源一级保护区、自然保护区核心区排放、倾倒、处置有放射性的废物、含传染病病原体的废物、有毒物质的；

（二）非法排放、倾倒、处置危险废物三吨以上的；

（三）排放、倾倒、处置含铅、汞、镉、铬、砷、铊、锑的污染物，超过国家或者地方污染物排放标准三倍以上的；

（四）排放、倾倒、处置含镍、铜、锌、银、钒、锰、钴的污染物，超过国家或者地方污染物排放标准十倍以上的；

（五）通过暗管、渗井、渗坑、裂隙、溶洞、灌注等逃避监管的方式排放、倾倒、处置有放射性的废物、含传染病病原体的废物、有毒物质的；

（六）二年内曾因违反国家规定，排放、倾倒、处置有放射性的废物、含传染病病原体的废物、有毒物质受过两次以上行政处罚，又实施前列行为的；

（七）重点排污单位篡改、伪造自动监测数据或者干扰自动监测设施，排放化学需氧量、氨氮、二氧化硫、氮氧化物等污染物的；

（八）违法减少防治污染设施运行支出一百万元以上的；

（九）违法所得或者致使公私财产损失三十万元以上的；

（十）造成生态环境严重损害的；

（十一）致使乡镇以上集中式饮用水水源取水中断十二小时以上的；

（十二）致使基本农田、防护林地、特种用途林地五亩以上，其他农用地十亩以上，其他土地二十亩以上基本功能丧失或者遭受永久性破坏的；

（十三）致使森林或者其他林木死亡五十立方米以上，或者幼树死亡二千五百株以上的；

（十四）致使疏散、转移群众五千人以上的；

（十五）致使三十人以上中毒的；

（十六）致使三人以上轻伤、轻度残疾或者器官组织损伤导致一般功能障碍的；

（十七）致使一人以上重伤、中度残疾或者器官组织损伤导致严重功能障碍的；

（十八）其他严重污染环境的情形。

第二条 实施刑法第三百三十九条、第四百零八条规定的行为，致使公私财产损失三十万元以上，或者具有本解释第一条第十项至第十七项规定情形之一的，应当认定为“致使公私财产遭受重大损失或者严重危害人体健康”或者“致使公私财产遭受重大损失或者造成人身伤亡的严重后果”。

最高人民法院、最高人民检察院关于办理危害生产安全刑事案件适用法律若干问题的解释

（2015 年 12 月 14 日　法释〔2015〕22 号）

为依法惩治危害生产安全犯罪，根据刑法有关规定，现就办理此类刑事案件适用法律的若干问题解释如下：

第一条　刑法第一百三十四条第一款规定的犯罪主体，包括对生产、作业负有组织、指挥或者管理职责的负责人、管理人员、实际控制人、投资人等人员，以及直接从事生产、作业的人员。

第二条　刑法第一百三十四条第二款规定的犯罪主体，包括对生产、作业负有组织、指挥或者管理职责的负责人、管理人员、实际控制人、投资人等人员。

第三条　刑法第一百三十五条规定的“直接负责的主管人员和其他直接责任人员”，是指对安全生产设施或者安全生产条件不符合国家规定负有直接责任的生产经营单位负责人、管理人员、实际控制人、投资人，以及其他对安全生产设施或者安全生产条件负有管理、维护职责的人员。

第四条　刑法第一百三十九条之一规定的“负有报告职责的人员”，是指负有组织、指挥或者管理职责的负责人、管理人员、实际控制人、投资人，以及其他负有报告职责的人员。

第五条　明知存在事故隐患、继续作业存在危险，仍然违反有关安全管理的规定，实施下列行为之一的，应当认定为刑法第

一百三十四条第二款规定的“强令他人违章冒险作业”：

（一）利用组织、指挥、管理职权，强制他人违章作业的；

（二）采取威逼、胁迫、恐吓等手段，强制他人违章作业的；

（三）故意掩盖事故隐患，组织他人违章作业的；

（四）其他强令他人违章作业的行为。

第六条 实施刑法第一百三十二条、第一百三十四条第一款、第一百三十五条、第一百三十五条之一、第一百三十六条、第一百三十九条规定的行为，因而发生安全事故，具有下列情形之一的，应当认定为“造成严重后果”或者“发生重大伤亡事故或者造成其他严重后果”，对相关责任人员，处三年以下有期徒刑或者拘役：

（一）造成死亡一人以上，或者重伤三人以上的；

（二）造成直接经济损失一百万元以上的；

（三）其他造成严重后果或者重大安全事故的情形。

实施刑法第一百三十四条第二款规定的行为，因而发生安全事故，具有本条第一款规定情形的，应当认定为“发生重大伤亡事故或者造成其他严重后果”，对相关责任人员，处五年以下有期徒刑或者拘役。

实施刑法第一百三十七条规定的行为，因而发生安全事故，具有本条第一款规定情形的，应当认定为“造成重大安全事故”，对直接责任人员，处五年以下有期徒刑或者拘役，并处罚金。

实施刑法第一百三十八条规定的行为，因而发生安全事故，具有本条第一款第一项规定情形的，应当认定为“发生重大伤亡事故”，对直接责任人员，处三年以下有期徒刑或者拘役。

第七条 实施刑法第一百三十二条、第一百三十四条第一款、第一百三十五条、第一百三十五条之一、第一百三十六条、第一百三十九条规定的行为，因而发生安全事故，具有下列情形之一的，对相关责任人员，处三年以上七年以下有期徒刑：

（一）造成死亡三人以上或者重伤十人以上，负事故主要责任的；

（二）造成直接经济损失五百万元以上，负事故主要责任的；

（三）其他造成特别严重后果、情节特别恶劣或者后果特别严重的情形。

实施刑法第一百三十四条第二款规定的行为，因而发生安全事故，具有本条第一款规定情形的，对相关责任人员，处五年以上有期徒刑。

实施刑法第一百三十七条规定的行为，因而发生安全事故，具有本条第一款规定情形的，对直接责任人员，处五年以上十年以下有期徒刑，并处罚金。

实施刑法第一百三十八条规定的行为，因而发生安全事故，具有下列情形之一的，对直接责任人员，处三年以上七年以下有期徒刑：

（一）造成死亡三人以上或者重伤十人以上，负事故主要责任的；

（二）具有本解释第六条第一款第一项规定情形，同时造成直接经济损失五百万元以上并负事故主要责任的，或者同时造成恶劣社会影响的。

第八条 在安全事故发生后，负有报告职责的人员不报或者谎报事故情况，贻误事故抢救，具有下列情形之一的，应当认定为刑法第一百三十九条之一规定的“情节严重”：

（一）导致事故后果扩大，增加死亡一人以上，或者增加重伤三人以上，或者增加直接经济损失一百万元以上的；

（二）实施下列行为之一，致使不能及时有效开展事故抢救的：

1. 决定不报、迟报、谎报事故情况或者指使、串通有关人员不报、迟报、谎报事故情况的；

2. 在事故抢救期间擅离职守或者逃匿的；

3. 伪造、破坏事故现场，或者转移、藏匿、毁灭遇难人员尸体，或者转移、藏匿受伤人员的；

4. 毁灭、伪造、隐匿与事故有关的图纸、记录、计算机数据等资料以及其他证据的；

（三）其他情节严重的情形。

具有下列情形之一的，应当认定为刑法第一百三十九条之一规定的“情节特别严重”：

（一）导致事故后果扩大，增加死亡三人以上，或者增加重伤十人以上，或者增加直接经济损失五百万元以上的；

（二）采用暴力、胁迫、命令等方式阻止他人报告事故情况，导致事故后果扩大的；

（三）其他情节特别严重的情形。

第九条 在安全事故发生后，与负有报告职责的人员串通，不报或者谎报事故情况，贻误事故抢救，情节严重的，依照刑法第一百三十九条之一的规定，以共犯论处。

第十条 在安全事故发生后，直接负责的主管人员和其他直接责任人员故意阻挠开展抢救，导致人员死亡或者重伤，或者为了逃避法律追究，对被害人进行隐藏、遗弃，致使被害人因无法得到救助而死亡或者重度残疾的，分别依照刑法第二百三十二条、第二百三十四条的规定，以故意杀人罪或者故意伤害罪定罪处罚。

第十一条 生产不符合保障人身、财产安全的国家标准、行业标准的安全设备，或者明知安全设备不符合保障人身、财产安全的国家标准、行业标准而进行销售，致使发生安全事故，造成严重后果的，依照刑法第一百四十六条的规定，以生产、销售不符合安全标准的产品罪定罪处罚。

第十二条 实施刑法第一百三十二条、第一百三十四条至第一百三十九条之一规定的犯罪行为，具有下列情形之一的，从重处罚：

（一）未依法取得安全许可证件或者安全许可证件过期、被暂扣、吊销、注销后从事生产经营活动的；

（二）关闭、破坏必要的安全监控和报警设备的；

（三）已经发现事故隐患，经有关部门或者个人提出后，仍不采取措施的；

（四）一年内曾因危害生产安全违法犯罪活动受过行政处罚或者刑事处罚的；

（五）采取弄虚作假、行贿等手段，故意逃避、阻挠负有安全监督管理职责的部门实施监督检查的；

（六）安全事故发生后转移财产意图逃避承担责任的；

（七）其他从重处罚的情形。

实施前款第五项规定的行为，同时构成刑法第三百八十九条规定的犯罪的，依照数罪并罚的规定处罚。

第十三条 实施刑法第一百三十二条、第一百三十四条至第一百三十九条之一规定的犯罪行为，在安全事故发生后积极组织、参与事故抢救，或者积极配合调查、主动赔偿损失的，可以酌情从轻处罚。

第十四条 国家工作人员违反规定投资入股生产经营，构成本解释规定的有关犯罪的，或者国家工作人员的贪污、受贿犯罪行为与安全事故发生存在关联性的，从重处罚；同时构成贪污、受贿犯罪和危害生产安全犯罪的，依照数罪并罚的规定处罚。

第十五条 国家机关工作人员在履行安全监督管理职责时滥用职权、玩忽职守，致使公共财产、国家和人民利益遭受重大损失的，或者徇私舞弊，对发现的刑事案件依法应当移交司法机关追究刑事责任而不移交，情节严重的，分别依照刑法第三百九十七条、第四百零二条的规定，以滥用职权罪、玩忽职守罪或者徇私舞弊不移交刑事案件罪定罪处罚。

公司、企业、事业单位的工作人员在依法或者受委托行使安全监督管理职责时滥用职权或者玩忽职守，构成犯罪的，应当依照《全国人民代表大会常务委员会关于〈中华人民共和国刑法〉第九章渎职罪主体适用问题的解释》的规定，适用渎职罪的规定追究刑事责任。

第十六条 对于实施危害生产安全犯罪适用缓刑的犯罪分子，可以根据犯罪情况，禁止其在缓刑考验期限内从事与安全生产相关联的特定活动；对于被判处刑罚的犯罪分子，可以根据犯罪情况和预防再犯罪的需要，禁止其自刑罚执行完毕之日或者假释之日起三年至五年内从事与安全生产相关的职业。

第十七条 本解释自2015年12月16日起施行。本解释施行后，《最高人民法院、最高人民检察院关于办理危害矿山生产安全刑事案件具体应用法律若干问题的解释》（法释〔2007〕5号）同时废止。最高人民法院、最高人民检察院此前发布的司法解释和规范性文件与本解释不一致的，以本解释为准。

最高人民检察院、公安部关于公安机关管辖的刑事案件立案追诉标准的规定（一）（节录）

（2008年6月25日　公通字〔2008〕36号）

第四十五条　［故意延误投递邮件案（刑法第三百零四条）］邮政工作人员严重不负责任，故意延误投递邮件，涉嫌下列情形之一的，应予立案追诉：

（一）造成直接经济损失二万元以上的；

（二）延误高校录取通知书或者其他重要邮件投递，致使他人失去高校录取资格或者造成其他无法挽回的重大损失的；

（三）严重损害国家声誉或者造成其他恶劣社会影响的；

（四）其他致使公共财产、国家和人民利益遭受重大损失的情形。